奇正领导力

QIZHENG LEADERSHIP

陈伟钢 著

图书在版编目（CIP）数据

奇正领导力 / 陈伟钢著. -- 北京：企业管理出版社，2025. 4. -- ISBN 978-7-5164-3218-1

Ⅰ．C933

中国国家版本馆CIP数据核字第2025VW2750号

书　　名：	奇正领导力
书　　号：	ISBN 978-7-5164-3218-1
作　　者：	陈伟钢
策　　划：	朱新月
责任编辑：	解智龙　曹伟涛
出版发行：	企业管理出版社
经　　销：	新华书店
地　　址：	北京市海淀区紫竹院南路17号　邮　　编：100048
网　　址：	http://www.emph.cn　电子信箱：zbz159@vip.sina.com
电　　话：	编辑部（010）68487630　发行部（010）68701816
印　　刷：	北京科普瑞印刷有限责任公司
版　　次：	2025年4第1版
印　　次：	2025年4月第1次印刷
开　　本：	710mm×1000mm　1/16
印　　张：	24.5印张
字　　数：	306千字
定　　价：	88.00元

版权所有　翻印必究　·　印装有误　负责调换

序
一个"中式领导力"的有益探索

不久前,陈伟钢老师打电话给我,希望我为他的新书写一个序,我既倍感荣幸,又惶惶不安!陈老师有30多年的领导工作经历,对领导力有独到的研究和理解,我每每在与他的交流当中都受益匪浅。推辞再三,只得恭敬从命,简要谈谈我在与陈老师交往过程当中,对他和他撰写的《奇正领导力》的一些粗浅理解,供读者参考。

2008年的一天,我应邀为中国银保监会的一个培训班授课。到了培训现场,一位老师迅速走到我身边,非常热情地与我沟通培训相关事宜,并在课程开始前认真地向学员介绍我。当时,我以为他是一位普通的带班老师,课后才知道,他是时任中国银保监会培训中心副主任的陈伟钢老师。他的谦和、热情、思想和行动力给我留下了深刻印象。

从那以后,我们有了更多的交流和沟通,把我们联系在一起的,就是今天读者看到的这本《奇正领导力》。

陈伟钢老师30多年的领导经历是本书的重要背景。他曾经在空军部队工作30年,从普通士兵到连队指导员,到空军机关处长,从技术干部到管理干部,曾担任驻香港部队空军副政委、空军飞行学院政治部主任等职,后来转业到中国银保监会工作,负责银保监会系统内干部和银行高管的培训。

军队和金融两个重要的组织锤炼了陈老师不同一般的领导视角与领导经历,这对于我们从另一个角度了解和理解领导力有重要的帮

助。这一点,在我两次访问西点军校的经历当中有着切身的体会。从历史的角度来看,军队是领导力的主要来源之一。从西点军校毕业的学生,后来无论是在政府,还是在商业领域,都取得了举世瞩目的成就。在中国,任正非等很多企业家都有在军校学习或从军的经历,他们鲜明的使命感、战略思维、开创精神和团队建设意识等,成为中国企业家的一道独特风景线。

在与陈老师多次讨论本书的过程当中,我有以下几点深刻的体会。

第一,本书提出的领导力"三维十二度模型"富有独创性,具有中国特色,很接地气。陈老师把领导力分为"把控事"和"把控人"两个方面,与彼得·德鲁克提出的"领导者做正确的事,管理者正确地做事"有相通之处。本书提出了富有中国特色的领导力的三维结构:"品、思、行"。这与哈佛商学院的"品格""知识""技能"也有异曲同工之妙。更重要的是,陈老师对于"品""思""行"三维的十二度分解,非常有创新性、本土性、实用性,让三个概念变成了十二种易于操作的领导能力。

第二,领导力有效运用的关键在于情境。陈老师在领导力三个维度基础上,进一步把"品、思、行"延展到实际领导工作中,体现为"情、理、法",并探讨了其理论渊源"儒、道、法"思想体系,以及"器、术、道"的运用。这个探讨对于理解现代组织领导力与中国历史、文化背景下的实际领导行为有着重要的价值,这也能部分回答很多读者经常困惑的问题:国外的先进研究与理论好是好,就是水土不服!要把国际先进的理论与实践经验运用到中国情境下,就必须结合中国独特的历史、文化背景,否则,简单的复制必然失败。

第三,领导力的本质是引领人心、应对变化、追求卓越。领导变革是领导者的核心工作。《孙子兵法》曰:"凡战者,以正合,以奇胜。故善出奇者，无穷如天地，不竭如江海。"因此，陈老师基于领导力的三维十二度架构，提出了引领变革、应对变化、灵活应用的"奇正之道"，并与保罗·赫塞的"情境领导"进行对比，提出了一系列应对各种外部、内部情境的策略与方法。这就像学习一套武术，基本动作容易掌握，但其精妙之处在于出神入化、因地制宜、恰到好处。这也是为什么很多领导者和学者说：领导力更多的是一门艺术，需要悟性和活性。这一点在中国情境下尤其重要。

第四，本书的案例和故事也是一大亮点。由于陈老师的特殊经历，对于政府、军队、金融，以及企业的领导力实践有着众多的亲身经历和体会，特别是其近些年负责银行业的高管培训，并亲自讲授领导力课程，使得本书读起来亲切、易懂、实用。

此外，陈老师还在长期的领导力实践中勤于思考、善于研究，发表了《"黄金分割"与领导力》等研究成果，获得了众多专家的好评，也丰富了领导力的视角，为中国的领导力研究做出了独特的贡献。

领导力学者们的一个共识是，现代组织的领导力研究在中国还处在初级阶段，与我们GDP全球第二的经济地位不相称，还不能很好地支持中国在全球化、移动互联时代承担的引领全球的重任。展望未来30年的中国与世界，领导力将成为中国发展的决定性因素，因此，越来越多的中国学者和领导者参与到领导力的研究和传播之中，将是中国领导力研究发展壮大的关键所在。

就在撰写本文时，我看到一条关于时任清华大学校长陈吉宁教授讲话的微信：在互联网时代，任何一个人都可以成为领导者，人与人之间的交往将会是扁平的。社会的结构和商业组织形式在发生变化，只要有一个想法，就可以集中全球的资源来为你服务，所以，将来决

定一个国家是否有创意,还取决于教育,取决于教育能否让学生不断地产生新的想法、不断孕育新的创意。

共勉。

徐中 博士
北京智学明德国际领导力中心主任
领越®领导力高级认证导师
《领导力》《领导梯队》等畅销书译者

自序

在一次领导力建设研讨会上,有一位同志听说我曾经在部队工作,于是问我几个有关部队的问题,他说:"部队的管理那么严格,战士有没有因吃不了苦而逃跑的?战士真的不怕死吗?打起仗来万一有的战士不敢向前冲怎么办?董存瑞为什么敢舍身炸碉堡、黄继光为什么用身体堵枪眼?还有部队整天练习走正步有什么用?被子叠得像豆腐块一样有什么意义呢?"不一而足。

我曾经在空军部队工作30年,从普通士兵到师级领导干部,从基层连队指导员到空军机关处长,从技术干部到管理干部,曾担任驻香港部队空军副政委、空军飞行学院政治部主任等职,多次转换岗位,每次转岗都给我留下了宝贵的工作经验,也让我对军队的运行规律有了较深的认识。我从部队的教育机制、激励机制、约束机制、训练机制、文化熏陶机制等多角度回答了上述问题。我着重提到,部队与地方的最大差别是执行力不同,而执行力的核心是领导力。部队之所以能够做到有令必行、有禁必止,是领导力叠加效应在起作用。所谓领导力叠加,是指各级领导者都发挥相应的领导力。任何一个组织要推行一件事情,关键在于最高领导者的意愿和意志。意愿就是真正想干这件事,意志就是坚决把事干成。有想法、有决心,并号召动员下属努力去实现共同目标,这就是领导力。执行力不取决于执行者,而取决于领导者,取决于领导者所做决策是否正确科学,取决于领导者是

否安排合适的执行者执行、是否建立了督查机制、是否制定了明确的终极目标和检验标准、是否制定了合理的奖惩机制、是否营造了激发下属创造性执行的良好氛围。可见，执行力取决于领导力，各层级领导力叠加成无坚不摧的执行力。

由于我长期在空军部队工作，根据空军部队的一些特点，我悟出了领导力的核心价值，那就是领导者无论在什么岗位上，都要发挥特殊的功能，并且不遗余力地去实现组织目标。我读过一些有关领导力的书，这些书大多强调领导力是怎么调动人的积极性的，如模范带头、启迪愿景、激励人心、鼓舞斗志等，目标是带领人、激励人去奋斗；还有一些领导力的书是介绍如何识人、用人、管人、驭人的，着重强调对人的控制。这些对于领导者来说固然很重要，但不是领导力的全部，领导力的本质是实现组织使命。正像一支足球队的领队和教练，其目标是带领球队赢得比赛的胜利，只把队员的积极性调动起来不一定就能赢球，还有战略、战术、用人等多方面因素。所以，领导者的战略眼光、工作思路、决策能力、组织协调能力等是领导力的重要方面。

领导力就是保证组织为实现使命而有明确的目标、正确的思路、完善的制度、统一的意志、高效的行动、昂扬的斗志、良好的风气，最终达成组织使命，并让组织成员在履行组织使命中实现自我价值。简单来说，领导者的使命就是"让组织达成使命，让成员实现价值"。而组织使命需要领导者去把握，并带领群众去实现。完成使命结果怎么样，执行者要向发令者回复，这就是复命。

在部队工作时，我感到军队的政治工作非常有特色。一个组织要有追随者，必须以利益为牵引，但仅给利益还不够，还必须把追随者的利益与组织的整体利益调整为一个共同的目标，这就需要思想政治工作作为桥梁，统一人的思想，坚定人的信念；当个人目标与组织目标一致时，又要想办法让追随者更上一个层次，即鼓励他们努力实现自我价值，如立功受奖、当英雄、做模范等，这一切都需要政治工作去实现。纵观中国人民解放军从诞生到发展壮大，靠的是执行了正确的政治路线和强大的思想政治工作。

我从部队转业到国家金融监管部门工作，主要负责银保监会系统内干部和银行高管的培训，后来担任监管部门党校副校长、国有重点金融机构监事会监事。有人问我，你过去在部队工作，现在从事金融工作，会不会有隔行如隔山的感觉？虽然隔行如隔山，但隔行不隔理。其实军事与金融联系很紧密。军队和金融都是国之重器，都是国家的核心竞争力。军队面对的是有硝烟的战场，而金融面对的是没有硝烟的战场——市场，这两个战场都有激烈的对抗，都有高风险，都需要有远见卓识和战略谋划，都要谋求效益最大化（一个是军事效益，一个是经济效益），都要做好风险防范，都要建立科学高效的各项机制，都要传承自己的文化，都要做好思想政治工作，让组织发挥最大的效能。所以，领导力是相通的，各行各业都需要，金融领域尤为重要。2023年中央金融工作会议强调，金融是国民经济的血脉，是国家核心竞争力的重要组成部分，要加快建设金融强国，全面加强金融监管，完善金融体制，优化金融服务，防范化解风险，坚定不移走中国特色金融发展之路，推动我国金融高质量发展，为以中国式现代化全面推进强国建设、民族复兴伟业提供有力支撑。金融安全与国家安全紧密相连，金融从业人员天天与钱打交道，遇到各种各样的诱惑和考验比其他行业多，加强对金融领域领导者的领导力培养显得尤为重要。

本书就是我对领导力普适价值的理解和探索，各行各业的领导者都可以借鉴使用。

在本书构思和写作过程中，我得到许多专家、学者、领导、同

事、朋友、家人的指点、支持和帮助,尤其是在思路形成、观点提炼、谋篇布局、内容整合、资料收集、案例选择等方面给予了我极大的帮助,在此对所有帮助过我的人深表感谢!

前 言
PREFACE

领导力是一种"超自然力",是统领人心的综合能力。它像一种召唤,在政治上可以救国图存;它像一种武器,在战场上可以克敌制胜;它像一种资本,在商场上可以点石成金;它像一种号令,在职场上可以一呼百应。它是迄今为止,人类社会用途非常广、影响非常深远的"超自然力"。

空气、水和食物是人类赖以生存的必需品。领导力对于人类组织而言,就像空气、水和食物一样,是组织赖以生存的必需品。没有领导力,组织将四分五裂、一盘散沙,目标无法实现,也没有存在的意义。所以,领导力是组织生存的命脉。

领导力像一面旗帜,插到哪里,哪里就有人气,就有精神,就有力量。战场上的士兵看见旗帜就会精神百倍,勇往直前!人迹罕至的山峰插上旗帜象征着它已经被人征服!迷失方向的旅行者在导游图上看见旗帜和"你在这儿"的字样,顿时就知道自己所处的位置,知道自己该向哪个方向前进!

在同样的市场和环境下,为什么有的企业效益好,有的却朝不保夕?许多企业之所以不景气,不完全是因为没有好的产品,也不完全是因为没有好的员工,而是因为领导的能力已经不适应市场客观情况的变化。

优秀的领导可以带来优秀的思想,优秀的思想可以带来优秀的文

化，优秀的文化可以带来优秀的制度，优秀的制度可以带来优秀的员工，优秀的员工可以带来优秀的产品，这几个方面共同铸就了优秀的企业。

企业的兴衰与领导力密切相关。企业家的眼界决定企业的边界。在现代企业制度下，领导力就是竞争力，而且是核心竞争力。领导力不是厚黑学，不是关系学，而是一门科学。企业要向科学要领导力，靠领导力提升竞争力。在当前环境下，无论是企业还是政府，研究领导力都非常有必要。

一个政党的兴衰同样与领导力密切相关。走过百年奋斗历程的中国共产党在革命性锻造中更加坚强有力，党的政治领导力、思想引领力、群众组织力、社会号召力显著增强，党同人民群众始终保持血肉联系，中国共产党在世界形势深刻变化的历史进程中始终走在时代前列，在应对国内外各种风险和考验的历史进程中始终成为全国人民的主心骨，在坚持和发展中国特色社会主义的历史过程中始终成为坚强领导核心。正因为有这样一个坚强的领导核心，才使中国人民前进的动力更加强大，奋斗精神更加昂扬，必胜信念更加坚定，焕发出更为强烈的历史自觉和主动精神。

领导力是一个"矢量"，既有方向，又有大小。方向体现的是领导者的定向能力，包括观察才能、判断才能、谋划才能、决策才能、导向才能等，决定什么事能做、什么事不能做、什么事该做、什么事不该做、将组织带向何处；大小体现的是领导者的工作能力，包括组织才能、指挥才能、协调才能、说服才能等，决定如何带人、如何处事、如何实现组织目标。方向和大小都是变量，方向选对，事半功倍，方向不对，努力白费。如何将方向、大小、轻重、缓急把握得恰到好处，这就是艺术，是领导力的奇正之道。

奇正领导力的核心是"守正出奇"。"正"，即正路、正道；

"奇"，即出人意料。"守正出奇"就是正道而行、正能引领、正规守法，同时突破思维、出奇制胜。用70%的时间做"正"的事情，用30%的时间研究变通。既坚持真理，又不墨守成规；既有继承，又有创新。在光明正道上获得人们意想不到的成就，是一种"小胜靠智、大胜靠德"的大智慧。

所谓守正，就是要坚守正道、正统、正直、正气、正义、正常之规则，用正能量引领和影响受众，用社会公认的法则、法规、路线、方针、思想、政策、措施处事做人。《孙子兵法》中的"正"，即军队作战中的常用战术：就兵力部署而言，以正面受敌者为正；就作战方式而言，正面进攻为正，实力围歼为正。领导力范畴的"正"，包含领导者常见的领导方式、领导思维、领导理念、领导方略：就完成使命的路径而言，动员大家齐心协力干事为正；就力量的凝聚而言，正面激励、积极引导、启发自觉为正。

所谓出奇，就是以守正为前提，在处事做人中打破常规，开拓创新，敢于并善于"奇思妙想"。出奇可诡秘、可巧妙、可临机而行、可随机应变，用与众不同的技巧、途径谋事，用异常规则取胜，攻其不备、出其不意。《孙子兵法》中的"奇"，即军队作战的特殊战法：就兵力部署而言，以机动突击为奇；就作战方式而言，侧翼包抄偷袭为奇，诱骗欺诈为奇。领导力范畴的"奇"，是指领导者与众不同的思维、谋略、胆识：就完成使命的途径而言，别出心裁、独辟蹊径、善于创新为奇；就力量的凝聚而言，以用自身独特的涵养、智谋、与众不同的才华影响带动大家为奇。

本书运用探源式手法对领导力进行了由表及里、由浅入深、由近及远、由古及今、由繁及简、由雅及俗的阐述，以达到明事、明理、明变、明道的目的。本书提出诸多理论观点，如领导力的本质是把握使命，率众复命；领导者身上必须要具有令人着迷的吸引力，领导者

的魔力就是既能把握好组织的使命，又能让追随者心甘情愿、心悦诚服、心驰神往地跟随，并且对领导者发自内心地崇敬、崇拜、敬仰和拥戴；下属的执行力取决于领导者的领导力；领导力由"品、思、行"三个维度和十二种能力组成，构成了一个领导力模型，这个模型展示的十二种力，是因人而异、因时而异、因地而异、因对象而异的，其强度的把握也各不相同，就像一个魔方一样，变幻无穷。奇正领导力的精髓是"变"，无论是正还是奇，都离不开变。正由奇来，奇由正往，"以变制变、变中求胜"是奇正领导力的灵魂。

本书提出了"灰度"和"黄金分割"两个重要理念，认为人要善于运用灰度，不能死板和绝对化。黄金分割理论告诉人们，领导者的德行和才华只需比普通人（平均水平）高出一点就行。高一点是"人"，高太多是"神"。高一点，人们可以理解，可以接受，可以学习和模仿，高得太多就不现实、不真实、不接地气。领导者在某一方面比普通人优秀一点，就是与众不同，在多方面比普通人优秀一点，就是卓越。

书中独创的领导力三维十二度模型，指出领导者从优秀到卓越需要闯过十二道关；领导者娴熟运用十二项制胜本领，奇正相生，就能无往而不胜。本书还提出领导力六项商数理念，并规划了修炼六项商数提升领导力的有效路径。

本书可以作为领导力培训教材，按照"炼""习""悟"三个步骤培训。第一步：炼。炼品性、炼思维、炼性格，筑牢领导力三大根基。第二步：习。习洞见、习谋略、习统筹，打造与众不同的十二种领导能力。第三步：悟。悟物、悟心、悟道，透彻领会世间万物奇正变化之道，结出领导艺术之果。

目录
CONTENTS

║第一章║ 领导力正论 / 001

第一节　把握使命，率众复命 ……………………003
第二节　科学、艺术、博弈 ………………………008
第三节　人人可以拥有领导力 ……………………012
第四节　领导者的角色定位 ………………………015
本章小结 ……………………………………………021

║第二章║ 领导力奇解 / 023

第一节　三大基石"硬实力" ……………………025
第二节　十二支柱"软实力" ……………………030
第三节　奇正之变"巧实力" ……………………049
本章小结 ……………………………………………053

║第三章║ 领导力三维正合 / 055

第一节　"品、思、行"之合 ……………………057
第二节　"情、理、法"之合 ……………………068

　　第三节　"儒、道、法"之合 077
　　第四节　"器、术、道"之合 086
　　本章小结 090

|第四章| 领导力十二度奇胜 / 091

　　第一节　自制力——心力的强度，心胜 094
　　第二节　亲和力——胸怀的广度，德胜 108
　　第三节　学习力——眼界的宽度，学胜 128
　　第四节　创造力——求新的睿度，智胜 143
　　第五节　洞察力——见事的敏度，知胜 165
　　第六节　谋划力——谋事的深度，谋胜 181
　　第七节　决策力——决策的气度，气胜 192
　　第八节　号召力——感召的力度，势胜 208
　　第九节　组织力——统合的缜度，刚胜 218
　　第十节　协调力——应变的灵度，柔胜 233
　　第十一节　导向力——领航的精度，信胜 255
　　第十二节　激发力——激励的效度，志胜 269
　　本章小结 281

|第五章| 奇正相生 / 283

　　第一节　以正为本 285
　　第二节　以奇取胜 289
　　第三节　守正出奇 303
　　本章小结 318

第六章 "黄金分割"与领导力 / 319

第一节 "黄金分割"的哲学价值……321
第二节 "黄金分割"的领导力价值……325
第三节 "黄金分割"与灰度理论……334
本章小结……338

第七章 领导力效能评估与提升 / 339

第一节 领导力商数……341
第二节 "黄金分割"在领导力评测中的运用……347
第三节 领导力提升……350
本章小结……365

附 录 "黄金分割"启示录 / 367

第一章

领导力正论

导读

领导者最重要的事有两件：一是把控事，二是引导人。把控事就是把握组织使命，这是领导者的第一使命；引导人就是带领下属（群众）去完成组织使命，这是领导者的第二使命。把握组织使命，带领群众去实现这一使命，最后向下达这一使命的更高一级领导复命。这就是领导者完成使命的全过程。

领导力的本质是"把握使命，率众复命"。

领导者身上必须要具有令人着迷的吸引力，领导者的魔力就是既能把握好组织的使命，又能让追随者心甘情愿、心悦诚服、心驰神往地跟随，并且对领导者发自内心地崇敬、崇拜、敬仰和拥戴。

领导力是科学、是艺术、也是博弈，是人人都需要的一种能力，是组织生存的命脉。

第一节

把握使命，率众复命

关于什么是领导力的问题，不同的人有不同的理解。有的人认为领导力就是一种权力，说话要有人听，指挥要顺畅；有的人认为领导力就是一种能力，能够带领大家去完成任务；有的人认为领导力就是影响力，能对被领导者产生重要影响；有的人认为领导力是一种艺术，能巧妙地转变别人的思想，激发别人的行动。这些概括都有一定的道理，但没有道出领导力的根本含义。其实，领导者最重要的任务只有两个：一是把控事，即把握组织使命。任何组织都有特定的使命，否则就没有存在的必要，领导者就是要让组织不辱使命。二是引导人，即动员、带领人们围绕组织使命坚决地、创造性地工作，努力实现组织使命。

著名管理学家彼得·德鲁克说："领导力就是把握组织使命及动员人们围绕这个使命奋斗的一种能力。"如果在这个定义的基础上作进一步阐释，领导力就是保证组织为实现使命而有明确的目标、正确的思路、完善的制度、统一的意志、高效的行动、昂扬的斗志、良好的风气，最终达成组织使命，并让组织成员在达成组织使命中实现自我价值。简单地说，领导者的使命就是"让组织达成使命，让成员实现价值"。这里的使命，既是组织的使命，也是领导者个人的使命；

而这个使命需要领导者去把握,并带领群众去实现。这里的"众"是人的集合词,可能是小众(一两个人),也可能是大众(多人),还可能是民众、万众。对于完成使命结果怎么样,最后执行者要向发令者(授命者)回复,交出满意的答卷。

对领导力最简单的表述,就是"把握使命,率众复命",即领导者牢牢把握组织使命,坚定地带领群众努力达成使命,并向授命者复命。

"复命"一词最早出自《左传·宣公四年》。复命的意思是指有令必行,有命必复,即接受命令后立即执行,并向上级报告完成情况。复命这一概念古代常在军队中使用。在现代社会,复命这个词的含义已经扩展到各种场合,它更多的是用来形容在接受任务或命令后,迅速执行并向上级或相关人员报告完成情况的行为。

验证领导力有以下五个标准。

第一,是否把握住组织使命。组织使命也是领导者个人为之奋斗的使命,领导者必须以组织使命为最高目标,时刻考虑如何实现这一使命。

第二,是否号召别人执行。领导力一定是号召、指挥别人去完成任务,单枪匹马、单打独斗,不能称其为领导。只有在没有强迫命令的情形下,号召众人自觉地、创造性地完成任务才是领导力。所以,这里的"率众"还有带队伍的意思,包括组织建设、思想建设、作风建设等。

第三,是否达成目标。良好的领导力体现在达到了预期的目的,干成了事,取得了良好的成效。

第四,是否让授命者满意。任务完成得好不好,评价的标准由授命者掌握,授命者满意即完成了使命。

第五,是否让追随者满意。领导力不是蒙蔽、欺骗和煽动,不是对人的精神控制,而是必须从追随者的根本利益和长期利益出发,让追随者享受到完成任务的成果。

每年的全国人民代表大会,国务院总理要向大会报告工作,这就是复命。全国人民代表大会是国家的最高权力机构。各级领导完成使命情况如何,也都要向上一级领导报告,如国务院各部委领导向总理述职,也是一种复命。

通常情况下,根据领导者对人和事的关心程度,可以将领导者划分为四种不同风格的领导,如图1-1所示。

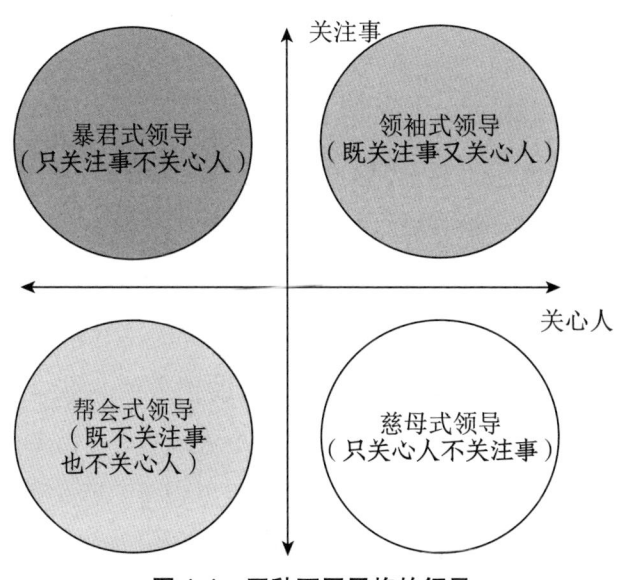

图1-1　四种不同风格的领导

从上图可以看出,"领袖式领导"是最理想的领导者,既关注组织目标的实现,又关心追随者个人的利益,把组织目标与个人目标完美地统一起来,是最理想的领导模式。"暴君式领导"只关注目标的实现,不关心人的利益,是一种奴隶主式的领导,这种领导风格也许执行效率会比较高,很好地完成任务,但是以牺牲追随者的利益为代价,是一种残忍的领导模式。相传,夏朝的末代君主夏桀就是一个暴君,以人为骑,强迫百姓进行苦役。他荒淫无度,暴虐无道,动用大

量人力物力建造倾宫、瑶台。"帮会式领导"是一种松散型组织，往往以少数人的利益为出发点，多数人受蒙蔽，被胁迫，这种类型的领导者既没有组织的长远目标，也不关心追随者的长远利益，最终是多数人受害，少数人得利。"慈母式领导"以牺牲组织目标为代价，虽然对人表现出极大的关怀，但由于难以达成组织目标，最终个人的利益也难以实现，这种类型的领导者往往因顾及追随者的感受而裹足不前，优柔寡断，难成大事，最后追随者的利益也无法得以保护。

领导与被领导是一对矛盾体，领导者如何让被领导者服从和追随呢？纵观"服从"和"追随"的原因，不外乎领导者的"权力"在起作用。"权力"一般分为以下两种形态。

一种是硬权力，即主宰别人、震慑别人的力量，其特征是对别人形成威胁（如剥夺生命、剥夺利益、惩罚等），当别人服从时能给其好处，当别人不服从时能给其害处，是让别人畏惧的一种权力。硬权力来源于报酬权力、强制权力、关系权力、位置权力等。

另一种是软权力，即影响别人、帮助别人的力量，其特征是让别人相信，让别人敬佩。软权力来源于个人品质、个人魅力、个人能力、个人智慧、处事原则、思维方式、思想观念，诚实可信、以身作则等，让别人喜欢、信任、敬佩、崇拜，心甘情愿地跟随。软权力能给追随者带来希望，对别人形成帮助，让别人从内心深处感到敬佩。

简单地说，硬权力让追随者口服，软权力让追随者心服，领导力就是让追随者心服口服的艺术。所以，领导力的本质就是"把握使命，率众复命"。这里的"把握"就是领导者坚定信念，有能力引导组织实现目标；"率众"体现领导者是号召、动员、发动、引导、带领、激励群众去完成任务，不是强迫、威逼、裹胁的；"复命"体现领导者完成使命的决心、意志和方法，是全力以赴的，不是三心二意的，是坚定不移的，不是畏首畏尾的，有一种达不成使命决不罢休的

第一章 | 领导力正论

英雄气概。美国通用食品公司总裁弗朗西斯（C.Francis）曾经说过一句话："你可以买到一个人的时间，你可以雇用一个人到指定的岗位工作，你甚至可以买到按日计算的技术操作，但你买不到热情，买不到主动，买不到全身心的投入，而你又不得不设法争取这些。"这就是领导力的奥妙，设法争取到用钱买不到的东西。能够把握好组织的使命，又能带领追随者心甘情愿为之奋斗的领导就是有影响力的领导。

普通的领导者注重硬权力的提升，有的甚至玩弄权术，让自己的硬权力扩大化。硬权力越膨胀，越容易导致追随者口服心不服，到极端时演变成心不服口也不服，即对抗。英明的领导应该在软权力上多下功夫，用自己的诚信、诚心、爱心、智慧博得群众的拥戴。对于各层级领导者来说，提升软权力比提升硬权力更重要，软权力就像领导者的生命一样重要。比如诚信，既是领导者的命根子，又是企业的命根子。对于银行来说，诚信比什么都重要，如果没有诚信，老百姓就不敢将钱存入银行，银行没有存款就没有盈利的基础，就无法生存。

────────── 终极挑战辩题，你支持哪一种观点？ ──────────

1. **正方**：细节决定成败。
   反方：方向决定成败。
2. **正方**：领导者的核心价值是把控事。
   反方：领导者的核心价值是引导人。

第二节

科学、艺术、博弈

领导力是一门科学,又是一门艺术,更是一种博弈。

说领导力是一门科学,是因为它是一门综合性很强的学科。领导者既要掌控事,又要掌控人。掌控事需要有战略眼光、谋略意识、决策能力等,让组织实现目标;掌控人需要懂哲学、管理学、社会学、心理学、行为科学等科学理论和知识,懂得如何让人心甘情愿追随。领导者既要懂领导科学,又要会科学领导,而且要在领导实践中体现科学精神。领导者讲科学,领导效率就高,追随者获益就大;领导者要是不讲科学,要么领导效率低,追随者收益少,要么领导效率特别高,追随者遭殃。因此,如果领导者不按科学发展观办事,那么领导力越强,危害越大。

说领导力是一门艺术,是因为领导者所面对的人有思想、有主见、有七情六欲,是一个非常复杂的系统。要把人领导好,是一项非常复杂的工作。之所以把做人的工作称为"艺术",是因为"艺术"通常是凭人的感觉来评判的,难以有明确的量化标准。领导艺术是一种综合艺术,体现在工作的方方面面,例如用人艺术、授权艺术、统筹艺术、平衡艺术、协调艺术、处事艺术、引导艺术、沟通艺术、激励艺术、表扬艺术、批评艺术、讲话艺术等。领导者只有掌握了驾驭领导规律的各种娴熟而巧妙的方法，才能既取得较好的领导效果，又能给领导者和被领导者心理愉悦的享受。

领导学既然是一门复杂的科学和艺术，就必须经历专门的训练。人要达到艺术的最高境界，需要有很高的悟性和刻苦的训练。任何艺术都遵循"一万小时法则"[①]，即任何一项艺术要达到炉火纯青的境界，必须要经过一万小时的训练（当然这是一个大概的数字）。一万小时就是每天训练3小时、一直训练10年的时间，这叫"十年磨一剑"。如果把"领导"看作一门艺术，就不是简单地任命一个职务就能当好领导的，需要一定的时间去训练，从中感悟领导的艺术。

说领导力是科学与艺术的结晶，是因为任何一个领导行为，都要体现其科学性和艺术性。

领导成效体现为一个系统工程

有一家精密仪器公司，由于对环境清洁度要求很高，公司规定员工进入实验室前都要脱鞋。由于员工没有养成好习惯，每天实验室门口的鞋子总是摆放得非常乱，公司经理希望能改变这种状况，于是对员工进行教育，要求大家自觉养成爱整洁的好习惯。他对员工讲了很多道理，员工也懂了，但是好了几天后，鞋子又乱摆了。后来经理觉得讲道理不行，就采用高压的方式，要求员工每天必须把鞋摆整齐，不摆整齐就进行处罚，这样员工很害怕，迫于压力，大家一开始能坚持把鞋摆整齐，可是好了两天，大家又忘了，鞋子又摆乱了。接着经理采用奖励手段，谁把鞋子摆放整齐，就对谁进行表扬、奖励。这项措施实施了几天，但很快就不奏效了。

再后来，经理请教教授领导力方面的教授。教授说，你尝试用

[①] [美]丹尼尔·科伊尔：《一万小时天才理论》，张科丽译，中国人民大学出版社，2010。

粉笔在放鞋的地方画一条横线，在横线上画鞋印，有多少个人（包括经理）就画多少对鞋印，并将每一对鞋印标上序号，每个人对应一个号，要求每个人都将自己的鞋放在相应的鞋印上。然后让每位员工轮流作为监督员，监督大家的鞋子是否全都放在鞋印上，如果谁的鞋没有放在鞋印上，监督员有权批评并要求他重新摆放，最后看看谁重摆的次数多。

这办法推行以后非常灵，员工们不仅每天自己把鞋摆整齐，还帮监督员检查其他人的鞋是否摆放整齐。过了一段时间，地上画的线和鞋印都已经被蹭掉了，但员工的鞋仍然摆放得整整齐齐的。这位经理很感慨，又去问教授这里面有什么科学原理。教授说，这虽然是一件小事，但是它体现了领导科学和领导艺术的结合。从领导科学的角度看，首先是明确了目标，一条横线就是目标，要求把鞋摆放整齐；二是明确了标准，鞋印就是标准；三是便于检查，超出鞋印就是不合格；四是透明，谁的鞋没有摆放整齐一目了然；五是有人监督。从领导艺术的角度看，一是导向，经理以身作则，带头把鞋放在鞋印上；二是授权，任命监督员，并赋予监督员检查、监督、批评和纠正的权力；三是竞争，看谁被纠正的次数多，看谁做得最好。经理听了教授的解释后受益匪浅，想不到小小的一件事情，也能体现领导科学和领导艺术。

说领导力是博弈，是因为领导者面对的是人，凡是人都有心理活动，领导者要揣摩被领导者的心理，做出相应的反应和对策。在通常情况下，领导者与被领导者有思想的较量、心理的较量、知识的较量、智慧的较量、胸怀的较量等。领导者对下属感情的投入、时间的投入、教育的投入、资金的投入，是希望得到丰厚的"产出"的，投入与产出本身就是一种博弈。说领导力是一种博弈，还因为领导者与被领导者是一种对弈的关系，是一个高智商的人与多个高智商的人对弈。这里有三种情况。

一是如何正确回应。一名棋手，只有熟悉对方的下棋路数，才能做出正确的对策，领导者也一样，只有深刻了解下属，才能选择正确的领导方法。

二是如何技高一筹。一名赛车手，即使对赛车性能了如指掌，驾驶技术炉火纯青，他可能是一名好的赛车手，但不一定是赛车冠军，因为比赛是一场力量和技术的综合较量。领导者也一样，即使懂得领导科学，掌握了领导艺术，但不一定就是最好的领导者，因为不一定每个被领导者都佩服你。

三是如何获得好评。是不是好领导，不取决于领导者本身，而取决于被领导者的感受。体操运动员、跳水运动员要获得冠军，除了自己努力做好以外，还要被评委认可，而且评委给自己的打分要高于给别人的打分。

对于领导者与被领导者来说，是一场特殊的对弈，被领导者既是竞技对手，又是打分的评委，领导者是否有出色的领导力，很大程度上取决于被领导者的真实感受，所以有"金杯银杯不如老百姓的口碑"的说法。

终极挑战辩题，你支持哪一种观点？

3. **正方**：领导力是艺术，需要直觉与灵感多一些。

   反方：领导力是科学，需要系统学习和数据支持多一些。

4. **正方**：领导者应敢于冒险，抓住每一个机会。

   反方：领导者应把控风险，稳健决策才是长久之计。

第三节

人人可以拥有领导力

领导力不是领导者的专利。只要有两个人以上一起工作，就有怎样合作、怎样更有效率的问题，其中必须要有一个人起主导作用，这个人就要发挥领导力。即使在家里，怎样把家庭领导好、协调好，也需要领导力。任何一个单位，都是由各层级人员组成的，每个人都会在某个岗位或领域起主要或重要作用，因此每个人都必须具备领导力，担任领导职务的人更应该把领导力作为必修之课。

领导力不一定在领导岗位上才能体现，不当领导也可以体现领导力。一起长途客运汽车的翻车事故，很好地诠释了什么叫领导力。

普通士兵的领导力

一辆长途客运汽车在山路急转弯时翻车了，司机当场晕厥，多名旅客重伤，车内乱成一片，险些发生踩踏事故造成更大伤亡。当时车上没有"领导"，没人维护秩序，在这紧急关头，旅客当中一位小伙子突然站出来，自告奋勇当起了总指挥。他用高嗓门让大家安静，告诉大家现在只有冷静才能自救，让大家待在原地不要动，听他指挥。他指定一个人负责打110、120等求救电话；让几个年轻人协助他打开车窗；让四个年轻一点儿的男性负责将重伤员抬到

第一章 | 领导力正论

路边；询问车里有没有医生护士出身、懂急救知识的旅客，最后指定四名女性旅客照顾重伤员，让有轻伤的旅客在旁边休息，看管行李，自己又带领大家维持现场秩序、抢救司机。半小时后，救援车辆到达，整个事故现场处理得非常好，没有人员死亡。事故处理完后，大家发现这个指挥抢险的人特别关键，要是没有这么一个好指挥员，整个现场不会有这么好的秩序。大家询问小伙子是干什么工作的，小伙子说他是一名刚从部队复员的战士。在险情发生时，虽然没有人任命这位战士为指挥员，但他的勇敢、智慧和担当精神，让他发挥了一个领导者应该发挥的作用。

在这个案例里，同车的旅客就是一个临时组织，这个组织在没有发生险情时使命不明确，组织的作用也不明显。一旦发生险情后，每个人的命运都跟组织联系在一起了，此时组织的使命凸显出来，即让每个人脱离危险。此时，一个人自告奋勇地站出来，提出了实现组织使命的设想，组织中的成员发现这个人提出的设想与大家的愿望和利益是一致的，所以大家就拥护他，愿意按照他的要求做，因此，这个人的领导力也就发挥出来了。一个人能在一件事上发挥领导力，如果让他率领队伍去完成别的任务，相信也一定能够完成好，这叫作领导者素质。有了领导者素质，关键时候就能体现出领导力。

新东方集团的创始人俞敏洪，在创业初期只是带几个人一起办英语培训班，公司很小。在他的带领之下，公司慢慢发展壮大起来，最后成为一家国内外知名的上市公司，他的领导力不是在任命领导之后才体现出来的，而是在实践过程中体现出来的。

企业领导不仅要有远见卓识、战略眼光，还要有带领员工、培养员工、激励员工的魄力和能力。企业的现代化建设需要大批具有国际视野和专业素养的企业家，发展更离不开广大员工的敬业奉献和不懈

创新,更需要具有非凡领导才能的各层级管理人员,通过他们把上级指示贯彻下去,把员工积极性充分调动起来,所以,领导力建设是企业整体建设的重要组成部分。企业各层级管理者不仅要具备良好的领导者素质,还要培养员工具备领导者素质,这样的员工越多,企业的团队意识就越强,就越有希望。

终极挑战辩题,你支持哪一种观点?

5. **正方**:领导力在于远见卓识,规划未来比解决当下问题更重要。

   反方:领导力体现在应对挑战,解决当下问题比规划未来更关键。

6. **正方**:领导者应勇于承担责任,不推诿不逃避。

   反方:领导者应合理分配责任,促进团队成长也是领导者的职责。

第四节

领导者的角色定位

社会组织中的领导一般分为三个层级。

高层领导——领导者，负责决策；

中层领导——管理者，负责督察；

基层领导——执行者，负责落实。

这三个层级职能分明，任务明确，思维方式和行为标准各异。领导者、管理者和执行者的区别如表1-1所示。

表1-1 领导者、管理者和执行者的区别

	领导者	管理者	执行者
使命	做正确的事	把事做正确	把事做完美
职责	明确使命、确定愿景、设定目标、优化组织、管理文化、激励人心、引领变革、创造需求等	制订计划、管理预算、调配人员、控制进度、培养人才、满足需求、维持正常的工作秩序等	不折不扣执行任务，精益求精落实计划，按预定方针和目标，创造性地完成每一个具体任务
思维方式	宏观的、战略性的，体现的是宽度和广度，形象地说就是"宽度一公里，深度一米"	中观的、战术性的，体现的是宽度和深度，形象地说就是"宽度一百米，深度一百米"	微观的、技术性的，体现的是深度和精度，形象地说就是"宽度一米，深度一公里"
关注的重点	目标方向和原则	效益和效果	质量和效率

在实际工作中,领导者与管理者的职能容易混淆,有时领导者做了管理者的事,管理者做了领导者的事。其实,二者思考的问题和行为方式是有区别的。

领导者更关心设定和实现目标,更关注创新,有时甚至不惜改变规则或以牺牲现有的公司结构为代价。当一个工人对于如何处理一个问题有一个激进的新想法时,领导者可能会鼓励这个人去追求这个想法。管理者可能因为自身就在这个结构中,对于改变规则和改变结构都没有这个权力和自由,所以更注重在自己职权范围内把事情办好。

领导者对创新的投入有时是要付出代价的,如暂时的混乱和高压力的工作环境可能会造成人际关系紧张。当这类问题出现时,管理者更有可能将解决员工之间的问题视为自己的职责。而领导者可能会过于专注实现崇高的目标,而把人际关系问题和员工福利问题等搁置一旁。

领导者:仰望星空、超前谋划、关注目标。

管理者:脚踏实地、立足当前、关注过程。

在某大学组织的辩论赛上,曾经有这样一个辩题:正方——经济的发展应以超前谋划为重;反方——经济的发展应以立足当前为重。正反双方唇枪舌剑,互不相让,难解难分。最后主持人宣布,双方的立论都非常正确,论据没有胜负之分,只是辩论技巧有高低之别。因为这个辩题中,正方是领导者思维,作为领导者思考问题必须超前谋划;反方是管理者思维,管理者必须脚踏实地,做好当前的事情。所以,双方的立论都是正确的。

政府或企业管理与这个辩论题有密切的联系。领导者应注重宏观把控,重点思考重大战略问题,如确立什么样的管理理念,走什么样的发展道路,选择什么样的风险偏好等;领导者的副手或部门领导是管理层,应关注中观问题,如本行业、本地区、本单位有什么特点,

第一章 | 领导力正论

如何落实决策层（党委会、董事会或最高领导者）确定的发展战略，如何提高产品质量，如何识别、计量、监测、控制风险等，要制定具体的落实措施，脚踏实地，一步一个脚印地抓好落实。

领导者和管理者没有高低之分，只是职能不同、思维方式不同、关注的重点不同而已，就像人的五官一样，分不清哪个更重要，但缺一不可。领导力是一门科学，管理学也是一门科学，而且是更复杂的科学，因为要"把事做正确"比"做正确的事"难得多。正如确定品牌战略这个决策很容易，但如何实现品牌战略却很难。所以，领导和管理是不可偏废的。

单位副职是领导者还是管理者？这个问题曾引起很多人的疑问。单位副职既是领导者，也是管理者。当副职与一把手一起研究问题、做决策时，担任的就是领导者角色，要和一把手一起思考宏观问题；当副职与部门领导一起研究工作，讨论如何落实决策问题时，担任的就是管理者角色，思考的是如何落实好决策的中观问题。所以副职是一个承上启下的重要角色。

部门领导是领导者还是管理者？这个问题也曾引起争论。有的人说，部门领导是一把手，是领导者；也有的人说，部门是组织中的中层，是负责落实组织决策的，所以部门领导是管理者。

其实部门领导既是领导者，也是管理者。当把部门作为一个小的组织独立看待时，部门领导就是领导者，部门领导要承担起把握这个部门使命的职责，要动员和带领本部门每位成员为实现部门的使命而努力工作，这就需要部门一把手具有领导者思维，长远地、宏观地考虑本部门的发展，如干部任用、人才培养、业务训练、素质提高、风气养成等，要超前谋划，充分发挥领导力。当部门作为大的组织的一个部分时，部门领导就是管理者，要重点考虑如何代表本部门履行好部门职责，高质量、高效率地推动董事会或最高领导者的决策或指示

的贯彻落实，为实现整个组织的目标发挥部门应有的作用，这时部门领导需要具有管理者思维，立足当前，脚踏实地，认真制定落实上级指示的计划措施，并一步一个脚印地抓好落实。

可见，组织中无论哪个层级的领导，其角色都是经常不断地发生变化的，有时是领导者，有时是管理者，有时还可能是执行者。即使某个组织中的最高领导者也不例外，当他在这个组织中时是领导者，但是在更高一层的领导者面前时又成为下级，是管理者或执行者。只有根据当时的角色定位做应该做的事，才是最正确的选择。但是，无论是领导者、管理者还是执行者，都应该具有领导者意识，掌握领导力知识，在需要发挥领导者作用时，充分发挥领导力。对于普通人来说，要经常站在领导者的角度想事，胸怀宽广一些，目标远大一些；站在管理者的角度谋事，思维缜密一些，考虑问题全面一些；站在执行者的角度做事，责任感强一些，对工作认真负责一些。

作为政府部门或企业各层级管理者，更应该具有强烈的角色意识，作为领导者时，要仰望星空，坚守信念，考虑长远，超前谋划；作为管理者时，要脚踏实地，深思熟虑，立足当前，统筹谋划；作为执行者时，要全神贯注，精益求精，心无旁骛，关注细节。能够根据自己的角色定位充分发挥应有作用的管理者，一定是拥有领导力的管理者，是各行各业建设和发展中不可替代的中坚力量。

车间主任的角色定位

有一家生产工艺品的企业，某日，厂长在车间主任陪同下巡视车间时，看到一位员工不小心打坏了工艺品。厂长发现员工非常害怕，几乎要哭了。厂长迅速跑过去安慰，询问她的手有没有划破，当得知对方手没有划破时，连说两遍"身体没事就好"。接着厂长就到别的车间去巡视了。过了一会儿，车间主任接到厂长的电话，

第一章 | 领导力正论

问他打坏工艺品怎样处理，公司是有规定的。放下电话后，车间主任思考怎样跟刚才那位员工说更好呢。想好后，让人把那位员工叫到办公室，车间主任满脸笑容地问员工："厂长是你家亲戚吗？"员工愣了一下，说："也不算亲戚，就是同乡。"车间主任说："怪不得厂长对你那么关心，刚才还打电话问你身体真的没事吧，还让我不要为难你，赔偿按成本价算就行了。"员工听后，感恩戴德地走了。

  对于这件事的处理，厂长和车间主任都非常到位。如果厂长以关心员工的名义，赦免员工赔偿，就破坏了公司的规矩，以后遇到这种情况就不好处理。而且，员工还是厂长的同乡，会让别人感到厂长在徇私情。所以，厂长坚持要让员工赔偿。车间主任有多种处理方法。一是按章办事，把员工叫来批评一通，让她以后要倍加小心，告诉她公司有明文规定，照价赔偿，甚至在车间全员会议上进行批评，让大家吸取教训。这样，员工不敢反对，但心里一定不舒服。二是把矛盾上交，告诉她刚才厂长打来电话，坚持要照价赔偿，自己也没办法。员工一定会恨厂长不讲情面，还会说厂长当面一套，背后一套，认为在现场关心她身体有没有事是假惺惺的。车间主任推卸了自己的责任，挑拨了厂长与员工之间的关系。三是像刚才那样处理，既坚持了原则，符合公司照价赔偿的规定，同时又弱化了惩罚的效应。把领导对她的关心放在前面，甚至怀疑领导在偏袒同乡，专门交代不要为难，按成本价赔偿就行，在"价"字上做了文章。工艺品有成本价、出厂价、批发价、零售价等多种价格，想必员工也清楚。车间主任专门解释按成本价处理，是领导对她的关照。把处罚做成了照顾，员工心里就没那么难受了。这样处理，既维护了厂长与员工的关系，也巧妙解围了自己作为车间主任要秉公办事的难处。

终极挑战辩题，你支持哪一种观点？

7. **正方**：严格的绩效考核制度是提高员工工作效率的关键。

   反方：过度的绩效考核会损害员工士气，灵活的管理方式更为有效。

8. **正方**：目标管理法（MBO）是提升组织绩效的有效手段。

   反方：过分强调目标可能导致短视行为，全面质量管理（TQM）等方法更为全面有效。

第一章 领导力正论

本章小结

现在理论界有一种说法,即管理者与领导者的最大区别是管理者关注事,而领导者关注人。这种区分是不全面的,其实领导者更关注事,领导者就是为做事而来的,做不成事就不是一个好的领导者。可以说,成事,成大事,是领导者的终极目标,关注人是为了达成终极目标的一种手段。这就是使命意识。一个好的领导者,为了达成目标,千方百计提升能力,以身作则做好榜样,设身处地为人着想,高瞻远瞩全面谋划,斗智斗勇与人周旋,为的就是实现自己的领导使命。让别人高高兴兴、心悦诚服地帮助自己实现目标是最高的领导力。所谓高超的领导艺术,迂直奇正,刚柔并济,运用之妙,存乎一心。

第二章

领导力奇解

导读

为什么有的人在众人面前很快就能成为核心，有的人却始终是个默默无闻的追随者？

为什么有的领导者振臂一呼响应者众，有的却喊破嗓子跟随者寡？

为什么有的领导者在一个单位成效显著，政绩突出，在另一个单位却施展不开，政绩平平？

为什么有的领导者能力很强，口碑却不好；有的能力平平，群众却非常拥戴？

一切皆源于领导力。

领导力由三块基石奠定、十二根立柱支撑，即从三个维度、十二个角度诠释领导力、演绎领导力、展示领导力，这就是三维十二度领导力模型。

第一节

三大基石"硬实力"

领导力的内涵极其丰富。美国思想家爱默生说过一句话:"能够简单便是伟大。"任何复杂的体系,都应该将其简化。大道至简,越是有用的,越是简单的。简单才有生命力,简单才容易被接受。如何将复杂的领导力简化成人人都能明白的常识呢?方法只有一个:道法自然。

计算机是人类伟大的发明之一,技术非常复杂,计算速度之快,令人难以想象。2022年,国际TOP500组织公布了全球超级计算机500强排行榜,我国自行研制的神威·太湖之光超级计算机,进入世界超级计算机排名前10,这是中国人引以为傲的。计算机的用途非常广泛,功能非常强大,但原理却十分简单,也许世界上没有比计算机原理更简单的东西了。计算机的原理就是一个开关,要么开,要么关,开用"1"表示,关用"0"表示,0、1、0、1,反复变换,编成了计算机程序。这"0"和"1"的变化就是"二进制",是计算机最核心的技术。一个二进制就解决了复杂的问题。

大家都知道,原子弹的威力很大,但原子弹的原理却非常简单。反应堆生成一个热中子,让这个热中子去轰击铀235原子核,在轰击过程中铀原子会生成2~4个中子,生成的中子继续轰击铀原子,则

生成4～8个中子，一直轰击下去，就是原子裂变的链式反应，由于铀原子很稳定，可以轰击发生81次裂变，即共撞击2^{81}次，每一次撞击都会产生能量（$E=MC^2$，其中，E表示能量，M是原子的质量，C是中子撞击的速度），由于中子撞击的速度非常大，即使原子的质量很小，但是与速度的平方相乘，结果就非常惊人，所以原子弹爆炸的威力非常大。

世间万物纷繁复杂，我们的祖先将如此复杂的世界用"太极"和"阴阳"加以描述。《易经》中有云："易有太极，是生两仪，两仪生四象，四象生八卦。"他们认为万事万物都是从宇宙发端的，由于地球围绕太阳转，才有白天和黑夜（阴阳），才有春夏秋冬（四象），才有世间万物（八卦），所以，太极是世界的本原，八卦就是世间万物。太极是1，两仪是2，四象是4，八卦是8，即2^0、2^1、2^2、2^3，也是一个二进制问题。

世界这么复杂的体系都可以用二进制来描述，那么，领导力这个体系能否用二进制描述呢？答案是肯定的，领导力同样遵循这个规律。

根据领导力的定义，领导者最重要的两件事，一是把握组织使命，二是动员人们为实现这个使命而奋斗。领导者的工作万变不离其宗，最终都要归结到这两个事上来。显然，这是一个"二进制"的问题。领导力的核心如图2-1所示。

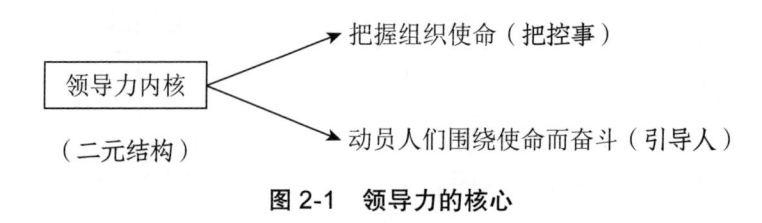

领导力内核（二元结构）→ 把握组织使命（把控事）
　　　　　　　　　　→ 动员人们围绕使命而奋斗（引导人）

图2-1　领导力的核心

把握组织使命就是"把控事",如何才能把事做好呢?一要有正确的思路,二要有正确的行动。没有思想的行动是盲目的行动,没有行动的思想是空想,只有思想和行动结合起来,谋定而后动,才能做成事、成大事。这也是一个"二进制"的问题。领导力的第一功能如图 2-2 所示。

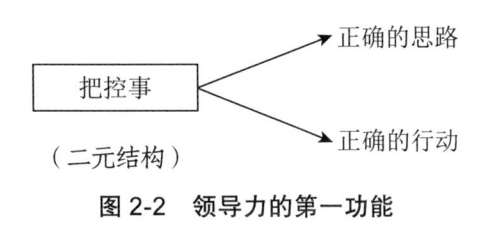

图 2-2 领导力的第一功能

动员人们围绕组织使命而奋斗,就是"引导人"。如何才能引导好别人呢?一是做好自己,二是带领别人。自己做不好,就没有资格去领导他人;光自己做好,不去影响他人,就不能称其为领导者,这仍然是一个"二进制"的问题。领导力的第二功能如图 2-3 所示。

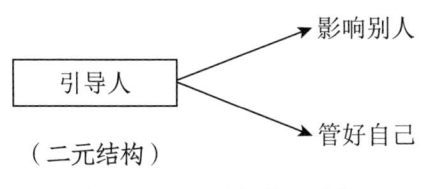

图 2-3 领导力的第二功能

将上述几个图结合起来,就可以得到领导力的构成分解,如图 2-4 所示。

```
                    领导力
                   /      \
               把控事      引导人
               /   \       /   \
          思想(思) 行动(行) 人品(品) 行动(行)
```

图 2-4　领导力的构成分解

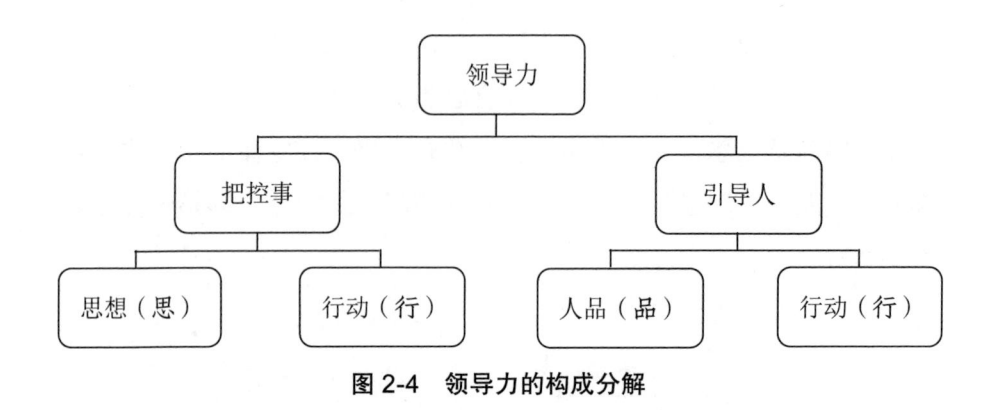

将领导力核心的两个"二进制"系统进行整合，可以得出如图 2-5 所示的领导力三维结构。

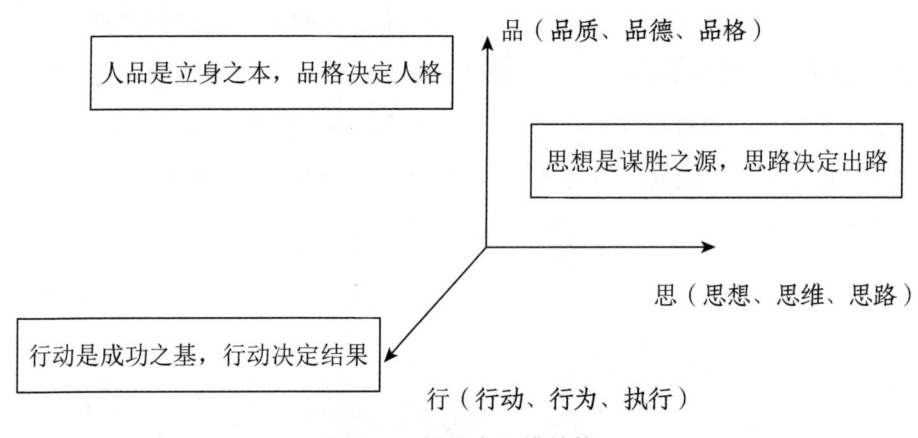

品（品质、品德、品格）

人品是立身之本，品格决定人格

思想是谋胜之源，思路决定出路

思（思想、思维、思路）

行动是成功之基，行动决定结果

行（行动、行为、执行）

图 2-5　领导力三维结构

在这个三维结构中，纵轴是"品"，是人的立身之本。"品"包括品质、品德、品格、品行、品性、品位、人品等，品不仅是领导者最重要的素质，也是一个普通人最重要的素质。作为基础的横轴有两条，一是"思"，二是"行"。"思"包括思想、思维、思路、思考、思谋、思辨等，思是行动的基础，是指挥中枢，思路决定出路；"行"包括行动、行为、行政、执行、奉行、笃行等，行动是落实终端，是成功的基础，没有行动，再好的思想也没用。"品""思""行"三个方面"三分鼎足"，构成了领导力坚实的三块基石，任何领导行为、领导科学、领导方法、领导思路、领导艺术都不会超越这三个方面，它就像颜色中的三原色，是色彩的基础，色彩斑斓、五彩缤纷的世界离不开这三个原色。

以品、思、行三大基石构成领导力硬实力，体现领导者的综合素养，为领导者提供坚实的内在支撑。它涵盖品德、智慧和才能三个维度，具体表现如下：品德包括小德（管好自己）、中德（影响他人）和大德（周济天下）；智慧包括小智（做事）、中智（做世）和大智（做势）；才能包括小才（器胜）、中才（术胜）和大才（道胜）。这三块基石的裂变，迸发出强大的领导力。

———— 终极挑战辩题，你支持哪一种观点？ ————

9. **正方**：能够简单便是伟大，品、思、行三大基石揭示了领导力的本质，很有科学价值。

   反方：简单不一定伟大，领导力是一个庞大的体系，三块基石根本承载不了这个体系。

10. **正方**：领导力的生命在于不断总结成功的经验。

    反方：领导力的生命在于不断吸取失败的教训。

第二节

十二支柱"软实力"

从领导力三维结构可知,"品""思""行"是领导力体系中最基本、最原始的要素,就像二进制中的"0"和"1"、原子裂变中的中子和原子、易经八卦中的"阴"和"阳",要通过组合才能发挥威力。计算机二进制的组合是 2^x,铀原子裂变是 2^x,易经"阴爻"和"阳爻"的组合是"八卦"或"六十四卦",也是 2^x。领导力也是各种力的组合,是三个维度上的分力,以一定的规律组合而成。

任何力既然可以组合,那么必然可以分解。我将领导力按三个维度进行分解,每个维度一分为二,二分为四,可以得到十二种力,我将其称为"领导力十二支柱"。每根支柱上的力,要达到与领导者履行职责、完成使命相匹配的度量,这个"度"是领导者完成特殊使命的度量。十二种力是构成领导力的基本元素,每个元素的"度"反映的是领导者某一个方面的能力,这个能力是在领导者履行职责中,通过对追随者的吸引、引导、说服和影响所展现出来的,而非威逼、强迫或利诱。我将这十二种力的组合称为"三维十二度领导力模型",如图 2-6 所示。下面详细剖析十二种力的来源和功能。

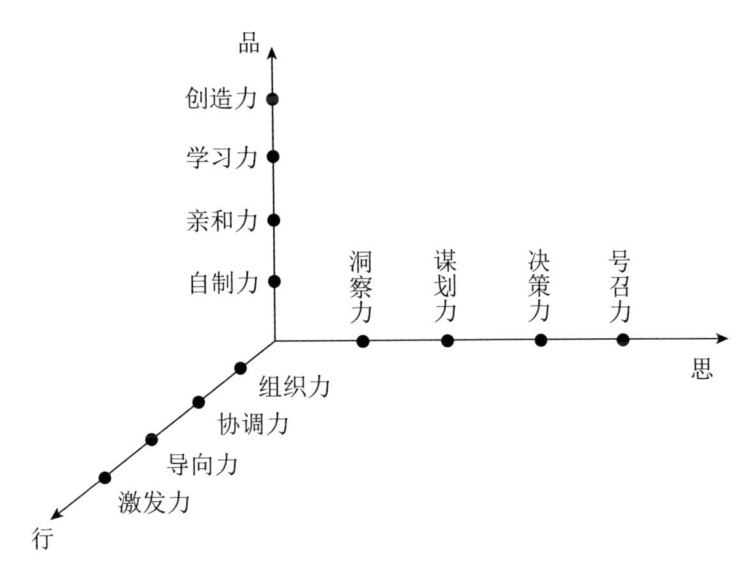

图 2-6 三维十二度领导力模型

一、"品质力"探源

领导力的第一维是品质力,是反映领导者本质的核心要素,是立身之本。

领导者最重要的品质是什么呢?就是人品好。人品包括内在品质和外在品质。内在品质体现在管理自己和对待别人的态度上,即自制力和亲和力;外在品质体现在能量的吸收和释放上,吸收能量是学习力,释放能量是创造力。品质力分解如图 2-7 所示。

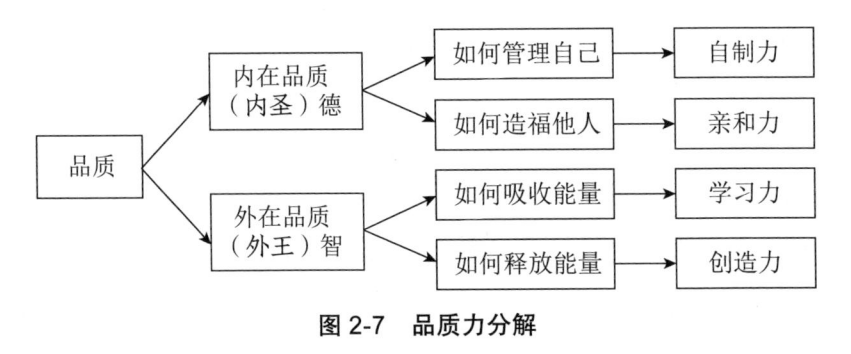

图 2-7 品质力分解

人就像一棵大树，大树之所以能昂首挺拔，生机盎然，是因为有强劲的根深扎大地，有笔直的干输送养分，有茂密的冠吸收阳光，有丰硕的果贡献给自然，才得以生生不息，不断成长，高入云端。自制力、亲和力、学习力、创造力是品质这棵常青树的重要组成部分。

（一）自制力——树之根

自制力是指能够完全自觉地、有意识地控制自己的情绪、支配自己行动的能力，也即可以按照一定的目的，理智地控制自己的感情和行动。自制力是意志的重要品质，是情商的重要体现。能否有效约束自己，是衡量一个领导者内心是否强大的重要标志。很多成功学学者都把自制力归纳为成功的必备要素。成功学著名学者拿破仑·希尔经过数十年研究，归纳出的17条黄金定律，涵盖了人类取得成功的所有主观因素，其中"高度的自制力"居于第五条。美国的神奇篮球教练约翰·伍登把成功要素概括为由15个功能模块构成的"金字塔"，其中自制力居于"金字塔"的第二层（第二层的四个要素为自制力、机敏、主动性、专注）。

任何一个人，能管住自己是根本，一个连自己都管理不好的人，是没有资格管理别人的。对于一个人来说，如果失去自我控制，要么是一个狂人，要么是一个精神病患者。自制力犹如汽车的刹车系统。汽车最主要的零部件就是刹车，这是整个汽车最核心的部件，制动不好是很危险的。所以自制力是智慧的结晶、勇气的结晶、毅力的结晶，它是一种力量的表现。勇士能够战胜敌人，但是很难战胜自己，所以能够战胜自己的都是强者，都是勇敢者。控制自己是强大的表现，战胜敌人可能只要一分钟，战胜自己却要一辈子。有自制力的人，内心是很强大的。自制力是人品的核心标志。

自制力是一条主根，下面还有8条次根，这8条次根分别是信仰、信念、使命、责任、自尊、自重、自省、自律。有了这8条次根的深扎护卫，树就能昂首挺立，经得起任何风雨的洗礼。

所有的胜利与征服自己的胜利比起来，都是微不足道的；所有的失败与失去自我的失败比起来，更是微不足道。伟大的德国哲学家黑格尔说："一个志在有所成就的人，他必须知道限制自己。反之，什么事都想做的人，其实什么事都不能做，终归会失败。"古希腊数学家毕达哥拉斯认为："自制是世界上最强大的力量和财富。"林肯这样评价自制："重要的是驾驭自己。"撒切尔夫人在谈到自我克制时说："所有成功的秘诀在于自我克制，如果你学会了驾驭自己，你就有了一位最好的老师，如果你能向我证明你能控制自己，我就认为你是个有教养的人。缺乏这种品质的人，所有其他的教育都于事无补。"

自制力——心力的强度。它体现领导者在自我约束和自我管控方面的坚韧度。这种坚韧度使得领导者在面对挑战和诱惑时能够保持清醒，始终坚守自己的原则和目标。

（二）亲和力——树之干

亲和力最早是属于化学领域的一个概念，是特指一种原子与另外一种原子之间的关联特性，但现在越来越多地被用于人际关系领域，某人对另外一人具有的友好表示，通常就形容为这个人具有亲和力。有句话叫：力在则聚，力亡则散。有亲和力的双方就是有共同力量表示的双方，这种友好表示使得双方能够合作。亲和力是促成合作的起因，只有具有了合作意向，才会使双方结合在一起。亲和力的狭义概念是指一个人或一个组织在所在群体心目中的亲近感，其广义概念则是指一个人或一个组织能够对所在群体施加的影响力。

亲和力源于人对人的认同和尊重，很多时候，亲和力所表达的不

是人与人之间物理距离上的远近，而是心灵上的通达与契合，是一种基于平等待人的相互利益转换的基础。真实的亲和力以善良的情怀和博爱的心胸为依托，是一种发自内心的特殊禀赋和素养。领导者只有心中装着他人，善待他人，发自内心地尊重、爱护、关心下属，帮助他们得到需要的东西，追随者才能心甘情愿地跟随领导者。

亲和力彰显着人格魅力。拿破仑·希尔曾说："真正的领导能力来自让人钦佩的人格。"亲和力显现人格力，人格力焕发亲和力。

亲和力——胸怀的广度。它体现领导者在关爱他人、体恤民情方面的宽宏度。宽广的胸怀让领导者能够包容不同的观点和声音，与团队成员建立深厚的信任关系。

（三）学习力——树之冠

领导者的全部本领都是从学习中得来的，到目前为止还没有一个领导者被证明其才能是天生的。学习力就是聚集能量的能力，就像树枝和树叶一样吸收阳光和水分，让树永远保持旺盛的生命。

个人的学习力，不仅包含知识总量，即个人学习内容的宽广程度；也包含知识质量，即学习者的综合素质、学习效率和学习品质；还包含学习流量，即学习的速度及吸纳和扩充知识的能力；更重要的是看知识增量，即学习成果的创新程度及学习者把知识转化为价值的程度。

学习力的本质是竞争力。当今世界是一个充满竞争的时代，在20世纪70年代，被《财富》杂志列为世界500强的大公司，堪称全球竞争力最强的企业，但到了20世纪80年代，其中的1/3销声匿迹了，到了20世纪末更是所剩无几了。这反映了风起云涌的新科技革命和新经济的产生迅速切换或淘汰传统产业的大趋势，但同时也反映出无论是企业还是个人，不善于学习，不与时俱进，跟不上时代的节拍，被时代抛弃就会成为必然。

学习力是一个人学习动力、毅力、能力的综合体现。学习动力是指自觉的内在驱动力，主要包括学习需要、学习情感和学习兴趣。学习毅力，即学习意志，是指自觉地确定学习目标，并支配其行为克服困难，实现预定学习目标的意志。学习能力是指接收新知识、新信息并用所接受的知识和信息分析问题、认识问题、解决问题的智力，主要包括感知力、记忆力、思维力、想象力等。相对于学习而言，它是基础性智力，是产生学习力的基础因素。学习动力体现了学习的目标；学习毅力反映了学习者的意志；学习能力则来源于学习者掌握的知识及其在实践中的应用。

一个人是否有很强的学习力，取决于这个人是否有明确的奋斗目标、坚强的意志和丰富的理论知识，以及大量的实践经验。

学习力——融知的速度。它体现领导者在知识更新和学习新技能方面的加速度。高效的学习能力使领导者能够迅速适应变化的环境，保持与时俱进。

（四）创造力——树之果

创新力是指人在顺利完成以原有知识、经验为基础的创建新事物的活动过程中表现出来的潜在的心理品质，是人类能力中最重要、层次最高的一种能力，是方法、技术、理念的革命，是突破现状、独辟蹊径并不断超越的能力，是一种不走寻常路的魄力。在优胜劣汰、竞争空前激烈的现代社会，创造力是制约个人、企业、社会生存和发展诸多因素中的核心因素。创造力决定竞争力，创造力决定成败。

个人能否在职场竞争中脱颖而出，企业能否在市场洪流中出类拔萃，社会能否在历史浪潮中阔步前进，从根本上来讲都取决于有没有创造力和创造力的高低。创造力是 21 世纪的通行证。

一流的人主动创新，二流的人被动创新，三流的人拒绝创新。

创造力是一流的人和末流的人的分水岭，是人的所有能力中的灵魂。领导者最大的作用是对组织的贡献，由于领导者有与一般人不同的智慧和能力，有比一般人更高的才华和本领，才能赢得追随者的崇敬和仰慕，创造力就像树之果，是领导者的价值体现。创新包括思想观念创新、机制创新、技术创新、经营创新及管理创新等多个方面、多种形式，运用得好，企业就会大发展、大突破。

以上四种力，自制力、亲和力体现的是领导者内心的力量，即"内圣"；而学习力、创造力彰显的是领导者外在的力量，即"外王"。内外结合形成了领导者最重要的品质。

人品的"品"字由三个口字组成，说明"品"是他人评价的结果。一个人的人品怎么样，不是靠自己说，而是靠别人说，多数人说了算。所以，历代朝臣举荐人才，都是把人品放在第一位的，中国共产党选拔干部仍然非常重视品德，德才兼备、以德为先是选人用人的根本所在，把德放在第一位，可见"品德"在干部使用中的突出地位。

创造力——求新的睿度。它体现领导者在创新思维和创意产生方面的独特度。独特的创新思维让领导者能够提出新颖的解决方案，为团队带来突破性的进展。

二、"思想力"探源

领导力的第二维是思想力，是反映领导者智慧的关键指标，是完成领导者使命在思维层面的一系列活动，是实现组织使命的顶层设计。

思想是谋胜之魂。思想包括灵感和胆略两个方面。"灵感"是辨析判断事物的能力，体现的是由外而内的过程，即从对客观事物的认识，根据客观现实判断自己能做什么、该做什么，最后从内心做出计划和打算。体现"灵感"的是洞察力和谋划力。"胆略"是勇气和谋略，体现的是由内而外的策略，"内"指内心的决定，即主体思维过程，如某件事要不要做、能不能做成、有什么风险等，进行高速的"运算"，最后做出决策；"外"是主体思想对外部的影响，即主体向客体施加影响力，如动员某人做某事等，是一个"推销"的过程。体现"胆略"的是决策力、号召力。思想力分解如图2-8所示。

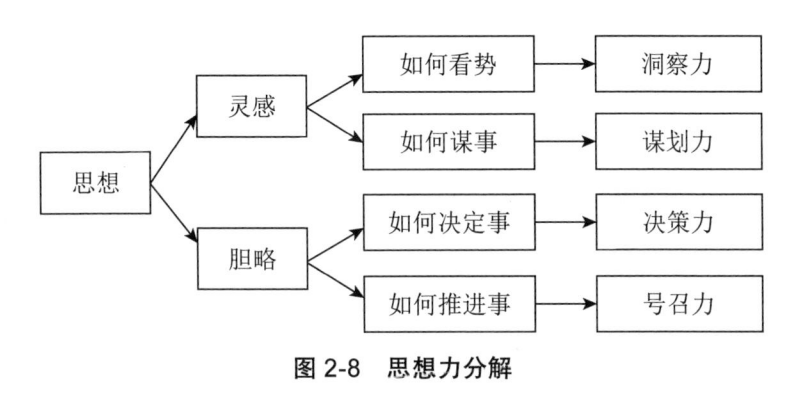

图 2-8 思想力分解

思想是行动的指南，就像一辆车的方向盘。车没有方向盘，就会把握不准方向而乱跑，人要是没有思想，就会瞎干、蛮干。

（一）洞察力——观察事物的能力

从字面上来看，洞察是指对于山洞的观察，山洞除了洞口的地方可以被阳光照射外，其他地方越深入就越黑暗，所以需要深入地观察。洞察力是一种深入事物或问题内部观察的能力，它更多地掺杂了分析和判断的能力，洞察力是一种综合能力。

洞察力的基础是观察力，人的大脑通过观察表象，对声音、气味、温度等有新的认识，从中发现新奇的事物。作为一种特殊的思维能力，具有洞察力的人在没有手段直接观察到事物内部时，可以根据事物的表面现象，准确或比较准确地认识到事物的本质及其内部结构

或性质。洞察力与直觉、预感有某些相似的地方，但是也有明显的差别。一般来说，直觉和预感偏重于对事物发展变化的判断，而洞察力则直逼事物的本质结构，因此洞察力的智力层次和适用范围要比直觉和预感更深入、更广泛。

洞察力的敏锐程度决定了从一个人身上得到的信息的多寡。也就是说，只有具备敏锐洞察力的人才尽可能多地将一个初次见面的人或初次接触的事物的信息更好地把握住。洞察力对于一个人来说是非常重要的。敏锐的洞察力可以使人们免受表面现象的迷惑，看到事物的本质和变化的趋势。洞察力可以使一个人变得更加睿智、严谨，发现许多常人所不能发现的东西。古往今来，所有智者最根本的智慧就在于其无与伦比的洞察力。

洞察力——见事的敏度。它体现领导者在观察世界和分析事物时的敏锐度。敏锐的洞察力使领导者能够洞察事物的本质，抓住问题的关键，为团队提供准确的指导。

（二）谋划力——制定蓝图的能力

"谋划"是指谋虑和筹划。毛泽东早就指出："领导的责任，归结起来，主要是出主意、用干部两件事。"这里的"出主意"，主要就是谋划的意思，谋划、想办法，或是运筹、制订计划。自古以来，凡是大有作为的领导者，都十分重视谋划，所谓"运筹帷幄之中，决胜千里之外"，讲的就是对未来要做的事做好谋划的重要意义。现代领导科学要求领导者要善于"抽身谋大计"，同样是强调谋划的作用。如果说洞察力是对已经发生的事的判断的话，那么谋划力就是对未来要做的事出谋划策。

谋划力是领导者谋划未来发展的能力。清末民初学者陈澹然曾云：不谋万世者，不足谋一时；不谋全局者，不足谋一域。一个组织要发展就应该有一个关于方向和目标的整体思路，也就是发展的战略构想。这种战略性的构想应该对组织在不同阶段的任务和目标有一个大体的界定。战略意识不仅强调对战略的了解和认识，更是对战略要求细化的持续影响。领导者的谋划力，实际上就是领导者顶层设计的能力。

美国著名管理学家华伦·丹尼斯根据自己在1985年对90位杰出领导者的研究，把谋划力列为领导者的首要能力，称为"注意力管理"，即提出一个被别人接受的远景目标，这是领导者组建组织从现在跨到未来的大桥。他认为谋划力在领导过程中能起到三个方面的作用：一是为群体指明正确的前进方向，确定正确的奋斗目标；二是在目标方向确定的基础上制定科学的规划，"先谋后事者昌，先事后谋者亡"，许多领导者无往不胜，其中很重要的一点就在于善于根据未来的各种可能性制定行动规划；三是掌控全局，使得所辖群体未雨绸缪，沉稳接受各种现实的挑战。谋划力的核心是预见性，站得高、看得远，准确判断未来事件的发生。

谋划力——谋事的深度。它体现领导者在制定战略和思考规划方面的周密度。周密的谋划力让领导者能够全面考虑各种因素，制订出切实可行的战略计划。

（三）决策力——正确而果断决策的能力

做任何事情，在下决心的一刹那是最艰难的。做好谋划之后，就需要对前面的思考做出最后抉择，即人们常说的"拍板"。但拍板并不容易。小说家米兰·昆德拉曾说过："没有任何方法可以检验哪种抉择是好的，因为不存在任何比较。一切都是马上经历，仅此一次，不能准备。"因此，决策力实质上是领导者快速判断、选择、执行及修正决策方案的一种综合能力。从某种意义上讲，领导过程是由一系

列决策或决断活动所组成的,决断的正确与否关系到领导活动的成败。当机会或危机来临时,如果不敢决断、不善决断,就会给组织带来不可估量的损失。敢于决断和善于决断是作为领导者的必要条件。美国 GE 公司前总裁杰克·韦尔奇被誉为全球第一 CEO,他把决策力推到了无比重要的位置。在他的《赢》一书中,他这样阐述:"决策力即对麻烦的是非问题做出决定的勇气。对于同一件事情,任何人都有自己不同的角度。一些精明的人能够、也愿意无休止地从各个角度来分析问题,但是,有决策力的人却知道什么时候应该停止议论,即使他并没有得到全部的信息,也需要做出坚决的决定。"

1998 年夏天,在长江抗洪斗争中,围绕荆州是否分洪,上演了一场惊心动魄的生死抉择。当时,荆州洪水超过国务院制定的分洪争取水位,一次重大抉择摆在时任国务院副总理温家宝面前:分洪,意味着 921.34 平方公里的大地将转眼间化为泽国,33.5 万人要转移,造成 150 亿元的经济损失;不分洪,如果决口,江汉平原、武汉三镇都将被淹,那损失就不是百亿千亿元所能计算得了的。温家宝亲临抗洪抢险第一线指挥。在水位超过警戒线的一刻,他以巨大的勇气做出决策,全力以赴,严防死守,暂不分洪,带领抗洪大军奋战在一线,最后,终于保住了大堤,创造了人类奇迹。

决策需要胆略,更需要勇气,需要压倒一切困难的气概,需要勇于负责的精神。

决策力——决策的气度。它体现领导者在把握机会和做出决策时的果敢度。果敢的决策力使领导者能够在关键时刻迅速做出正确的决策,为团队赢得宝贵的机会。

(四)号召力——说服、动员、传导、示范的能力

号召力是对被领导者的一种理念或思想的传导,是领导者的重要职能。《孙子兵法》第一篇就谈到有 5 件最重要的事："一曰道，二曰天，三曰地，四曰将，五曰法"。这 5 个方面，"道"被放在第一位。孙子曰："道者，令民与上同意，可与之死，可与之生，而不畏危也。"也就是说，道指君主和民众目标相同，意志统一，可以同生共死，不会惧怕危险。领导者只有共启愿景，让追随者看到令人激动并且能够实现的未来，追随者才会竭尽全力跟随领导者。从某种意义上说，领导者生活在未来，他们在还没有开始某个项目前，已经能够在大脑里"看到"事情的结果是什么样子的，并努力传导给追随者，让他们相信并接受这一愿景。

怎么发展企业？怎么寻找客户？怎么开展业务？怎么跟政府打交道？怎么跟银行打交道？哪些位置上需要用什么能力的员工？对于这些问题，企业家比企业中的任何一个人都清楚要如何去处理！但是，作为企业家，怎样将这些信息传递给团队，怎样用最通俗的语言让员工理解？企业家必须具备表达能力，能够将组织中复杂的目标和议题，以简单、通俗易懂的方式解释给员工听，确保大家对目标的了解一致，才能更容易进行讨论与计划。

号召力体现在思想传导的过程中，要让追随者实现 8 个方面的转变：从不知到知；从不懂到懂；从不同意到同意；从不需要到需要；从不愿意到愿意；从不自觉到自觉；从不强烈到强烈；从不激动到激动。这是一个逐步升华的过程。实现了这样的转变，才能打造一个上下一心、具有很强凝聚力的团队，才会有竞争力与战斗力，也只有这样的团队，才是无坚不摧、无往不胜的。

号召力——感召的力度。它体现领导者在推行决策落实和动员决策响应方面的聚焦度。强烈的号召力让领导者能够凝聚共识，统一意志，上下同心，共同为实现目标而努力。

三、"行动力"探源

领导力的第三维是行动力,是体现领导者能力的重要标志,是完成组织使命的重要过程。

行动是成功的基础,任何好的思想,如果不落实到行动上都等于"零"。行动包括两个方面:一是统筹事、把控事,把得住大局,把得住关键,搞好组织协调;二是驾驭人、引导人,引领方向,激活内力,让人主动地、创造性地去做事。行动力分解如图2-9所示。

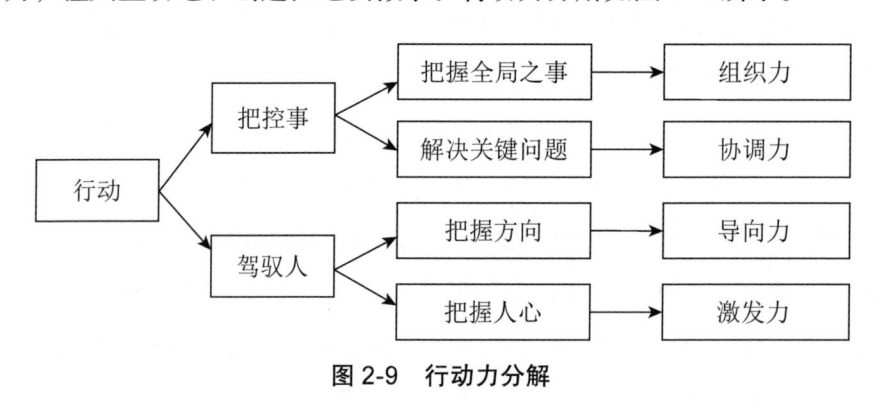

```
                  ┌─ 把握全局之事 ──→ 组织力
         ┌─ 把控事 ┤
         │        └─ 解决关键问题 ──→ 协调力
行动 ────┤
         │        ┌─ 把握方向 ────→ 导向力
         └─ 驾驭人 ┤
                  └─ 把握人心 ────→ 激发力
```

图2-9 行动力分解

(一)组织力——执行的基础

组织是行动的第一步,为落实决策、实现目标创造必要的条件。任何重大决策的落实、重大任务的执行、重大事件的处置,都包括三个方面的组织工作。

一是组织部署。设计并建立合理高效、完善灵活的组织指挥系统,善于运用组织力量达到目标;进行严密周全的部署(排兵布阵、合理布局),制定完成任务的方案,对方案进行推演论证,有时还要进行必要的预演;做好充分的准备工作,做到兵马未动,粮草先行。

二是组织实施。包括统一组织指挥;统一调配资源,根据事件发展进程,科学合理、及时高效地调配各种力量,使任务进展顺利;统一落实决策。在落实、执行决策的过程中，有许多事情需要领导者拍板决定，需要有人说了算，有人负责。

三是组织保证。在完成任务过程中，一系列保障工作要及时跟上，如宣传教育工作（统一思想认识）、优化组织结构（包括体制编制、岗位职责、职数等）、优化人员调整（包括把最合适的人用到最合适的岗位上，及时调整不胜任或渎职、失职的人等）、资源保障工作（包括人力、财力、物力）、环境保障工作（包括硬环境、软环境）、风险防范工作（包括风险偏好、原则、流程、规范等）、制度保障工作（包括奖惩制度、纪律约束、抚恤政策等）等，推进任务顺利完成。执行任何任务都需要考虑以上 7 个方面，任务越艰巨、时间越长久、涉及的人员越多，越需要及时跟进。

组织力——统合的缜度。它体现领导者在统配资源和指挥团队方面谋势造势的缜密度。稳健的组织力使领导者能够精准、合理分配资源，确保团队高效运行。

（二）协调力——执行的关键

领导者有"两个75%"之说。第一个 75% 是指领导工作中大部分是在进行协调、沟通，比如谈话、谈判、座谈、面谈、发传真、发文件，甚至对别人的批评、表扬等，这些协调沟通工作占据了 75% 的时间。第二个 75% 是指工作中往往会遇到许多摩擦、纠纷、冲突、矛盾、障碍等，其中有 75% 是由于协调沟通不畅引起的，需要领导者用 75% 的精力去做好协调沟通工作。可见，在现实领导过程中，协调力起着十分重要的作用。

什么叫协调？领导者运用自己的权力、威信，以及运用各种方法、技巧，把各种资源、关系有机统合起来，使之成为实现组织目标的正能量，这样一种领导（或管理）过程就是协调。在一个组织中，

领导者是否善于协调，可能会使同样的组织产生不同的权力效应。协调力靠的是领导者的硬权力加软权力。硬权力是组织赋予的法定权力，如指挥权、用人权、资源支配权等，软权力是由领导者个体威望决定的，如能力、魅力、影响力、号召力、凝聚力等。硬权力加软权力，同时综合运用各种管理的原则、方法、技巧，把组织资源整合起来，形成一种组织的活力、社会的合力，来达到组织目标，取得组织绩效。

在完成任务、落实决策的过程中，必然会遇到很多艰难险阻，需要领导者动用必要的硬权力和软权力进行协调，确保任务完成。领导者在完成组织使命的过程中，除了出主意、做决策外，由于领导者的特殊地位和作用，至少要做好以下四个方面的协调工作：一是理顺各种关系，比如内部关系、内外关系、上下关系、平级关系等；二是平衡各方利益；三是化解各种矛盾；四是处置各种难题。有一次，世界管理大师杰克·韦尔奇到中国访问，有企业家问他："你认为作为一个领导者最重要的事情是什么？"韦尔奇想了想，说了一个词：协调。他说协调是领导者最重要、最常做的事。因为一旦做出决策，就不应该随意去改变它，所以，领导者的主要精力就应转到如何落实决策上，而落实决策一定会遇到很多阻力，由于领导者有更多的权力和资源，有的下属做不了的事情，就得领导者亲自出马，这就是协调。

协调力——应变的灵度。它体现领导者在解决冲突和协调关系方面循势借势的灵活度。灵活的协调力让领导者能够妥善处理各种复杂情况和内外部关系，维护团队的和谐稳定。

（三）导向力——执行的灵魂

做任何事情都有一个方向的问题，方向错了，距离目标就会越来越远。人们都曾有过这样的体验：当到一座很大的公园时，走着走着

第二章 | 领导力奇解

迷路了,不知道自己在什么地方,这时突然看到路边立着一个牌子,上面绘着公园的地图,地图上有一个红点,标注"您在这里"。这个时候你会很惊喜,因为你知道自己在什么地方了。这个红点起到了定位的作用,为你下一步往哪个方向走奠定了基础。但是,这个红点还不能为你下一步怎么走指明方向,还需要绘制行动路线图。领导者的导向力就是要告诉追随者现在处在什么位置,下一步该向哪个方向走,应该如何走,可能会遇到什么问题,遇到问题时怎么解决等。

导向力就是正确、有效地引导追随者向既定目标前进的能力。如果说领导就是服务,那么领导者的导向力体现的是最高层次的服务,体现的是前瞻与远见,告诉追随者什么能做、什么不能做、什么该做、什么不该做,顺利时看到风险,不顺时看到阳光。

领导一词,由"领"和"导"组成,本身就意味着方向性、目标性。导向意味着领导者必须先自己辨别方向,具有把握未来的能力。领导者,尤其是高层领导者,属下千军万马,手中亿万资财,他所指出的方向、提出的目标、做出的判断是否正确,直接关系到众多人的前途、命运。人们对他们的主要要求就是看其在把握方向的问题上是否正确,而不是对那些琐碎的、具体的事物做了什么、效果如何。

领导者不仅要有自己辨别方向的能力,而且要有把追随者引向正确方向的才能。领导者的导向力既要有 GPS 般的定位功能,告诉旅行者所处的位置,又要有导航仪般的导航功能,告诉旅行者往哪个方向走是正确的,还要有导游般的激情,告诉旅行者离目的地还有多远,目的地有哪些引人入胜的美景,如何才能最快捷、最安全地到达目的地。

导向力——领航的精度。它体现领导者在引领团队方向和设定目标方面取势驭势的坚定度。坚定的导向力使领导者能够明确团队的目标和方向,带领团队朝着正确的方向前进。

（四）激发力——执行的动力

过去有人说，"火车跑得快，全靠车头带"。现在，火车提速到一定程度，完全靠车头带已经不行了，所以动车组应运而生。动车组就是让每一节车厢都有动力，形成动力的合力。组织使命要靠人去完成，但人不像动车组的发动机那么简单，只要启动就能运转。人是有思想的，只有通过思想这条特别路径去启动心灵发动机，才能使人这个"特别车厢"有动力。

人有五个层次的需求，只有不断满足需求，才能使人不断地"动"起来。对人心的激励有三个方面：一是激"情"，即热情、激情、感情，激起人的某种向往和渴望，点燃内心深处的火焰，引导其对单位、岗位、同事的爱；二是激"心"，即事业心、责任心、上进心，激起人对事业的追求和对人生的热爱；三是激"力"，即动力、能力、潜力。人的能量是无限的，只要不断挖掘，总能迸发出超越人们想象的能量。激发的手段有多种，可以是教育，可以是培训，也可以是关心、信任、授权、表扬、奖励等，总之都是通过思想层面到达心灵深处。

"激"和"励"是两件事。"激"指向明天、指向未来，让人为了明天而想干、愿意干，把浑身的本事、能力发挥出来，有信心去干，但还没有干。"励"是对昨天、对过去行为的评价、反馈，让人继续这样努力地去干。对未来的"激"，目标越远大、越久远，效果越好，如对共产党员——树立共产主义的远大理想、对人民群众——奔小康社会、对青少年——长大当科学家，用最美好的理想去"激"。"励"则越及时效果越好，天下"励"人最及时的地方就在体育场上。如运动员跑了一万米，得了冠军，为国争光，升国旗、奏国歌等，这属于精神奖励；发奖金、奖汽车、奖房子等，这属于物质奖励。运动员在体育场上获得了好成绩，当他正在擦汗，心情还没有平静下来时，体育官员就及时给他颁发奖牌，但是如果都改成年底评比，再发奖牌，效果就会差得多。而且"激"跟"励"要保持一致，"激"是激动机、动力；而"励"是强化行为的后果、结果。激励为决策提供执行的动力、动机；决策是激励的依据。

激发力——激励的效度。它体现领导者在激发团队成员潜能和创造力方面蓄势聚势的有效度。强大的激发力让领导者能够发掘团队成员的潜力，坚定意志，激发他们的创造力和创新能力，为团队的发展注入新的活力。

领导者的十二种"力"从十二个角度揭示了领导者必须具备的素养。由于这十二种"力"是无形的、不受任何硬权力支配的，是完全靠领导者个人魅力所展现的，因此将其称为领导者的软实力。十二种领导能力，就像一颗颗珍珠，散落在地上是凌乱的，如果用一条线穿起来，就是一条美丽的珍珠项链。

领导者的领导力是一个综合指标，通常要通过某项任务的完成具体体现出来。《西游记》是一部反映团队合作共同完成西天取经任务的作品，也是一部反映领导者领导力的优秀作品，其中刻画了唐僧这样一位领导者的形象。唐僧具有很强的自制力，他以西天取经为使命，坚定信念不动摇，无论路上遇到多大的困难，无论遇到金钱、美色等多大的诱惑，都一心向佛，没有动起丝毫的凡心；他对自己的徒弟、对黎民百姓百般爱戴，视若亲人；他翻山越岭，一路艰辛，然而手不释卷，书不离人，始终坚持学习，从不间断；他一路上，一方面博采众长，虚心学习各地的佛教理论，另一方面又积极宣传弘扬中华佛法，进行理论与实践的创新，是一个精通业务、品格高尚的领导者。

他为了实现到西天取经的宏伟大业，团结一切可以团结的人。其中，孙悟空、猪八戒、沙僧等徒弟各自身上都有缺点。面对这样一个

群体，唐僧不弃不离，耐心教诲，用到西天取经这个共同理想和取经后人人都能成佛的愿景启迪他们，让他们看到希望，引导他们改过自新，并坚定修善成佛的信念。

一路上，他认真谋划，严密组织，积极协调，当徒弟之间产生矛盾时，他积极斡旋调解，保持内部团结。他知人善任，充分调动徒弟们的积极性、能动性和创造精神，根据徒弟的特长安排工作，根据各自的性格进行科学管理，尤其针对孙悟空野性不改、不服管教的情况，采取了念紧箍咒的强制手段，而对其他两位徒弟主要采取引导和教化的手段，软权力与硬权力结合，体现出高超的领导艺术。

在唐僧的领导下，取经团队穿越千山万水，历经千辛万苦，克服千难万险，终于到达胜利的彼岸，取得真经，圆满完成组织使命。唐僧的领导者品质和领导艺术在今天仍然具有很高的参考价值。

领导者通过吸引力而非威逼或利诱达到让追随者服从和敬佩的能力为"软实力"，具体包括自制力、亲和力、学习力、创造力、洞察力、谋划力、决策力、号召力、组织力、协调力、导向力和激发力这十二种能力。它构成了领导者的执政根基，使领导者能够更有效地影响和带动团队。

──────── 终极挑战辩题，你支持哪一种观点？ ────────

11. **正方**：领导力是一门综合性科学，需要多方面的知识集成。

    反方：领导力并非完全的科学，更多依赖于直觉和个人魅力。

12. **正方**：传统层级管理结构（如金字塔型）是组织高效运作的基础。

    反方：扁平化管理结构更能促进沟通，提高组织灵活性和创新能力。

第三节

奇正之变"巧实力"

将领导力归纳为三个维度、十二种力并不算什么发明创造,也许还有其他更科学的归纳方法,或许可以罗列出二三十种力,这都不难。但"三维十二度领导力"的奇特之处是在它的组合方式上。

将"品、思、行"三个方面用立体坐标系表示,体现的是"三维立体空间",相当于一个正方体"魔方"。如果将"魔方"的三个轴比喻为领导力的三个维度,将十二条边比喻为十二种能力,则成为"领导力魔方"。由于每种力有不同的表现形式,可以分为"强、中、弱"三个等级或"强、较强、较弱、弱"四个等级,那么这个"魔方"就成了"三阶魔方"或"四阶魔方",领导力魔方如图 2-10 所示。

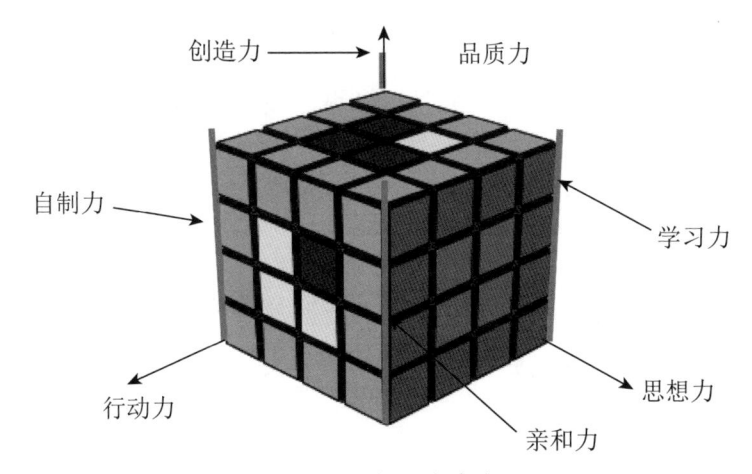

图 2-10 领导力魔方

根据排列组合计算方法，可以计算出三阶魔方和四阶魔方的组合数。以三阶魔方为例，根据计算，共有约 4.3×10^{19} 种组合。

这是一个天文数字。如果一秒钟可以转动 3 次魔方，一天 24 小时不吃不喝地转，需要 4542 亿年才能把所有组合转一遍。一个人活在世上也不过 100 年，要把全部组合转一遍需要约 45 亿辈子，相当于宇宙年龄的约 30 倍。一个小小的魔方可以变幻出如此多种的组合，这正好印证了领导力是一个博大精深的体系，它的变化是无穷的。世界上的人形形色色，有不同种族、不同民族、不同信仰、不同生活习惯、不同文化程度、不同出生地点、不同家庭背景、不同性别、不同年龄、不同性格、不同工作经历、不同世界观、不同人生观、不同价值观、不同政治见解等。同一个人，在不同的时间、不同的地点、不同的场合，也有不同的心情、不同的状况，领导者永远不能用同一种方式去领导不同的人，或者对同一个人在不同的状况下用同一种方法，这就需要领导者像转动魔方般地变换领导方式，适应不同的人和不同的状况，这就是"领导艺术"。

"具体情况具体分析"是马克思主义活的灵魂，也是领导力活的灵魂。

领导者的核心任务是把控事、引导人。根据唯物辩证法，事物是在不断变化的。作为领导者，每时每刻都要面对不同的事、不同的人。对于事而言，有大小、难易、轻重、缓急之分；对于人而言，更是复杂无比，人有七情六欲，随着时间、环境的变化而变化，而且人与人之间有很大的差别。人是情感动物，情绪会受到外界因素的干扰而产生剧烈波动，高兴时，干劲冲天；沮丧时，无精打采。领导者要做的就是根据事和人的动态变化，不断调整"力"的组合，像转动魔方一样，根据客观情况展示自己的领导艺术，这就是"领导力魔方"的精妙之处。

第二章 | 领导力奇解

普通魔方有六个面、六种颜色，如何将颜色调整成希望的组合，需要一定的技巧，为了便于普通人学习，人们总结出许多转动魔方的规律，并编成了口诀，按照口诀转动魔方，就比较容易实现目标。既然转动普通的魔方都有规律可循，转动领导力这个"魔方"也一定有其内在的规律，这就是领导科学和领导艺术。每个领导者都有自己的风格、自己的习惯、自己的定式。对于领导者十二种力，有的人某一方面强一些，有的人某一方面弱一些；有的人以坚持原则见长，做事比较正规和方正，有的人以灵活权变见长，办事比较随和圆通。不同性格的领导者形成了不同特色的领导风格和领导艺术。

把各种领导能力简单地堆砌到一起，不是领导力；把各种领导能力机械地组合到一起，但没有掌握因客观情况变化而变化的规律，也不是领导力；只有完整掌握领导力之变化规律，能够随心所欲地因客观情况变化而变化，才是真正的领导力，真正的领导力魔方如图2-11所示。

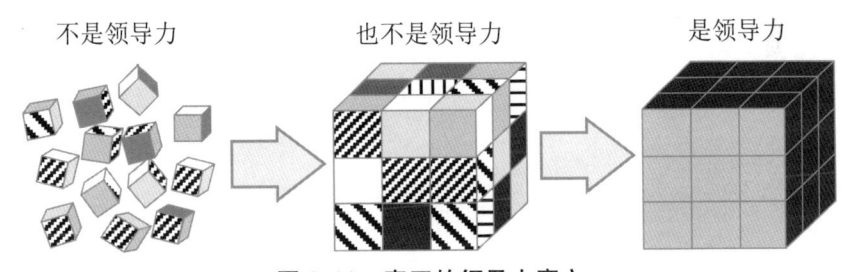

图 2-11 真正的领导力魔方

《孙子兵法》云："凡战者，以正合，以奇胜。故善出奇者，无穷如天地，不竭如江海。终而复始，日月是也。死而更生，四时是也。声不过五，五声之变，不可胜听也；色不过五，五色之变，不可胜观也；味不过五，五味之变，不可胜尝也；战势不过奇正，奇正之变，不可胜穷也。奇正相生，如循环之无端，孰能穷之哉！"这段话的核心意思就是"变"。领导者在领导实践中离不开"变"字。

领导者的权变之术，即守正出奇的能力是"巧实力"。在坚守正道的基础上，灵活运用创新思维和独特技巧，以超常规的方式解决问题和推动发展，使领导者在复杂多变的环境中保持灵活性和创新性，实现组织的持续发展和变革。

──────── 终极挑战辩题，你支持哪一种观点？ ────────

13. **正方**：在快速变化的时代，守正更应被强调。只有遵守客观规律和明确的价值观，才能应对不确定性和挑战，为创新提供稳定的土壤。

    反方：在快速变化的时代，不拘一格的创新更应被强调。过度守正可能抑制创新思维，阻碍突破性的进展。

14. **正方**：在市场竞争中，守正代表了企业的品牌形象和信誉，企业只有坚持守正才有竞争力。

    反方：市场竞争激烈，出奇制胜更为关键，只有产品出奇、战略出奇、服务出奇，才能避免同质化竞争。

本章小结

领导力由品、思、行三个维度构成，每个维度都蕴含着四种最重要的领导力素养，即十二种力。三个维度加十二种力构成了一个领导力模型。

品、思、行三块基石构成"硬实力"，十二根支柱构成"软实力"。"硬实力"与"软实力"的权变之用形成"巧实力"。

领导力三大基石：品是立身之本，思是谋胜之魂，行是成功之基。

领导力十二支柱：从十二个角度揭示领导者必备素养，而且每一种力都应达到一定的度。

1. 自制力——心力的强度，体现领导者自我约束的坚韧度。
2. 亲和力——胸怀的广度，体现领导者关爱他人的宽宏度。
3. 学习力——眼界的宽度，体现领导者更新知识的加速度。
4. 创造力——求新的睿度，体现领导者创新思维的独特度。
5. 洞察力——见事的敏度，体现领导者观察事物的敏锐度。
6. 谋划力——谋事的深度，体现领导者制定战略的周密度。
7. 决策力——决策的气度，体现领导者临机决策的果敢度。
8. 号召力——感召的力度，体现领导者凝聚共识的影响度。
9. 组织力——统合的缜度，体现领导者统领全局的缜密度。
10. 协调力——应变的灵度，体现领导者循势借势的灵活度。
11. 导向力——领航的精度，体现领导者引领方向的坚定度。
12. 激发力——激励的效度，体现领导者激活内力的有效度。

三维十二度领导力，是领导力架构的极简模型。"领导力魔方"是将三维十二度领导力运用到极致的高级模型。

第三章

领导力三维正合

导读

"以正合,以奇胜"是出自《孙子兵法·势篇》的古代用兵思想,意思是在战争中,要正确地使用兵力,灵活地变换战术。这里的"正"指的是用兵的常法,即常规战法,反映着战争指导的一般规律;"奇"则是指用兵的变法,即隐秘莫测、出敌不意的战术,反映着战争指导的特殊规律。本章借用这个概念,说明领导力也有"正合""奇胜"的规律。"正"可以理解为正面部队或主力部队,即在战争中首先使用的力量,在领导力中指领导者首先必须具备的素质。品质力、思想力、行动力正是领导者必备的素质。

"三"是一个很特别的数字,既是一个小数,又是一个大数。说它小,是因为在很多领域,"三"是最基本的单位,如几何学中,形成一个平面的最小单位是三个点;在静止状态下,要稳定地摆放一件物体必须有三个支点。说它大,是因为"三"具有很大的容量。在中国哲学中有"一生二,二生三,三生万物"之说。在日常生活中,"三"出现的频率也很高,正所谓无三不成文,文章的基本结构是三个部分,开头、中间、结尾。成语中形容数量一般也用"三",如三足鼎立、三人成虎、入木三分、日上三竿等。人们习惯将一个整体分成三个部分,如左中右、上中下、内中外等。可见,"三"的结合是最常见、最完美的。品、思、行正是领导者众多素养中最基本的部分,是领导力的三大基石,承载着领导力的全部内涵。

第一节

"品、思、行"之合

品、思、行就像鼎之三足，承载着鼎的全部重量；就像飞机之三轮，确保飞机安全着陆又平稳滑行；就像颜色之三原色，复合成万紫千红的不同颜色。品、思、行是领导力最基础、最核心、最重要的三个要素，缺一不可。其中，"品"就像计算机的硬件，决定着主要品质参数；"思"像计算机的软件，决定着主要功能；"行"像计算机的输出设备，决定着功能的实现。软硬结合、互为依托、缺一不可。所以，品、思、行是构成领导力的超物质基础。

"领导力"三个字本身就与"品、思、行"有着密切的联系。

"领"即引领、指引、带领之意，具有把握方向之功能。"领"取决于"品"，即立场、观点、观念，决定着领导者走什么路。领导者只有具备良好的品质，才能带领追随者沿着正确的方向前进。

"导"即指导、督导、教导之意，具有把握方略之功能，"导"取决于"思"，即思想、思维、思考，领导者只有具备良好的工作思路，才能指导追随者做正确的事。

"力"即力度、力量、角力之意，具有把握方寸之功能，"力"取决于"行"，即行动、执行、笃行，领导者只有具备强大的行政能力，才能有效规范追随者的行为，带领追随者完成组织使命。

所以，品、思、行是领导力的基础，领导力是品、思、行的表象。

"品、思、行"可以形象地投射到人的三个部位。领导力"品、思、行"分解如图 3-1 所示。

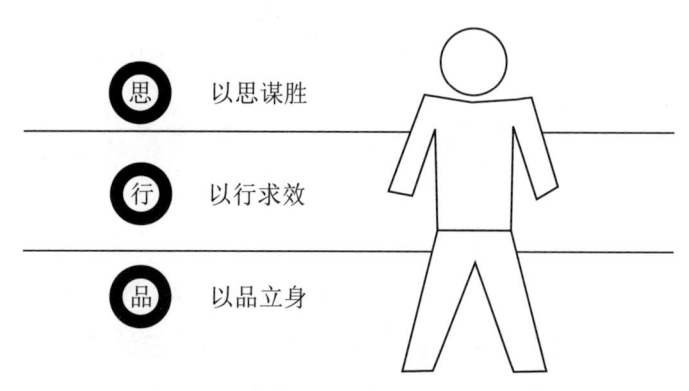

图 3-1　领导力"品、思、行"分解

"品"投射在脚上。它反映的是人的立场、观点、立足点和世界观，决定人行走的方向，走什么样的道路，支撑着人的所有重量，所以品是立身之本。

"思"投射在头上。它反映的是人的思想、思维、策略、谋略等，决定人想做什么，该做什么，不该做什么，什么方案最佳，所以思是谋胜之魂。

"行"投射在手上。它反映的是人如何去做，如执行、推行、掌握、把控等，决定着事情能否做成，怎么做才是最佳、最好、最有效的，所以行是成功之基。

人们通常说，衡量一个领导者是不是好领导，关键看他"怎么做人、怎么做事、怎么做官"。怎么做人，考量的是人品（即一个人的立场、观点、观念、世界观、价值观、人生观、自我约束的意念、意志、毅力等）；怎么做事，考量的是思维（即一个人的思维模式、思考方法、思想理念、想法、看法等）；怎么做官，考量的是行政能力（即一个领导者的执政理念、为什么当官、怎么当官等）。以上合起来就是品、思、行三个方面。

一、品、思、行是领导者成就事业的基础

要想成为领导者，必须从品、思、行三个方面修炼自己，使自己具备领导者素质。早在春秋战国时期，人们就对领导者的"品、思、行"三个方面非常看重。《左传·襄公二十四年》中记载，晋国执政者范宣子问鲁国大夫叔孙豹："古人有言曰'死而不朽'，何谓也？"（"古时候有人说，有的人死了却能永久存在下去，永不磨灭，这说的是一种什么情况呢？"）叔孙豹说："豹闻之，'太上有立德，其次有立功，其次有立言'，虽久不废，此之谓不朽。"（"我听说，作为一个有建树的人，最高层次有树立德业，第二层次有建立功勋，第三层次有著书立说，即使经历再长的时间也不会被废弃，这就叫作这个人虽然死了，却能永久存在下去，永不磨灭。"）后人把这"三立"称为"三不朽"。

其实，"三不朽"很好地诠释了"品、思、行"的真谛。"立德"，即树立高尚的道德（品）。中国人讲"修身、齐家、治国、平天下"，"修身"是"齐家、治国、平天下"的前提。用今天的话说，就是自我管理是组织管理的前提。"立功"，即为国为民建立功绩（行）。品德高尚、理论精辟，最终要落实到行动上，真正做出功绩，别人才会敬服。"立言"，即提出具有真知灼见的理论体系（思）。古今中外，凡有大建树的君主国王或将帅，都是有重大理论成果的，如拿破仑、斯大林、毛泽东等。曾国藩，论人品，德高望重；论思想，才思敏捷；论功绩，功勋卓著。他虽然是一个文人，没有学过军事指挥，却带领湘军挽救了大清帝国，立下了卓著

的功勋。毛泽东从参加革命开始，每一个时期都有丰厚的著作和闪耀着光芒的思想。可见，品、思、行是历朝历代有作为的人成就事业的基础。

"品、思、行"是领导者成就事业的"金字塔"。有人对人生常遇到的问题总结出一个个"小金字塔"。人生"小金字塔"的总和，成就事业"大金字塔"。

（1）信仰、信念、信心，"三信"是安身立命的"压舱石"。

人无信仰没有精神，人无信念没有力量。信仰和信念好比人体需要的钙，缺钙就会得软骨病，就站不稳、立不住、走不动。对自己心中的信仰、信念，要虔诚、执着，让信仰信念成为自己始终不变的人生追求。信心源自内心的一种自信，信心十足的人有一种坚强的意志力，能够咬定目标、咬紧牙关，始终不分心、不走神，排除万难去赢得成功。

（2）能力、动力、定力，"三力"是站稳走好的"支撑点"。

能力是干事的基础，决定你"能做什么"；动力是干事的条件，决定你"想做什么"；定力是干事的保证，决定你"敢或不敢做什么"。三者皆备则决定你"做成什么"。当下，最为可贵的是定力，能够挡得住诱惑、耐得住寂寞、守得住清贫、坐得住"冷板凳"，不被忽悠、不被糊弄、不被捧杀和棒杀，能够"任凭风浪起，稳坐钓鱼船"。有能力没动力，能力打折扣；有能力、有动力但没有定力，一切全白费。这三者好比"三足"可以鼎立，让人站得稳、干得好、走得远。

（3）能干、能处、能忍，"三能"是进步前行的"阶梯"。

一个人能干是一种素质，能相处、善团结是一种境界，而能忍得住一时的委屈、不公和苦痛则是一种修炼。能干在于学习和实践，不断地学习，不断地实践，学中干、干中学，逐渐就会能干起来；能处在于能否宽容、包容和理解、信任；能忍在于能否看长远、想大局，站得高、看得远，唯"风物长宜放眼量"，才沉得住气、吃得了亏、受得了罪，"事不三思终有悔，人能百忍自无忧"。世界再大，大不过包容的心，宽容、包容才能融合、融洽、融入，理解人、信任人是一种境界，被理解、被信任则是一种幸福；能干、能处、能忍好比三个大的阶梯、三道大的门槛，跨过去、迈过去了，便能顺利地往前走。

（4）想法、说法、办法，"三法"是能力高低的"三级跳"。

一个人的能力水平，可以说有两次飞跃，一次是把心里的想法变成说法，另一次是把口中的说法变成实际的办法。人人皆有想法，只不过分为成熟与否而已，然而要把想法说出来，而且"说清楚、讲明白"，让人"听得进、记得住、用得上"，则大不一样。能说到人心坎上，打动人、温暖人、感染人，让人信服、佩服，那叫真本事、真智慧；如果能够把这些想法、说法变成一个个具体的行动和办法，付之于行、见之于效，那便是大本事、大智慧了。而每个人的能力高低就在于其中的差别。

（5）事业、职业、副业，"三业"是干好或干坏的"分水岭"。

如何对待工作？有的人把它当事业，甚至生命，敬畏肩上的担子，有一种很强的责任感、使命感；有的人只是把它作为一种职业，为了养家糊口，为了"稻粱谋"，是谋生的手段和方式；更有甚者把它当作副业，成了第二职业，打自己的"小九九"，忙自己的"小生意"，种自己的"自留地"。态度反映境界，态度决定高度。三种不同的态度决定了不同的人生观、价值观和事业观，也决定了一个人到底干多还是干少、干好还是干坏。

（6）学识、见识、胆识，"三识"是成大器者的"法宝"。

有学识没见识，容易孤芳自赏、刚愎自用、坐井观天，乃至夜郎

自大。而胆识就是胆略和气魄，有胆识便是有勇有谋，胆识是学识和见识的体现。"三识"俱佳、"三识"兼备就具备了创大业、成大器的法宝。

（7）知足、知不足、不知足，"三足"是人生航程的"校正仪"。

做官、做人、做事的关键在于人生的价值取向，只有做官知足、做人知不足、做事不知足，才会镇定自若，不折腾、不陶醉、不停步，真正拿到人生进取的"金钥匙"。知足者乐，知不足者勇，不知足者进，处理好了三者的关系，就走出了自我的小天地，走进人生大天地，找到准确的人生定位。

（8）眼力、魄力、毅力，"三力"是实现梦想的"翅膀"。

眼力，是一个人分析、观察、思考问题的眼光和视角。然而，看到了事物本质及其规律，还得有果敢的魄力和坚韧的毅力去行动、去实现。机遇就像闪电，稍纵即逝，有眼力能够发现机遇、捕捉机遇；有魄力能牢牢抓住机遇，抢占制高点；有毅力就能坚持、坚持、再坚持，锲而不舍，让梦想成真。

（9）平和、平静、平淡，"三平"是快乐幸福的"主打歌"。

让平和、平静、平淡成为一种常态，需要沉淀和修炼。淡泊以明志，宁静以致远，对人平和、对名平静、对利平淡，始终保持着平和之状、平静之态和平淡之心，始终对身外之物"看得透、想得通、放得下、忘得了"，就会心平气和、幸福快乐。

（10）自醒、自警、自省，"三自"是健康平安的"预警器"。

自醒、自警、自省是一种自我敲打，好比自己在"照镜子""洗洗澡""正衣冠"。"三自"是一种灵魂的考问、人性的考问，只有经常反省、检讨自己，才会不断校正自己、修正自己，不走偏、不走歪、不走邪，始终走在正道上。

（11）诚信、诚实、诚恳，"三诚"是立足社会的"基石"。

诚信是为人处世的原则，可以赢得信任；诚实是交流沟通的桥梁，可以真诚相待；诚恳是待人接物的态度，可以深得人心。只有坚持"三诚"，人才能在社会中立足。

（12）友爱、关爱、慈爱，"三爱"是温暖人间的"阳光"。

友爱是对他人的无私付出，让人们心怀善良；关爱是对他人的体贴照顾，让人们充满温情；慈爱是对他人的宽容和接纳，让人们心怀慈悲。用"三爱"温暖人间，让世界充满爱。

（13）勇敢、勇猛、勇毅，"三勇"是面对挑战的"利剑"。

勇敢是面对困难时的无畏，让人们勇往直前；勇猛是行动时的果断，让人们勇于出击；勇毅是坚持到底的毅力，让人们不畏艰难。手握"三勇"利剑，人便能战胜一切挑战。

（14）乐观、乐见、乐享，"三乐"是享受生活的"秘诀"。

乐观是面对生活时的积极态度，让人们看到希望；乐见是欣赏美好的眼光，让人们发现美好；乐享是享受生活的乐趣，让人们感受幸福。掌握"三乐"秘诀，人就能享受美好的生活。

（15）谦虚、谦和、谦让，"三谦"是为人处世的"美德"。

谦虚是自我认知的谦逊，让人们保持低调；谦和是与人相处的和谐，让人们避免冲突；谦让是礼貌让人的风度，让人们赢得尊重。拥有"三谦"美德，就能与人和谐相处。

世界上最长的距离是两个"到"字之间的距离，即想到与做到、说到与做到、知道与做到。有的人经常会说，这事我想到了，可是没去做，想得再多也没用；有的人很会说，常常说得头头是道、天花乱坠，但就是不去落实，说得再好也没用；有的人什么都懂，什么都知道，就是不去做，这样的人，知道再多也没用。所以，要缩短两个"到"之间的距离，最有效的办法只有一个字，那就是"做"，即行动。任何优秀的品质，都要体现在行动上；任何奇思妙想，都要落实

到行动上。踏踏实实地去做，不仅做到而且做好，就是对想到、说到、知道最有说服力的诠释。

二、品、思、行是组织实现目标的保证

任何一个组织要发展壮大，都必须按照品、思、行三个方面去把握、去规划、去建设，不可违背。

中国共产党是人类历史上优秀的组织之一，它的发展壮大一刻也没有脱离品、思、行三者的协调统一。品代表一个组织的性质，即走什么道路；思代表一个组织的灵魂，即以什么理论为指导；行代表一个组织制度，即执行什么样的政策纲领。以下是中国在三个不同的时期有不同的品、思、行。

（一）中华人民共和国成立前

品：即道路。中国处于半殖民地半封建社会，民族危机深重，人民饱受苦难。选择的道路是推翻帝国主义、封建主义、官僚资本主义，从清末的维新运动、辛亥革命，到五四运动、新文化运动等一系列的抗争和变革，逐步向现代化、民主化方向迈进。中国共产党领导的新民主主义运动就是正确的救国运动。

思：即灵魂。这一时期的思想家们开始反思传统文化，吸收西方先进的科学、政治和文化理念，尝试构建适合中国的现代化思想体系。从理论上看，从康有为、梁启超的"变法运动"到孙中山的"三民主义"，再到新文化运动中的民主、科学等思想，都体现了对旧有体制的批判和对新社会的追求。中国共产党成立后，选择了以马克思列宁主义作为党的指导思想，开展实行人民民主专政。

行：即制度。虽然经历了多次政治变革，但封建专制制度依然根深蒂固，民主共和制度尚未真正建立。这一时期的方针政策主要围绕

推翻封建帝制、争取民族独立和民主自由展开。中国共产党从成立开始就十分重视党的政策和策略，开展土地革命运动，在不同的历史时期根据实际情况制定了不同的土地政策。在新民主主义革命时期，中国共产党领导广大农民废除封建半封建性质的土地所有制，实行"耕者有其田"的土地所有制新政。

（二）中华人民共和国成立初期（1949—1956年）

品：即道路。中华人民共和国成立，标志着新民主主义革命的胜利。随着三大改造的完成，中国走上了社会主义道路，开始了社会主义建设的探索。

思：即灵魂。以马克思主义为指导思想，结合中国实际，形成了毛泽东思想。这一时期的主导理论是发展了马克思列宁主义的毛泽东思想，它指导了中国革命和建设的实践。

行：即制度。中国建立了社会主义制度，包括人民代表大会制度、政治协商制度、民族区域自治制度等，进行了土地改革、三大改造等一系列社会主义改造和建设的实践，为社会主义工业化奠定了基础。

（三）改革开放社会主义现代化建设新时期和中国特色社会主义新时代（1978年至今）

品：即道路。中国仍然是社会主义国家，但开始实行社会主义市场经济体制。中国走上了中国特色社会主义道路，坚持改革开放和社会主义现代化建设。

思：即灵魂。以邓小平理论、"三个代表"重要思想、科学发展观、习近平新时代中国特色社会主义思想为指导思想。这些理论是中国特色社会主义理论体系的重要组成部分，为中国的改革开放和现代化建设提供了理论支撑。

行：即制度。中国坚持和完善了社会主义制度，包括政治、经济、文化、社会等各个方面的制度，实行了一系列改革开放的政策措施，如农村家庭联产承包责任制、国有企业改革、对外开放等，推动了中国的快速发展。

党的十八大对此做了高度概括和总结。党的十八大报告中指出："只要我们胸怀理想、坚定信念，不动摇、不懈怠、不折腾，顽强奋斗、艰苦奋斗、不懈奋斗，就一定能在中国共产党成立一百年时全面建成小康社会，就一定能在新中国成立一百年时建成富强民主文明和谐的社会主义现代化国家。全党要坚定这样的道路自信、理论自信、制度自信！"这"三个自信"道出了党的建设的真谛。这是一个典型的按品、思、行三维结构发展的模式，道路自信解决的是走什么样的道路的问题，体现的是立场和方向（党品）；理论自信解决的是思想和策略的问题，体现的是思想体系和工作思路（党魂）；制度自信解决的是行为方式问题，体现的是行动方案及落实措施（党纲）。

任何一个组织，只要前进方向正确、指导思想正确、行动纲领正确，就不可能不成功。

党的十八大以来，以习近平同志为核心的党中央把中国社会百年以来的追求与理想凝练为"中国梦"。习近平总书记在十二届全国人大一次会议闭幕会上的讲话，阐明了中国梦的丰富内涵，核心内涵是中华民族伟大复兴，本质是实现国家富强、民族振兴、人民幸福，还为中国梦的实现指明了方向与路径，那就是"三个必须"：必须走中国道路，必须弘扬中国精神，必须凝聚中国力量。中国道路——适合中国国情的发展道路（国家品质）；中国精神——凝心聚力的兴国之魂、强国之魄（国家灵魂）；中国力量——汇集起不可战胜的磅礴力量（国家实力）。

这仍然是"品、思、行"三维结构。

第三章 | 领导力三维正合

"品、思、行"是领导力的基础,也是领导者获得领导力的必由之路。

一个国家如此,一个地区、一个企业也是如此,要健康快速发展,必须找到适合自身发展的正确道路、指导思想和政策制度。

————— 终极挑战辩题,你支持哪一种观点? —————

15. **正方**:领导者应拥有强大的沟通能力,说服他人很重要。
    反方:领导者应善于倾听,理解他人的观点更重要。
16. **正方**:领导者应具备强烈的竞争意识,推动组织不断超越。
    反方:领导者要树立合作与共赢理念,推动组织加强合作。

第二节

"情、理、法"之合

"三维十二度领导力"从"品、思、行"三个根系出发，立体地反映了领导力的特征，深层次地揭示了领导力的本质。这种架构特性，在管理学、哲学、社会学等各个领域都有体现，并与"品、思、行"有着密切的联系。在管理学中体现"品、思、行"三大要素的是"情、理、法"，即领导者在管理领域彰显自己领导力的是"情、理、法"三者的完美统一，这里"情"是感情，"理"是道理，"法"是法规，只有正确处理这三者的关系，才能增强管理效果。在司法行政领域，体现"品、思、行"的是另一组"情""理""法"，即人情、天理、国法，它与管理领域的"情、理、法"一样，是"品、思、行"的演进，品、思、行演进（一）如图3-2所示。

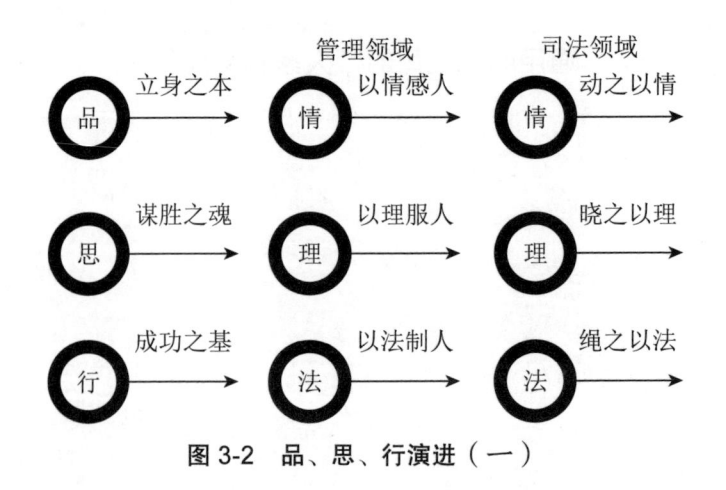

图3-2 品、思、行演进（一）

一、情、理、法三轮驱动

无论是在社会管理中，还是在组织管理中，或是在司法行政中，情、理、法都是重要的元素。情、理、法就像支撑飞机的三个轮子，每个轮子都要发挥作用，缺一不可。

（一）以情感人

中国人向来注重人的情感因素，重视个人的心理和情感，所以将"情"运用到管理之中，符合中国人的传统习惯，作为领导者，要注意与员工的情感沟通。中国人讲究人情味，单纯的领导与被领导模式越来越为人抛弃，人道主义受人青睐。员工刚进组织时，作为领导者要发挥个人作用，让新职工尽快地融入团队，给予关心和照顾，激励他在团队中发挥自己的特长。当下属做出成绩时，要恰当地赞扬，可以与他进行真诚的沟通，赞扬并感谢他为组织所做的贡献。当下属犯错误时，要学会尊重员工的失败，不能因为下属犯一个错误而否定他的所有。有人曾说过，犯错是第一阶段，认错是第二阶段，改错是第三阶段。当员工犯错后，作为领导者要尽力地把他引向第二阶段，最终迈向第三阶段。

通用电气公司的"大家庭文化"

美国通用电气公司前总裁斯通致力于培养"大家庭"的企业文化。公司实行"门户开放"政策，鼓励员工随时反映情况，对来信或来访负责地妥善处理。公司最高首脑与全体职工每年至少举办一次生动活泼的"自由讨论"。1990年，当机械工程师伯涅特发现工资少了30美元时，斯通立即责成最高管理部门处理，并补发了工资。此事件不仅解决了伯涅特的问题，还推动了公司调整工资政策，提高了员工的福利待遇，并在美国企业界引起了轰动。通

用电器公司像一个和睦、奋进的"大家庭"，员工之间关系融洽、亲切。

情感管理在现代企业管理中的价值包括：缩短人与人之间的距离，增加亲密度，提高员工的情感调适能力，减少人际摩擦，形成和谐、奋进、具有凝聚力的组织；在工作中，情感管理注重以人为本，尊重、理解、关心员工，鼓励、提高、造就员工，管理者通过热心、关心、真心的态度，增强亲和力与说服力，使员工感受到组织的真诚关心，从而调动工作热情；情感管理有利于员工的个人发展，让员工得到自我价值的实现，提高企业管理的针对性和有效性，提升员工的工作效率。

（二）以理服人

成功的领导者不仅能够与员工融洽地沟通，以情感人，还能在发生矛盾、冲突时，摆事实，讲道理，以理服人。在团队管理中，领导者要公事公办，虽然以情感人，但不能感情用事，要划分公私界限，不能把个人偏见带到职场上。以理服人还要求领导者不求全责备，充分认识下属的长处和短处，"寸有所长，尺有所短"，要尽量帮助员工取长补短，发扬一技之长。以理服人还要求领导者认真听取下属的意见，尊重员工的讨论，凡事讲道理。一个讲道理的领导者才能得到下属的支持，从而在团队中更突出个人价值，为组织做出更多的贡献。

在管理学中，以理服人是一种重要的管理技巧和策略，强调通过逻辑、事实和理性来说服他人，而非依赖权力或情感。以下是一个以理服人的真实案例，我将按照清晰的格式进行描述和归纳。

新产品推广中的以理服人

某科技公司计划推出一款全新的智能家居产品，但公司内部对于产品定价、市场定位和推广策略存在分歧。不同部门之间的意见不一致，导致项目进展缓慢。

定价争议：研发部门认为产品技术先进，应定高价；销售部门则认为市场竞争激烈，定价应更具竞争力。

市场定位模糊：产品既适用于高端市场也适用于中低端市场，但公司未明确目标用户群。

推广策略分歧：不同部门对于广告、社交媒体、线下活动等推广方式的选择和投入存在不同看法。

项目经理针对这种情况，采取了以下措施。

收集数据和信息：对市场进行深入研究，收集竞争对手的定价、市场定位和推广策略；分析目标用户群的需求、购买力和消费习惯；整理公司内部各部门的意见和建议，形成详细的调研报告。

召开跨部门会议：邀请各部门负责人参加会议，共同讨论产品定价、市场定位和推广策略；使用 PPT 等工具展示调研数据和分析结果，确保信息传达的准确性和清晰度。

针对定价争议，展示市场分析和用户调研数据，说明高价可能导致销量下降，而低价可能损害品牌形象。最终达成一个既能保证利润又能吸引用户的定价方案。

针对市场定位模糊的问题，通过用户画像和市场需求分析，明确目标用户群为中高端市场，并制定相应的产品设计和营销策略。

针对推广策略分歧，根据用户调研和渠道分析，确定以社交媒体和线下活动为主要推广方式，并分配相应的预算和资源。

最终，项目经理成功地说服了各部门负责人，达成了一致意见。新产品顺利推出，并在市场上取得了良好的销售业绩和口碑。

这一案例展示了以理服人在管理学中的实际应用和价值，即通过事实和逻辑来说服他人，促进团队合作和达成共同目标。

（三）以法制人

万物皆有法，法代表准则和规范。一个成功的团体要有明确的准则来规范其日常行为。在管理学中，以法制人强调通过建立健全的法律制度、规章制度和管理制度来规范员工的行为，保障组织的正常运行和管理的有效性。

华为公司的法制化管理

华为公司作为全球领先的通信技术解决方案提供商，其成功的背后离不开法制化管理的有力支撑。华为公司深知法制化管理对于保障企业持续健康发展的重要性，因此在公司内部建立了一套完善的管理制度和规章制度体系。

华为公司遵循国家法律法规，结合企业实际情况，制定了一系列内部管理制度和规章制度，如《华为基本法》《华为员工手册》。这些法律法规明确了员工的权利和义务，规范了员工的行为和工作流程，为公司的正常运营提供了法律保障。

华为公司注重法律的权威性和执行力，对于违反法律法规的行为，采取零容忍的态度，坚决予以查处和惩罚。公司设立了专门的法务部门，负责处理法律事务，监督规章制度的执行情况，确保法律的严肃性和权威性。

华为公司重视员工的法律意识和法律素质的培养，定期组织员工进行法律培训和教育活动。通过培训和教育，员工能够深入了解公司的规章制度和管理制度，自觉遵守法律法规，增强法律意识和风险防范能力。

华为公司建立了完善的法律风险管理机制，对可能涉及的法律风险进行识别、评估和控制。公司通过制定风险应对策略和预案，及时应对各种法律风险，确保公司的合法权益不受侵害。

通过法制化管理，华为公司成功地规范了员工的行为和工作流程，提高了工作效率和质量，为公司的持续健康发展提供了有力保障。

华为公司的法制化管理案例展示了以法制人在管理学中的实际应用和价值。通过建立完善的管理制度和规章制度体系、严格执行法律制度、加强法律培训和教育以及实施法律风险管理等措施，华为公司成功地实现了以法制人的管理目标，为公司的发展提供了有力保障。

二、情、理、法相互交融

情、理、法是一个结构严谨的完整系统，不容许分割，也不应该分开来看。

第一，情居情、理、法的开端，表示工作必须要从情入手，只有从情入手，才会在情面上获得沟通，彼此情感交流良好，自然达成合理的共识。所以，在组织管理中，把情放在前面，有助于人与人之间彼此的沟通，有助于增进和谐气氛的建立。

第二，理居情、理、法之中，按照中国传统文化，居中为吉。因此理是情、理、法的关键所在。情是用于讲理的，才称为由情入理，而法也是用来讲理的，才合乎合理合法的精神。合法很少单独说，大多会和理放在一起，成为合理合法。因为老百姓只接受合理的法，不接受不合理的法。虽然对法的要求标准高一些，却也相当合理。

第三，法居情、理、法的末端，末即是下，是最后兜底的。"做

人必须规规矩矩，做事应该实实在在"，这是祖训，提醒人们规矩很重要。

人们的行政行为必须在法规化、制度化的框架内"旅行"，也就是必须要依法行政，只有依法行政，才能合乎情理。

"情"是世界存在的本源动力，"理"是宇宙自然终极的法则，"法"是人类为了尽"情"适"理"而安排出来的人间（社会）秩序。情、理、法在中西方的人际关系中是有所不同的。在中国是情为基、理为本、法为末。在西方则是理为本、法为用、情为末。理性主义与法治主义是西方文化的特征，而情理主义与德治或人治主义是中国文化的特点。在中国，"天理无非人情"，"王法本乎人情"。

中国又是一个"圆通"的社会，讲究的是"圆"，而不是"方"，只有"圆"才是最美的。在文化历史和社会关系中，讲究的是"情、理、法"。"情"排在第一位，情的内涵就是人性化，它体现的是"天时"，这在西方国家是行不通的；"理"排在第二位，理的内涵是"合理化"，"理"体现的是"人和"；"法"排在最后，"法"的内涵是制度化和规范化，它体现的是"地利"。只有天时、地利，才会有人和，这是我国的传统文化。作为中国的领导者，要充分认识中国文化的这些特点，在依法行政的时候，首先要由情入理，只有在情、理都走不通的时候，才依法处理。领导者不能把情、理、法分开，也不能检视哪项最为重要，否则就会造成很多误解，产生很多不必要的错误，不利于和谐社会的构建。

三、情、理、法和谐共存

情、理、法三者是有机联系的，只有三个方面都合适，才能达到和谐。如一件事处理得当时，大家都感到满意，会说："这件事于情、于理、于法都说得过去。"当某件事处理得不够妥当，或违背情、理、法原则时，人们会说："这件事天理不容，人情不容，国法不容。"那么怎样才能三者和谐呢？只有"情中有法，法中有情，情在理中，法在理中，既符合情理，又符合法理"才是真正的和谐。

在现实生活中，领导者经常会遇到情与法冲突的现象，重要任务就是如何将情和法统一起来，最有效的方法是用理来统合。

情、理、法的这种和谐共存的关系可以用阴阳八卦图表示出来，白色表示情，黑色表示法，两条阴阳鱼交织在一起，表示情与法的交融，两个鱼眼睛表示情中有法、法中有情，外面一个圆形表示理，情和法一定要在理的支配下生存，任何离开理的情和法，都是不合情理的情、不合法理的法，情、理、法示意如图 3-3 所示。

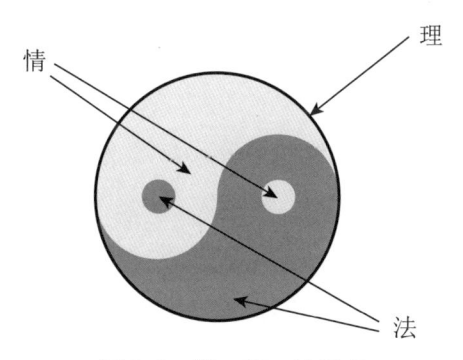

图 3-3　情、理、法示意

所以，行政机关或领导干部在实施依法行政的时候，一定要把"法"当作腹案，心里想的是法律的规定，嘴巴上讲的是人情，以理来衡量具体行政行为的尺度，在实施行政行为过程中，时刻关注自己的行为是否合理。不时换位思考一下：如果人家这样对我，我会接受吗？这样实施行政行为时会很容易达到和谐的效果。所以，在行使行政权力的时候，领导干部一定要注意依情依到合理的地步，依法依到合理的地步，这就是领导艺术的精要。

—— 终极挑战辩题,你支持哪一种观点? ——

17. **正方**:领导者应强调发挥个人主观能动性,鼓励个人勇于自我表现。

    反方:领导者应强调团队合作精神,反对个人英雄主义。

18. **正方**:领导力在于总体控制,确保一切按计划进行。

    反方:领导力在于适时引导,激发团队创造性完成任务。

第三节

"儒、道、法"之合

中国历史文化源远流长，历久弥新。自三皇五帝到改革开放，上下五千年所传播出的传统思想至今仍让人如痴如醉。尤其是中国传统文化中的"儒""道""法"思想体系，更是深深扎根于国人的心里。儒、道、法与领导力有着密不可分的联系，因为它是中国领导者品、思、行修炼的源头，所有领导者或多或少受到这一体系的影响，要从中汲取有益的养分。品、思、行演进（二）如图3-4所示。

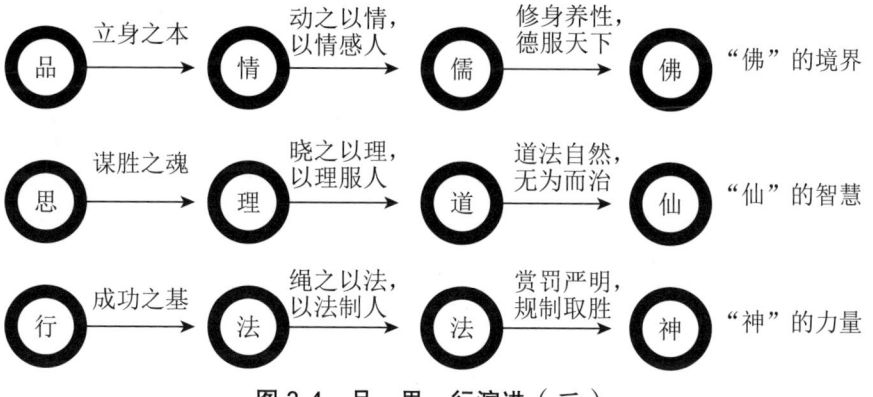

品 →（立身之本）→ 情 →（动之以情，以情感人）→ 儒 →（修身养性，德服天下）→ 佛 "佛"的境界

思 →（谋胜之魂）→ 理 →（晓之以理，以理服人）→ 道 →（道法自然，无为而治）→ 仙 "仙"的智慧

行 →（成功之基）→ 法 →（绳之以法，以法制人）→ 法 →（赏罚严明，规制取胜）→ 神 "神"的力量

图 3-4　品、思、行演进（二）

一、儒家思想，立"品"之根

儒家思想以"四书五经"为代表作，主张以人为本、王道仁政，其核心思想可概括为四个方面：仁治、礼治、德治和人治。

（1）仁治。

以"仁"为核，讲究"克己复礼"，"仁者爱人，推己及人"。它给领导者的启示是管理应以人为本，关心下属，注重换位思考。"仁"，即以人为本，正视人性优点与弱点。"仁者爱人，推己及人"是"仁"的根本要求，儒家以为，要做到"以人为本"，就要有爱人之心，不仅爱自己，也爱他人，而要做到"仁者爱人"，就必须"克己复礼"，要克制自己的行为以符合礼制规范。在管理中，企业客观看待人性至关重要。看到人性中的善端，就能信任、授权和奖励，激发人们的主动性、积极性和创造性；看到人性中的恶端，就能约束、监督和处罚，让人们自我约束、克服怠惰、避免堕落。"仁者爱人、推己及人"要求企业有社会责任感，不仅关心自身，也关心客户、关心员工，强调管理的换位意识，充分从客户和员工的角度思考问题，从而做出正确的决策。

（2）礼治。

所谓礼治，就是建立国、家道德行为规范，以之为纲，约束和规范人们的行为。它给领导者的启示是企业应做好全面规范化管理，强调文化体系建设，用"礼"规范员工行为。儒家认为立身治国非有"礼"不可，主张"为国以礼，礼让为国"，强调君、臣、父、子各有名分；贵贱、上下、尊卑、亲疏皆有区分，"使人各载其事而各得其宜"。在管理中，"礼治"就是进行全面规范化建设。"礼治"体现在现代企业管理中，就是企业组织架构明晰、部门职能分工明确、工作流程简便高效、员工位责权利清楚、员工行为礼仪规范等。换句话说，也就是企业规范化的五个层面，即组织规范化、流程规范化、制度规范化、文化规范化、信息规范化。

（3）德治。

儒家主张"为政以德""以德服人"，提倡教化，反对"不教而诛"。它给领导者的启示是企业应注重员工培训、制度宣导和文化统一，用培训和文化辅助管理推进，以德服人，从而达到最大管理效能。儒家继承周公"敬德、明德、修德"的思想，主张依靠礼义道德来教化人们，唤醒内心的反省，使之日趋于善。在管理中讲究德治，就是注重价值观教育，强调企业制度和行为规范的培训与宣导，寻求员工的意识认同和自我约束，以形成统一的企业文化，从而有效推进企业管理，促进企业发展。这是一种比强力推进、简单奖罚更为有效的方式。

（4）人治。

儒家主张"为政在人……其人存，则其政举；其人亡，则其政息"，认为管理的好坏取决于管理者的好坏，提出"惟仁者宜在高位""有治人、无治法"。它给领导者的启示是企业应对人力资源高度重视，确保人岗匹配、贤者当位。在管理中，诚如儒家所说，人治不可避免，因为凡事皆须由人完成。正因如此，人的重要性才不言而喻。"人治"强调以人为中心，充分认识和发掘人的作用。它注重人力资源管理的全面建设，注重职岗体系的完善规划，注重激励措施的综合运用，做到人岗匹配，以使人当其位、人尽其才、才尽其用。此外，儒家是一种入世治政之说，不消极、不逃避，正视人在管理中的作用，强调人的主观能动性。因此，其"人治"中的积极因素尤显可贵，值得现代管理借鉴。

中国对儒家思想有"半部论语治天下"的美誉，通过儒家思想可以体悟到极高明而中庸的为人之道，以及"经邦济世，强国富民"的

崇高境界。现代经济学的"经济"二字，就源自儒家思想，有"经邦济世""经世济民"之意，充分体现经济学厚生、惠民的人文精神。"经世济民"既是经济学家探求经济运行规律造福于民的远大理想，也是各领域领导者共同的使命。中国共产党将"全心全意为人民服务"定为党的唯一宗旨，也与儒家思想有相通的吻合。

二、道家思想，道"理"之始

道家思想以客观为基础，尊重规律，追求主客观辩证统一，由道入理，称之为道理。道家的核心思想可概括为道法自然、相对主义、天人合一、无为而治四个方面。

（1）道法自然。

道家认为天地万物有其客观运行规律，不以人的意志为转移，就是道，而道源于自然、寓于自然，故道法自然。它给领导者的启示是，推行各项工作应以客观为基础，尊重规律，不违背规律。《道德经》说："有物混成，先天地生……吾不知其名，字之曰道……人法地，地法天，天法道，道法自然。"这是中国唯物主义哲学的早期体现。道家强调"道"是一种客观存在，并且源于自然，是一种不以人的意志为转移而独立运行的自然规律。在管理上，"道法自然"要求人们应以客观为基础，尊重自然规律，不做违背自然规律的事。尤其是不片面夸大主观的作用。管理措施不可急功近利，不搞"浮夸风"，要实实在在做好工作。

（2）相对主义。

道家认为天地万物及其运行规律都是相对的，无为即是有为，无用也是有用，二者对立统一和相互转换。它给领导者的启示是，应辩证看待领导工作，决策行动时应多方面综合考量，而不是片面、孤立、静止地进行。道家思想中含有大量辩证法观点，如"反者道之动"，认为一切事物均具有正反两面，对立统一并相互转化，"有无相生"，"正复为奇，善复为妖"，"祸兮福之所倚，福兮祸之所伏"。在管理上，相对主义要求人们不可片面、孤立、静止地看待问题，而应该学会全面、联系、动态地思考，从多方面综合考虑问题，以做出正确的决策。

（3）天人合一。

道家主张天人合一，追求"天地与我并生，而万物与我为一"的精神境界。它给领导者的启示是推行管理应追求客观与主观的辩证统一，对主观能动性不夸大、不贬低，让管理行为符合管理规律，做到合情、合理、合法。道家的"天人合一"主张与马克思主义哲学中的唯物辩证法是一致的，主观源自客观，认识源自实践，主观认识应符合客观发展规律。"天人合一"就是人与自然的和谐之道。

（4）无为而治。

道家认为"道常无为，而无不为""顺自然之理而趋，遵自然之道而行，国则自治，人则自正"，主张无为而治就是最好的管理。它给领导者的启示是管理应顺其自然，处事低调，懂得授权与集权，各司其职，不擅自越级、越权，力求以最简单、最自然、最朴实的方法进行管理。《道德经》说："为学日益，为道日损。损之又损，以至于无为。无为而无不为。取天下常以无事，及其有事，不足以取天下。"这句话的意思是探索规律越多，就会对规律了解越多；对规律了解越多，人为就会越少，以至于无为，达到顺其自然，而顺其自然就是最好的人为；治理天下应该不干扰它的自身运行，如果人为干扰，就不能治理好。在管理上，讲究清静无为，就是要顺其自然，顺势而为，返璞归真，用最简单、最自然、最朴实的方法进行管理，不妄为、不胡为、不折腾，从而减少内耗，消除障碍，提高效率，达成目标。

三、法家思想，行"制"之祖

法家思想以法为纲，用法治作为手段，推行规范化管理。早在春秋时期，管仲就提出"以法理政、以法统军、以法治民"；郑国子产铸刑鼎，颁布成文法；到战国初期吴起、李悝变法，法家始盛。法家的核心思想可概括为五个方面：以法为纲、事断于法、法由一统、以法为教、不法常可。

（1）以法为纲。

法家强调"法者，国之权衡也""法令者，民之命也，为治之本也""故以法治国，举措而已矣"。在法家看来，法之所以重要，是由于它具有"定分止争""兴功禁暴"的作用。它给领导者的启示是，企业应建立起管理的基本原则与规章制度，明确职、责、权、利，并协调统一。"以法为纲"有着极为重要的意义。"法"不同于"礼"，不仅是行为礼仪方面的规范，更是企业的整体法度，是"定分止争"和"兴功禁暴"的手段。在管理中，首要之事应是建立企业之"法"。管理实践中，华为有《华为基本法》，华侨城集团有《华侨城宪章》，都是"以法为纲"、建立法治的最好例证。而更多其他的企业，也无一没有自身的管理流程和规章制度。

（2）事断于法。

法家主张"事断于法""君臣上下贵贱皆从法""刑无等级，自卿相、将军以至大夫、庶人，有不从王令、犯国禁、乱上制者，罪死不赦"，主张法无贵贱，法外无恩，以法作为治国的唯一工具和唯一标准。它给领导者的启示是，企业应以"法"为准，大小事宜，依"法"而行，而不能随心而治。法家认为"事断于法，是国之大道也""君人者，舍法而以身治，则诛赏予夺，从君心出矣。然则受赏者虽当，望多无穷；受罚者虽当，望轻无已。君舍法，而以心裁轻重，则同功殊赏，同罪殊罚矣，怨之所由生也""释法术而任心治，尧不能正一国，去规矩而妄意度，奚仲不能成一轮；废尺寸而差短长，王尔不能半中"。人治不如法治，因为人治没有一定标准，随心而定。如果"事断于法"，就可"怨不生而上下和"。在管理上，由于人存在主观上的裁量与偏见，难免失真，标准不定。因此企业应以"法"为准，建立客观、量化的标准化流程、规范化制度和综合评价机制。

（3）法由一统。

法家主张"法者，宪令著于官府，刑罚必于民心，赏存乎慎法，而罚加乎奸令者也"，即法令必须由官府制定。它给领导者的启示是，企业构建组织架构、订立标准化流程、制定规章制度和行为规范时，应该统一规划、严格职属，不可政出多门。法家主张"法由一统"，强调政出一门，由官府统一管制。"法由一统"包括两层含义：一是指国家立法权掌握在君主手里，其他人不得篡夺；二是法度统一，全国各地适用同样的法律，即"海内为郡县，法令由一统"。在管理上，企业也应统一规范化管理，必须有专门的规范化管理部门。只有这样，才能保证规范化的全面性、严谨性、统一性和实时性，才能将规范化管理的效用发挥到最大。

（4）以法为教。

法家指出制定法令必须明白易懂，"故圣人为法，必使之明白易知"，然后"布之于百姓""使卑贱莫不闻之"，同时"燔诗书而明法令""明主之国，无书简之文，以法为教；无先王之语，以吏为师……其言谈者必轨于法"。它给领导者的启示是，企业在进行规范化管理时，行文应该简洁、易懂，将相关信息公开、透明，全员周知。同时加强培训和宣导，摒弃与法冲突的东西，法家将"以法为教"作为一种推行法治的重要手段。"以法为教"有两方面内容：一

是公开透明，全员周知，以便于遵从行事；二是思想统一，排除杂念，以专心其事。在管理上，企业对规范化管理的内容应加强教育和培训，不断宣导。更为重要的是，与规范化冲突的其他内容，都应该加以摒弃和消除，以免影响规范化管理的效果。当今的管理实践中，许多企业高度重视员工培训，注重企业文化和制度的宣导，讲究企业精神的塑造与培养，把大家的思想统一到组织的意志上来。

（5）不法常可。

法家认为"法与时转则治，治与世宜则有功"。法无常可，须应时而变。它给领导者的启示是企业的规范化管理，如组织架构、职能分工、工作流程、规章制度、行为规范等，都应依时而变、动态管理、实时更新，使之与实情相符。法家认为："礼、法以时而定；制、令各顺其宜……治世不一道，便国不必法古。""世事变而行道异也。""是以圣人不期修古，不法常可，论世之事，因为之备。""故治国无其法则乱，守法而不变则衰。"法家反对保守复古，主张锐意改革，提出"不法古，不循今""时移而治不易者乱"。时代在变，形势在变，人心在变，一切都在变。"法"也须应时而变。管理上，各种措施都应顺势而变。企业中不存在一成不变的管理。组织架构随情而变，职能分工应需而调，工作流程时时优化，规章制度多为损益，行为规范常有更新，这些都非常必要。

儒家的品、道家的思、法家的行，铸就了一把锐利的领导力之"剑"。这把"剑"的最高意境是，在品上达到"佛"的境界，在思上拥有"仙"的智慧，在行上获得"神"的力量。这就是领导者所向披靡的领导力之"剑"。然而，"利剑"如何运用，却要看领导者（持"剑"人）自身的修炼。

——————•终极挑战辩题，你支持哪一种观点？•——————

19. **正方：** 领导者应集权管理，统一决策效率高。
    反方： 领导者应授权管理，团队自主决策效率高。
20. **正方：** 领导者应果断决策，避免犹豫不决。
    反方： 领导者应深思熟虑，避免盲目决策。

第四节

"器、术、道"之合

《神雕侠侣》中剑魔独孤求败在石壁上刻下以下几句话。

"紫薇软剑"三十岁前所用,误伤义士不祥,悔恨无已,乃弃之深谷。重剑无锋,大巧不工,四十岁前恃之横行天下。四十岁后,不滞于物,草木竹石均可为剑。自此精修,渐进于无剑胜有剑之境。

独孤求败从"利剑"到"钝剑"再到"无剑"三个阶段,正是领导者从"权力"到"领导艺术"再到"威望"的三重境界。第一境界是"器",靠的是"权力"这把"利剑",让追随者敬畏;第二境界是"术",靠的是"领导艺术"这把"钝剑",让追随者服从;第三境界是"道",靠的是"威望"这把"无形的剑",让追随者敬仰。

领导者的修养要到达至高的境界,才能"渐进于无剑胜有剑之境"。

一、悟道

器、术、道在领导力中是有明确标志的。有人根据领导者与下属的配合关系,形象地把领导者分为四种类型:一流领导——自己不干,下属拼命干;二流领导——自己干,带领下属一起干;三流领导——自己干,下属没事干;四流领导——自己干,下属跟你对着干。

第三章 | 领导力三维正合

　　这里三、四流领导虽然自己干，但可能干了下属能干的活，或者干了违背下属愿意的活，因而挫伤了下属的积极性。这里领导者的"能干"就像"紫薇软剑"，虽然锋利，会伤人，但也可能伤及自己。领导者自己所向披靡，下属却不买账，这样的领导是不称职的。

　　二流领导自己干，也可能干了下属能干的活，却忘了干领导者该干的活，这是一把"钝剑"，虽然能把下属的积极性勉强调动起来，但自己却非常吃力。这样的领导是不能充分发挥领导效能的。

　　一流领导不干下属能干的活，却干好了自己该干的活，干了下属想干而干不了的活，因而下属钦佩、拥护、服气，这是一把"无形的剑"。老子说："道可道，非常道。"这样的领导拥有了"领导者王道"，能够真正做到无为而治，从无为到无所不为。

　　那么，什么是领导者该干的事呢？一是战略层面的，即本单位、本行业、本企业的发展方向、发展策略、发展道路等，让自己领导的企业或单位在行业里有地位，在社会上有威望，令外部人羡慕，让内部人有希望，前景好，有奔头；二是用人层面的，什么人应该用在什么岗位，什么岗位应该寻找什么样的人负责，如何选拔、考核、培养、使用、爱护、保护人才，如何制定人才发展战略等，让自己的部下人尽其才，才尽其用，心情舒畅，才能得到充分发挥；三是精神层面的，倡导什么理念，建立什么文化，形成什么风气等，让自己领导的单位风清气正，积极向上，充满正能量；四是解忧层面的，干下属干不了的事，如对上请示、对外协调、对内沟通等，需要利用领导者的职位、头衔、威望、关系、人脉、经验等解决实际问题，包括对下属的关心、排忧解难等。领导者做好以上四件事，基本上达到自己不干下属拼命干的层次了，但还不一定就是一流领导，因为领导者在人们心目中的威望不仅仅看能力，还看自我约束、自我修为、自我管理、自我成长等内在品性。

二、闻道

领导者习练领导力的过程就是"闻道"的过程。韩愈说："闻道有先后，术业有专攻。"学习领导力就是闻领导科学之道。而闻道的方式又可分为三种不同的境界。

第一境界，"下士闻道，索之以技"。索之以技就是学一些知识、技巧，让人变得机灵一些，这是技术层面的闻道，在品、思、行三维度中，重点解决"行"的问题。

第二境界，"中士闻道，求之以理"。求之以理就是学理论，求道理，让人变得聪明一些，是思想层面的闻道，在品、思、行三维度中，重点解决"思"的问题。

第三境界，即最高境界，"上士闻道，合之以身"。合之以身就是通过自身的感悟产生道理和技巧，放射出人生智慧的光芒，是智慧层面的闻道，在品、思、行三维度中，重点解决"品"的问题。一个人有了大智慧，就会超越"技"和"理"的限制，做出超乎想象的壮举。

领导干部闻领导科学之道，既要闻技术层面的道，也要闻思想层面的道，更要闻智慧层面的道，亲身感悟领导力的精髓。

就闻道的途径看，技巧可以通过勤学苦练获得，熟能生巧；理论可以通过艰苦的思索获取，慎思明辨；智慧却需要用品德来支撑，品是智慧的源泉，只有品德高尚的人才有可能获得大智慧，一个品德不好的人可以很聪明，但不可能有大智慧。

"囚徒困境"的启示

"囚徒困境"是一个法学界的著名案例，说的是两名共同作案的犯罪嫌疑人被警察抓获，警察向两个嫌犯同时宣布政策：如果两个人当中，一个坦白，一个不坦白，坦白的一方当场释放，不坦白的一方坐10年牢；如果两人同时坦白，分别坐8年牢；如果两人都不坦白，分别坐2年牢。宣布完政策后，警察将两个嫌犯分别关押。按照最优决策理论，两人应该选择都不坦白，这样关押的年数最少，合计4年。但遗憾的是，他们都选择坦白，合计坐16年牢，选的是一个最差的方案。那么，犯罪嫌疑人为什么会选最差的方案呢？是他们不够聪明吗？不是，他们足够聪明，但品德不够，他们考虑的首先是自己的利益，只要自己能当场释放，管别人关多少年呢。而且他们从不信任别人，也不愿意为他人做出牺牲，所以，同时坦白、都关8年是他们唯一的选择。可见，"品"上不去，就不可能有正确的"思"和"行"。一个领导者如果没有高尚的品德，做决策时往往会多从个人利益考虑，大多是得不到大家拥护的，有时甚至会做出极其错误或愚蠢的决策。

百行德为首，古人追求理想讲的是"修身、齐家、治国、平天下"。其中，修身是第一位的。身之不修，德之不立；德之不立，威之不树。以德服众，是做人为官的基本条件。古人说："吏不畏吾严而畏吾廉；民不服吾能而服吾公。"为官必以德服众。服众是最好的领导力、最强的号召力、最深刻的影响力。

──────── 终极挑战辩题，你支持哪一种观点？ ────────

21. **正方**：领导者贵有魄力，刚比柔重要。

    反方：领导者贵有定力，柔比刚重要。

22. **正方**：领导者应倡导变革，勇于创新比维持稳定更重要。

    反方：领导者须重视稳定，行稳才能致远。

本章小结

"品、思、行"三维结构是领导力最科学、最简洁、最稳固的组合形态，它揭示了领导力构成的一般规律。

从"品、思、行"引申到"情、理、法"，再到"儒、道、法"，它们之间有着深刻的渊源，三者的完美结合奠定了领导力坚实的基础。

"品、思、行"完美结合；

"情、理、法"巧妙统合；

"儒、道、法"高度融合；

"器、术、道"珠联璧合。

领导力在"合"中显现出强大的生命力。

第四章

领导力十二度奇胜

导读

　　领导力不是与生俱来的，需要后天的努力。一位成熟的领导者应该在不断修炼中成长。

　　修炼要有目标。一台电视机要提升品质，需要从最关键的指标入手，如画面清晰度、接收信号稳定性、音质。领导者的品质也有关键指标，那就是十二项领导力素养，即十二种力。

　　十二种力是品、思、行三个方面的具体化，是衡量领导者素养的重要指标。这些力有别于物理学上的自然力，也有别于以物质基础为特征的硬实力，我把它称为"软实力"。

　　出色的领导者之所以与众不同，不是因为他们的人体结构与众不同，而是因为他们的内在品质与众不同，即"硬件"相似、"软件"独特。一个领导者的品、思、行可以在人的不同部位反映出来。"品"即人品，包括品德、品格、品行、品性等，反映领导者的本质，体现于立场、观点和意志，所以"品"体现在双脚上；"思"即思想，包括思维、思路、思考等，是领导者的指挥中枢，所以"思"体现在大脑上；"行"即行动，包括行为、行政、执行、笃行等，执行指挥中枢的指令，相当于计算机的输出端，所以"行"体现在双手上。领导者与众不同，体现于品、思、行与众不同，即具有超常的品质、独到的思想和善于把控的能力。领导力导图如图 4-1 所示。

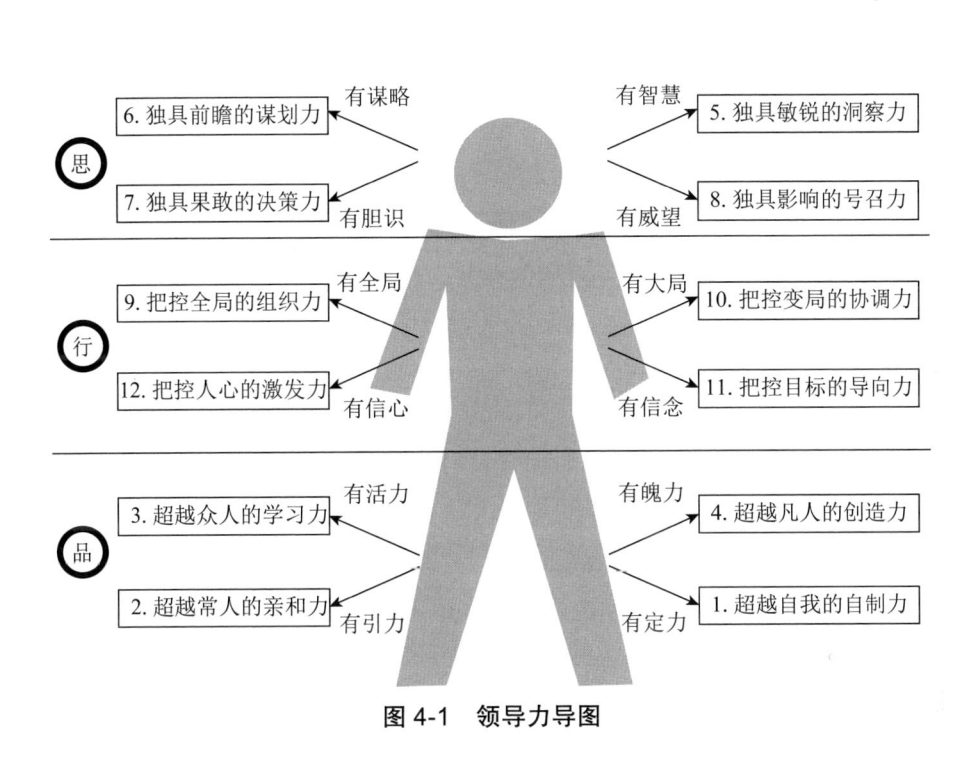

思
- 6. 独具前瞻的谋划力 ← 有谋略
- 7. 独具果敢的决策力 ← 有胆识
- 5. 独具敏锐的洞察力 ← 有智慧
- 8. 独具影响的号召力 ← 有威望

行
- 9. 把控全局的组织力 ← 有全局
- 12. 把控人心的激发力 ← 有信心
- 10. 把控变局的协调力 ← 有大局
- 11. 把控目标的导向力 ← 有信念

品
- 3. 超越众人的学习力 ← 有活力
- 2. 超越常人的亲和力 ← 有引力
- 4. 超越凡人的创造力 ← 有魄力
- 1. 超越自我的自制力 ← 有定力

图 4-1　领导力导图

第一节

自制力——心力的强度，心胜

自制力是指能够完全自觉地、有意识地控制自己的情绪、支配自己行动的能力，即可以按照一定的目的理智地控制自己的感情和行动。一个领导者能有效约束自己是他内心强大的重要标志。

一、自制力显示领导者内心的强度

对于领导者来说，自制力就是愿意承受多方面的约束。首先是正向约束，即该做的事必须去做，如一个人应该有理想、信念、使命、责任、诚信等，作为领导者要要求自己树立远大的理想，建立必胜的信念，增强使命感、责任感，做诚实可信的人。其次是负向约束，即不该做的事坚决不做，如违法、违纪、违规的事，无论有人监督还是无人监督，都要要求自己坚决不做。最后是有限约束，即人人都能做但不能做过的事，要把握一定的度，如情绪方面的喜、怒、哀、乐，作为领导者要善于控制，不能让其泛滥；欲望方面的食、色、名、利等，领导者要善于节制，不要纵欲过度；言论和行动方面，领导者要善于自我设限，控制在理性范围内，不能为所欲为。

普通人对钱、财、物、名、利，可以展示本能的需求，合法地去争取，但作为领导者，就要抑制这种本能，如果不能有效抑制，可能就会动用公权力，使自己走上犯罪的道路。在现实社会中，领导者的权力越大，风险就越大。这好比经济领域中的顺周期现象，领导者权力越集中，外部约束对他就越不起作用，周围的同事和下属对他就越尊重和恭维，领导者的自我感觉就越好，从而集聚的风险也就越大。

人的最大敌人是自己。领导者如果能够超越自我，就敢于与自己内心的杂念、虚伪、软弱作斗争。

领导者要善于把好"四关"：一是"意志关"，让自己的意志有所坚守和寄托，坚持应有的理想、信念、信仰、使命、责任、目标、诚信，不为外界的干扰所动摇；二是"情绪关"，让自己的情绪有所控制，使喜、怒、哀、乐、悲、忧、愁紧紧地与组织使命联系在一起，不因个人的得失而失控；三是"欲望关"，让自己的欲望有所收敛，对食、色、名、利、权的追求交由理智处理，不因本能的驱使而泛滥；四是"言行关"，让自己的言行有所制约，说话、办事遵循客观，不因自己的好恶而妄为。

把好这四道关，领导者内心就会变得无比自由和强大。

二、胜人者智、自胜者强

一个想要有所成就的人如果缺乏自制力，就像汽车失去刹车一样，必然会"失控"，甚至会"翻车"。拿破仑·希尔曾对美国多个监狱的 16 万名成年犯人做过一项调查，发现这些犯人中 90% 是因为缺乏必要的自制力。自制力不强，不但给社会和他人带来伤害，自己也受到了法律的制裁。

领导者的自制力体现在慎微、慎初、慎独上。纵观历史上犯错误的领导干部，大多是从"小事""只这一次""单独处事无人知晓"开始的。"千里之堤，溃于蚁穴"，作为一名领导者，慎微尤其重要。《尉缭子》里说："慎在于畏小。"《关尹子·九药》里说："勿轻

小事，小隙沉舟；勿轻小物，小虫毒身。"《深虑论》提道："祸常发于所忽之中，而乱常起于不足疑之事。"人生当不以善小而不为，不以恶小而为之，防微杜渐，否则"不矜细行，终累大德"。客观世界存在着某些隐患和危险，而隐患和危险又往往是潜伏着的，不易察觉，极易忽略，恰如溃堤的蚁穴、焚屋的火种、未爆的炸弹一般，一旦发作起来，其后果不堪设想。祸心只要纵容和娇惯一次，就可能一发而不可收，直至翻船。人的欲望是没有止境的，没有的期盼着有，有了的期盼着更好，拥有更好的期盼着最好的，可什么是最好的？两千多年前老子揭示了"自胜者强"的人生哲理，其核心理念就是慎微、慎初、慎独。

领导者要充分认识自己的职责和影响力，在发生危机或面临挫折的时候，要能够充分自控，并在理智、冷静的基础上做出审慎的选择，包括在高压的环境中，能够控制自己的反应，并且让自己和下属镇定下来，冷静处理问题并通过一言一行影响下属。

领导者必须明白，自己的一举一动都在被他人关注。作为企业的管理者，如果不能及时自控，事情的结果就可能变得令人难堪。李开复在苹果公司工作的时候，曾经开过一次会，当时有一位员工因为妻子和朋友被裁员，对公司的政策非常不满，就把怒气都发泄在李开复的身上，当面说出了一连串很难听的话，其语言的粗俗程度实属罕见。

李开复说："当时，我的第一个感觉是气愤，因为他这种侮辱谩骂的做法非常恶劣。但我随即想到，人难免会在亲人受到伤害时失去理智，难免会在被灾难惊吓时失去风度；接着我又想到，虽然他的表现异常粗鲁，但是一定有不少员工持有同样的想法，只是不敢表达出来罢了；最后我想到，作为这个部门的总监，我代表的是公司的利益，不能因为一时的愤怒而影响了工作的正常进展。于是，我冷静地告诉他，'现在对你、对我、对公司来说都是非常困难的时期。我理解你的心情。等你冷静下来，如果有什么建议，请你告诉我你认为最合适的做法，我们可以仔细聊一聊'。"后来，那个员工私下向李开复道歉，并感谢李开复没有让他在整个团队面前难堪。

除了自省和自控，领导者也应当时刻保持自律。无论在什么时候，都要以身作则，不能有特权阶级的作风。Google 前 CEO 埃里克·施密特刚刚加入公司时，Google 所有员工都没有独立办公室，但公司觉得有必要给他一个相对安静的办公场所，就给他安排了一个比较小的独立办公室。有一天，一位工程师来到埃里克·施密特的办公室说："别人都是共享办公室，我那边太挤了，所以我想坐到你这儿来。"埃里克·施密特很惊讶，问他："你有没有问你的老板？"那位员工去问了老板后回来说："老板也觉得我该坐在这儿。"于是，他们就共享一个办公室，直到公司后来购买了一栋更大的楼。即便是在新的大楼，施密特也特别要求"我的办公室应该尽量小"，以避免被误解为"特权阶级"。这就是领导者的自律精神。

自制力的构成是一个矛盾体，一面是感情，另一面是理智。在理智与感情的交锋中，自制力能够帮助理智取得胜利。良好的自制力通常表现在两个方面：一是善于迫使自己执行已做出的决定；二是善于抑制与自己的目的相违背的愿望和行动。自制力不但体现在约束自己不做不该做的事，更体现在把应该做的事情做好。

领导者要想领导好下属，需要控制自己的情绪，只有控制好自己才能更好地控制别人。任何一个伟大的领导者都是管好自己情绪、掌控别人情绪的典范，管好自己的情绪和掌控别人的情绪是成功的动力源，也是成功人士的基本品格。

《三国演义》中，周瑜和诸葛亮两个人很大的差别在于胸怀和性格，周瑜是一代英雄，但最后他没能够控制自己的情绪，气得吐血而死！任凭感情支配自己的行动，成为感情的奴隶，是缺乏自制力的表

现。成功最大的敌人是自己，有自制力才能抓住成功的机会。缺乏对自己情绪的控制，会错过许多稍纵即逝的机会。

领导者对自己情绪的良好控制力是团队成功的前提。一位不能有效控制自己情绪的领导者，不仅会给他的组织成员起到一个错误的示范作用，也降低了他在成员心中的可信度。一旦情绪失控，领导者的理智、常识和判断力就会失去作用，做出的不明智决策会伤害组织及其成员的利益。高效的领导者明白保持平衡和自我控制的重要性，并会做出表率，用这一素质影响成员，使得整个团队在危难来临时能保持平和的心态，共渡难关。

约翰·伍顿在他的作品《全力以赴——让每一个人激情飞扬》中强调情绪化是大敌。他提出的领导者守则是：要努力实现一种可依靠、可信赖、可获取高效率的领导力模式，首先要具备自我控制的良好素质。不控制情绪，情绪就会控制你。情绪变化无常的领导者，不仅有损其自身形象，无法赢得队员的尊重，还会带领团队在错误中越陷越深。米开朗琪罗也曾经提醒过人们："被约束的力才是美的。"无法控制自己的人，将永远无法控制他人。领导者首先要学会理性分析情绪，特别是在极端情绪面前更要有自控的能力。得意是胜利感的一种极端情绪。胜利时得意忘形、头脑发热、行为发狂是最肤浅的情绪，既损害自己，也危害事业。西方有句名言："上帝欲使人灭亡，必先使其疯狂。"当赞誉之声响起时，领导者一定要会"正面文章反面看"。

三、无节制的欲望是成功的大敌

在近年的中国企业界，很多企业家失败的原因之一是对欲望的治理失控。例如，五谷道场的老总王中旺想独霸方便面市场，占领60%的市场份额，超越华龙集团，与康师傅、统一等平起平坐。由于王中旺个人野心的极度膨胀导致了对企业的治理失控,最后使企业转手。五谷道场的被收购与其说是战略运营不当,倒不如说是王中旺个人野心膨胀的恶性后果。欲望是可以扩张的,但不能无限膨胀。假如领导者不能有效控制欲望之"舟",极有可能撞上"冰山",触礁而沉没。

如大哲人丁尼金所说:"唯有自律,能把自己引向最光明的王国!"只有严于律己、坚忍不拔,才会成就伟业。

那么,控制欲望的关键是什么?是平衡。人的欲望是无止境的,尤其是对功利和金钱的追求,这是人的本性,不可能消除。按照麦得理戈的观点,人的本性是功利的、自私的,关键在于怎样控制,这就涉及"度"的把握和平衡问题。

经济学上对欲望的解释是:人未得到的满足。一个对成功缺乏渴求的人,注定碌碌无为。领导者都有推动企业成功的欲望。亚当·斯密认为企业家天生具有追求财富的动机,他在《道德情操论》中谈到了企业家要学会控制和约束自己的欲望。老子在《道德经》中也讲到了对欲望的控制:"上德无为而无以为;上仁为之而无以为;上义为之而有以为。"领导者要学会在欲望的扩张与控制中追求平衡,把握平衡的艺术。欲望必须是可以控制和预见的。

有人说"人是欲望的产物,生命是欲望的延续",这说明自私的欲望是每个人与生俱来的。但我们要分清正当欲望与不当欲望的界限,一个人如果纵容自己的欲望,最终必然会迷失本性而导致堕落。古人云:"欲生于无度,邪生于无禁。"伊壁鸠鲁对欲望也有精辟的阐述:"有些欲望是自然的和必要的,有些欲望是自然的而不必要的,又有些是既非自然而又非必要的。"他告诉人们因为贪婪的占有欲而心生的欲望就是非自然、非必要的,应该控制和舍弃。欲望失去了控制,过多过大,必然欲壑难填。贪欲之人往往被财欲、物欲、色欲、权欲等迷住心窍,终致纵欲成灾。

四、自制力来自超越自我的修炼

一个人最了解的是自己，最不了解的也是自己；最能把握的是自己，最难把握的也是自己。著名喜剧演员卓别林在舞台上塑造了很多形象，给大家带来很多快乐。但有一阵儿卓别林生活苦闷，他去看医生，由于他在舞台上的小胡子形象很特别，所以医生没有认出平时的他。医生问他有什么病，他就说了自己的状况，医生说："你的病不是什么大病，也不需要吃药，我建议你去看看卓别林的表演，你的病就会好了。"卓别林听了以后泪流满面，他告诉医生自己就是卓别林。他说有些病是不能自治的，自己能给别人带来快乐，但对自身的很多问题却想不通。人们经常说"胜己难于胜人"，一个人看不到自己的鼻子，同一只手摸不到自己的胳膊，任何人都抬不起自己的身体。据调查，不少心理学家自己也有心理疾病，他们往往给别人讲得头头是道，却治不好自己的心理疾病。有的领导干部在台上说得天花乱坠，台下却干着违法乱纪的勾当。这说明人的自控是很难的，能够战胜自己的人才是最强大的。认识自我不仅要认清人的共性特点，更要认清自己的个性特点，在认清自我的基础上把控自我，树立信心，坚定信念，履行职责，完成使命，进而实现目标。

唐太宗李世民是中国历史上著名的"圣君"，他以勇于听真话、善纳忠谏以纠正自己的偏失闻名。因为他经常鼓励臣下公开向自己提意见，所以以魏征为首的一批净臣就经常在朝会上当着文武百官的面批评李世民，有时候批评得很尖锐，弄得李世民颜面尽失，非常恼火。尽管如此，李世民还是努力克制和把控自己，在公开场合一直虚心听取魏征等人的意见，哪怕有些意见和批评是错的。他从不报复那些同自己政见不合、让自己丢面子的人。正是他这种虚心纳谏的态度，才使下属敢于直犯龙颜；也正是这种君臣无猜的"谋而合"，才有了为后人称颂的"贞观之治"。假如李世民因为控制不住自己的情绪而"龙颜大怒",重重处罚那些对自己提意见的臣子,因"天威难测"使臣子们不敢直言进谏,一定会在没有别人批评和监督的情况下犯下许多错误,难以成为名垂青史的一代明君。

可见,作为领导者,只要与人合作共事,就会有不同的看法和做法,也会产生工作上的矛盾。这时候一定要有自我克制的能力,认清自己和把控自己,保持良好的心态,把不良情绪对工作和人际关系的损害降至最低。

五、自制力来自意志的磨砺和健康心理的塑造

自制力的核心是"控制",包括控制情绪、控制欲望、控制行为等,在修炼自制力的过程中,应注重培养坚强的意志和健康的心理。

(一)锻造坚强意志

自制力属于意志的范畴,自制力强的人往往意志比较坚强。良好的自制力是自尊、自爱、自重的表现,它能使人们顺利通过一个个人生的岔路口,为行为选择最佳的方案,并始终沿着正确的方向前进。树的方向由风决定,而人的方向是由自己决定的。一个领导者要想成就大的事业,更应对自己的言行有所克制,战胜来自本性的干扰,控制自己去执行已经决定的行动,这样才不致于铸成大错。高尔基说:"哪怕是对自己的一点小的克制,也会使人变得强而有力。"歌德说:"谁若游戏人生,他就一事无成,不能主宰自己,永远是一个奴隶。"要主宰自己,必须对自己有所约束,有所克制。

自制是智慧的结晶、勇气的结晶,更是毅力的结晶。自制力是一种力量的表现,勇士能够战胜敌人,但是往往无法战胜自己,所以战胜自己的都是强人。只有意志坚强的人才能够自觉控制和调节自己的言行。

毅力可以帮助你控制自己，果断地决定取舍，是自制能力果断性和坚持性的表现。列宁是一个自制能力极强的人，他在自学大学课程时，为自己安排了严格的时间表：每天早饭后自学各门功课，午饭后学习马克思主义理论，晚饭后适当休息一下再读书。他过去最喜欢滑冰，但考虑到滑冰容易疲劳，影响学习，就果断地不滑了。他本来喜欢下棋，一下起来就容易入迷，后来感到太浪费时间，又毅然戒了下棋。滑冰、下棋看起来都是小事，是个人的一些爱好，但要控制这种爱好，没有毅然决然的果断性就办不到。

（二）锤炼健康心理

心理是人的感觉、知觉、记忆、思维、情感、性格、意志、能力的总称，是客观世界在人脑中的主观印象。世界卫生组织（WHO）在其成立的宪章中对健康心理的要求是：一是有充沛的精力、能从容地担负日常工作和生活，并且不会感到疲劳和紧张；二是应该积极、乐观、勇于承担责任，并且能上能下、心胸开阔，不会因为很小的事耿耿于怀；三是必须精神饱满、情绪稳定、善于休息；四是有较强的自我控制和排除干扰的能力；五是有较强的应变能力，反应速度快、有高度适应能力。

自制力对于保持生理和心理健康有重大作用，无法进行情绪控制和行为控制的人，是不会有健康的身体和心理的。

有研究表明，中国人正处在心理问题的高发期，心理问题正困扰着中国人的心灵。领导干部也不可能置身事外，他们同样是心理问题易发和高发人群。在领导干部中，许多人感到心理压力过大，一些人心理"不平衡""浮躁"，甚至"心力衰竭"，相当一部分人对工作、生活和未来发展存在焦虑与抑郁情绪等。从近年来一些领导干部身上表现出来的消极腐败现象来看，造成他们腐败的主观因素就是心理防线被突破，心理发生了扭曲。可以这样说，不健康心理是造成领导干部腐化堕落的一个不容忽视的重要原因。不健康的心理包括见钱眼开的贪婪心理、深感吃亏的攀比心理、蒙混过关的侥幸心理、按"劳"取"酬"的交易心理等。

锤炼心理健康关键取决于个人，因为内因是事物的决定因素。领导干部在承担繁重工作任务的同时，要经常思索自己的心理情绪是否平稳，心理素质是否健全，心理状态是否良好。领导干部要有自知之明，修身养性，完善自我，保持良好的心态，确保心理健康，具体到现实生活和工作实践中，就是要有"四颗心"。

一是要保持平常心。关键是要正确对待自己，时刻不忘自己的职责，倾尽全力为群众谋利益。不能有了一点成绩便自高自大、得意忘形、忘乎所以；也不能受不得半点委屈，稍不如意便满腹牢骚，要做到宠辱不惊。

二是要培育感恩心。感恩是中华民族的传统美德，是做人的基础。学知识、做学问，首先要懂得如何做人，做人要懂得感恩于人。人们要从"滴水之恩当涌泉相报"的谆谆教诲和"乌鸦反哺""羔羊跪乳"的动人故事中领悟和传承古朴而崇高的感恩理念。感激生育你的人，因为他们使你体验生命；感激抚养你的人，因为他们使你不断成长；感激帮助你的人，因为他们使你渡过难关；感激关怀你的人，因为他们给你温暖；感激鼓励你的人，因为他们给你力量；感激教育你的人，因为他们开化你的蒙昧。

三是要牢记责任心。权力就是责任，和责任、风险是成正比的。"官"是为人们服务的岗位，"权"是为人们服务的工具。人们推崇你成为领导，你要对得起人们的信任。

四是要养成廉政心。"公生明、廉生威"是自古以来公认的从政之道。领导干部只有时刻保持清醒的头脑，才能经得起各种有形和无

形的诱惑。

另外，还要注重健康性格的塑造。心理学调查显示，事业成功的人的共同特质是：他们对自己深具信心，对未来抱持乐观态度，而且具有极佳的挫折忍受力。美国著名心理学家马丁·塞利格曼指出："乐观不但是迷人的性格特征，还有更神奇的功能，它能对生活中的许多困难产生心理免疫力。"

一位企业家总结了让内心变强大的十个诀窍，具体如下。

①保留意见（争执有失涵养）。

②认识自己（促进天赋）。

③绝不夸张（夸张让人生疑）。

④适应环境（适者生存）。

⑤取长补短（三人行必有我师）。

⑥言简意赅（简洁易于接受）。

⑦绝不自高自大（炫耀自己是不自信的表现）。

⑧绝不抱怨（抱怨是负能量）。

⑨不要说谎（失信于朋友）。

⑩目光远大（贫或富都是一时的）。

一个能控制住自己不良情绪的人，比一个能拿下一座城的人更强大。

趋近公理的定律："自我约束是一个人实现任何目标的能量来源。"

——格列威治

自制力是领导者成败的试金石

自制力，作为个人内在素质的重要构成部分，是衡量个体在面对诱惑、压力或挑战时能否有效控制自身行为、情绪与冲动的能力。作为领导者，自制力不仅是个人修养的体现，更是决定其领导效能与事业成败的关键因素。

唐太宗李世民是唐朝第二位皇帝，是中国历史上著名的明君之一。他在位期间开创了"贞观之治"，大唐盛世一片繁荣。李世民的成功在很大程度上归功于他极强的自制力和领导才能。在争夺皇位过程中，他面临着兄弟之间的激烈竞争，兄长李建成和弟弟李元吉对他构成了严重威胁。公元626年，李世民发动玄武门之变，杀死了李建成和李元吉，占据了主动地位。李世民在事后展现了极强的自制力，没有对兄弟的部下进行大规模清洗，反而重用了其中一些有才能的人。李世民即位后深知"水能载舟，亦能覆舟"的道理，始终保持着对权力的克制和对民生的关注。他广开言路、虚心纳谏，重用贤臣如魏征、房玄龄、杜如晦。魏征曾多次直言进谏，甚至触怒李世民，但李世民能够克制自己的情绪，接受批评、改正错误。他还注重节俭，减少宫廷开支，减轻百姓负担，其在位期间，国家政治清明、经济繁荣、文化昌盛。

隋炀帝杨广因自制力差而成了阶下囚。杨广即位后，迅速展现出对奢侈生活的追求。他下令修建东都洛阳和大运河，虽然在当时有非常大的积极作用，但却给百姓带来了沉重的负担。他沉迷于享乐，经常举行盛大的宴会和巡游，还下令修建豪华的宫殿和园林，如著名的迷楼，供自己享乐，耗费国库大量财富。由于他的暴政和穷兵黩武，国内爆发了大规模的民变，各地起义军纷纷揭竿而起，隋朝的统治岌岌可危。公元618年，宇文化及在江都（今扬州）发动政变，杨广最终被缢死，隋朝也随之灭亡。

国外领导者因自制力影响成败的例子也不少见。

乔治·华盛顿是美国独立战争时期的军事领袖，也是美国第

一任总统。他在美国独立战争和建国初期的领导中展现了极强的自制力，成为美国历史上极受尊敬的领导人之一。在独立战争期间，华盛顿面临巨大的压力和挑战。他的军队装备简陋、补给不足，士兵士气低落，然而华盛顿始终保持着冷静和自制，没有因为暂时的失败而动摇。1776 年，华盛顿在特伦顿战役中率领军队在圣诞夜渡过特拉华河，成功突袭了黑森雇佣军。这一胜利极大地鼓舞了士气，但华盛顿并没有因此骄傲自满，而是继续稳扎稳打，最终带领美国赢得了独立战争的胜利。1789 年，华盛顿当选为美国第一任总统，他在任期内展现了极强的自制力和道德操守，拒绝任何形式的个人崇拜和权力滥用。1797 年，华盛顿在第二届总统任期结束后选择不再连任，从此确立了美国总统最多连任两届的传统。

> **Tips**
>
> **十二度制胜法则之一：**
> 战胜自我，律己制胜。
>
> **解码：**
> 领导者不一定最善于约束别人，但一定要最善于管理自己。
>
> **结论：**
> 自制力——心力的强度。
> 体现领导者自我约束的坚韧度。
> （标识性领导品格：坚毅）
> 自制力来自领导者慎独意识的觉醒。

———•**终极挑战辩题，你支持哪一种观点？**•———

23. **正方：** 领导者强大的自我管理能力是其个人成长和领导力持续提升的基石，领导者应加强自我修养。

    反方： 外部约束和制度管理对领导者成长的影响远大于自我管理效果，领导者应加强外部约束。

24. **正方：** 领导者强有力的自制力和高标准的职业操守能为团队树立榜样，促进积极向上的团队文化的形成，应注重榜样的力量。

    反方： 团队文化的形成更多依赖于制度设计和共同价值观，而非领导者的个人行为，应注重制度的力量。

第二节

亲和力——胸怀的广度，德胜

一般人对有血缘关系的人有亲密感，这叫亲情，是自然属性、人之常情。领导者由于使命、责任所系，必须超越亲情，将亲和力扩展到所有对完成组织使命有关联的人。不是亲人胜似亲人，这才是领导者应该具备的思想境界和政治胸怀。亲和力是领导者拥有领导力的基础，只有让群众信任、拥护、爱戴，群众才愿意听领导者指挥，愿意为完成组织使命冲锋陷阵。俗话说"得人心者得天下"。战国时期著名的军事家吴起在担任魏军统帅时爱兵如子，因而深受士兵拥戴。有一次，一个士兵伤口化了脓，堂堂主帅竟然亲自用嘴为他吸吮脓血，全军上下无不感动。领导者的亲和力是一种超物质的"磁场"，可以将追随者的心吸引、俘获。

真实的亲和力展示的是领导者博大的胸怀，通常体现在八个字上。

第一个字是"亲"，即亲近、亲切，把群众当亲人，像对待亲人一样，关心、体贴，处处为其着想。

第二个字是"善"，即友善、善待，把群众当"神灵"，像对待"佛祖"一样，敬重、诚恳、以诚相待。

第三个字是"尊"，即尊重、敬畏，把群众当领导，像对待顶头上司一样，谦虚、谨慎、谦和、谦让，不居高临下、不盛气凌人、不咄咄逼人。

第四个字是"爱"，即爱护、关爱，把群众当长辈，像对待父母一样关心、呵护，甘心为其付出，甘愿为其奉献。

第五个字是"助"，即帮助、服务，把群众当服务对象，像对待客户一样真心实意为其服务，热情帮助他们。

第六个字是"信"，即信任、认同，把群众当朋友，像对待知心朋友一样，真正理解、支持，认同他们的价值，为其创造良好的工作环境。

第七个字是"容"，即宽容、包容，把群众当兄弟，像对待亲兄弟一样，既要容其短，也要容其长；既要容其过，也要容其错。

第八个字是"担"，即承受、担当，把群众当孩子，像对待自己的孩子一样，无论发生什么都要勇于承担，既要承担责任，也要承担风险，有时甚至要承受损失或痛苦，承受谩骂与责难。

领导者如能对下属做到以上的亲和力八重境界，将让其甘愿追随。

一、亲和力＝润滑剂＋黏合剂＋稀释剂＋净化剂

战国时期孟子说"天时不如地利，地利不如人和"。现在，人们习惯于把"天时、地利、人和"视为事业成功的三要素，而"人和"又摆在三要素之首。这里说的"人和"，就包含着亲和力。没有亲和力，"人和"就是一句空话；没有亲和力，"人和"就是一种奢望。常言道："厚道得人心，薄道失人心。"三国时期，刘备之所以能够在蜀国成就一番霸业，形成三足鼎立之势，与曹操、孙权相抗衡，靠的正是亲和力。刘备身上有一个最鲜明的特点，就是谦恭、真诚。像关羽、张飞那么强悍的人，都心甘情愿为他打天下，把他奉为明主。

（一）亲和力是增进团结的润滑剂

有了亲和力，才能达成共识、产生共鸣。要想达成团结的目标，光凭道理不行，光凭愿望更不行，在一个政党、国家、单位和集体里，想要达成共识、产生共鸣，实现团结与和谐，就需要领导者用亲和力来影响人、打动人、感召人。一个亲和力强的领导，人们往往感情上容易接近他，心理上容易接受他，工作上容易依靠他，这种油然而生的敬意和志同道合的奋斗目标一旦结合，就会产生血浓于水的友谊、信任和谅解。有了亲和力，才能达成共为、共赢。正如"和则两利，斗则两败"。

全国政协原主席李瑞环同志是一个很有哲学素养的高级领导干部，他曾写过《辩证法随谈》。2000年11月，他在视察香港时，意味深长地讲了一个民间传说，来寄语香港要保持长期繁荣稳定。他说：汉朝时，京城里住着田真、田庆和田广三兄弟，他们一直和睦相处，庭院中的紫荆树长得枝繁叶茂。后来，三兄弟闹别扭，要分家，紫荆树一夜之间就枯萎了。兄弟三人对此大为震惊，深感惊讶，后来不再分家，和好如初，紫荆花又盛开如故。由于紫荆花是香港特别行政区的区花，所以，李瑞环同志讲完这个故事后深情地说：虽然田氏三兄弟的故事只是一个传说，但是这个故事所蕴含的道理发人深省。香港要保持长期繁荣稳定，最重要的是人和，只有和衷共济、加强合作，才能聚精会神、运筹发展；否则，只能导致内乱、贻误时机，甚至带来灾难。再比如，我国西部有很多地方生长着雪松和云杉，每当大雪来临的时候，雪松常被风雪折断，而云杉却安然无恙。从质地来讲，雪松比云杉更加坚韧，为何反而多受损害呢？原来，雪松大多孤立生长，所以容易被压倒折断；云杉大多成林，形成强大的防御体系，风雪往往对其无可奈何。这一自然现象深刻地揭示了"孤则易折，众则难摧"的道理。所以，领导干部只有切实增强亲和力,才会促进团结和谐,增强紧密度、和谐度、美誉度。

(二)亲和力是密切关系的黏合剂

亲和力是营造良好社会人际关系的情感基础。一个现代领导者需要具备多方面的知识和才能,但有才能并不一定能成为好领导,更不能代表成功。其根本差别不在于领导水平的高低,而在于是否得到群众的认可和拥戴。成就事业需要凝心聚力,需要领导者成为一块"磁铁",形成强大的磁场,而这种磁力就是亲和力。

现在在某些企业里,一些领导干部为了树立权威,成天黑着一副脸、端着架子,对群众颐指气使、呼来喝去,而且从不主动与下属沟通,即使路上遇见下属也是表情淡漠,没有笑脸,拒人于千里之外;有些下属在路上老远见到他,也不愿上前打招呼,要么是唯恐"躲之不及",想法绕开;要么是表面极尊重,实际很疏远,见面说话"哈哈哈",话到嘴边又咽下,不把真心交给你,不把真劲使出来。这样的领导又怎么能当得好?在这样的工作生活环境下,下属工作的积极性、能动性和创造性如何发挥出来呢?

领导者的亲和力,表现在与下级的交往中能够做到平等待人,谦虚平和,富有同情心。重庆市虎城镇前党委书记邓平寿,是中央树立的重大典型。邓平寿有一个用了20年的保温杯。早上一上班,他就泡上一杯热茶,自己喝,也给前来办事的村民喝。后来杯子坏了,他换了个"老板杯",但来办事的村民都找借口不再喝了。当意识到"老板杯"成为他联系村民的障碍后,他又买了个和原来一模一样的保温杯。村民来了,又像过去一样,端起茶杯就喝。一个保温杯、一杯清茶水,映照的不仅是一个基层领导干部和农民群众的鱼水深情,更多的是党和政府在农民群众心中的崇高形象。试想,如果邓平寿没有亲

和力，又何以获得如此水乳交融的干群之情？今天的干群关系要像邓平寿的"清茶水"一样清澈和透明，需要邓平寿式的"保温杯"来联系和保温。以上的故事告诉领导干部们：只有具备了亲和力，才能获得"鱼水相依、血肉相连"的干群关系，赢得"同甘共苦、同舟共济"的群众基础。

沃尔玛创始人山姆·沃尔顿就是这样一位领导者，他经常参观本公司的商店，询问基层员工"你在想些什么"或"你最关心什么"等问题，通过同员工们聊天，了解他们的困难和需要。这一行为使他获得了员工的拥戴，并且使员工之间也形成了融洽的伙伴关系。沃尔玛的一位员工回忆说："我们盼望董事长来商店参观时的感觉，就像等待一位伟大的运动员、电影明星或政府首脑一样。当他一走进商店，我们原先那种敬畏的心情立即就被一种亲密感受所取代。他以自己的平易近人把笼罩在他身上的那种传奇和神秘色彩一扫而光。参观结束后，商店里的每个人都清楚，他对我们所做的贡献怀有感激之情。每个员工都似乎感到了自身的重要性。"

领导者在下级面前展示自己能力的同时，也应展现出对他们关心的一面，以便在组织内部形成友好的氛围，使员工体会到组织内部的和谐，并建立良好的人际关系，这是获得优秀领导力的秘诀。

（三）亲和力是化解矛盾的稀释剂

常言道："只要有一颗真心，就是一块石头也能被捂热。"此话道出了"心力"在沟通协调、化解矛盾中的重要作用。其实，这里说"心力"，不如讲"亲和力"更贴切一些。随着社会的进步，社会矛盾越来越多。在人们的日常工作和生活中，矛盾无时不有、无处不在。正因为有矛盾，所以要去预防和避免。如何去预防和避免矛盾呢？这就需要领导干部有很强的亲和力。亚当·斯密曾说过："在人类社会的大棋盘上,每个个体都有自身的运动规律,和执法者施加的规则不是一回事。如果他们能够相互一致,按同一方向作用,人类社会的博弈就如行云流水,结局圆满;但如果两者相互抵牾,那博弈的结果将苦不堪言。"亲和力强的干部因与群众联系多、感情好,因而也容易接近和沟通;亲和力强的干部因在群众中口碑好、威信高,因而说话也有分量和力度。江苏省泰州市信访局前局长张云泉曾说:"群众把我看作希望,我决不能让群众失望。"在泰州市,至今仍流传着张云泉"三鞠躬"的故事。有一次,当地发生了一起交通事故,遇难者的亲友因担心处理不公,聚集上千名村民要围堵高速公路。张云泉闻讯赶到了现场,他向死者遗像及其亲属深深地鞠了三个躬,一再表示将配合有关部门依法处理好这件事。鞠躬是我国传统民俗中一种庄重的礼仪,表达的是恭谨之情、尊重之意。三鞠躬展示的是张云泉的亲和力,正是有了这种亲和力,才稳定了村民群众的情绪,化解了一触即发的危机。

(四)亲和力是保持良好心态的净化剂

好的心态是事业成功的重要因素之一。常言道:"心不动能制万动,心静方能有所为。"要保持良好的心态,要靠亲和力来澄清和净化心灵。毛泽东说:房子是应该经常打扫的,不打扫就会积满了灰尘。领导干部的思想和心灵也同样需要经常打扫。亲和力强的人,群众观点强、人际关系好;亲和力强的人,乐善好施、关爱别人;亲和力强的人,心胸开阔、志向远大,先天下之忧而忧,后天下之乐而乐;亲和力强的人,根植于人民群众这片沃土,善于倾听群众的呼声和要求,乐于接受群众的批评和建议,困难时有群众的支持,胜利时有群众的劝告。保持清醒头脑、把握决策主动才会有民意基础。

二、亲和力 = 领导艺术 + 道德修养 + 人格魅力

法国作家拉·封丹有一则寓言，可以引发对亲和力的思考。故事的大意是：北风和南风比试本领，看谁能让行人把身上的大衣脱掉。北风首先发威，狂风大作，行人为了抵御风寒，都把大衣越裹越严；南风则不同，它轻柔吹拂，和风扑面，令行人倍感温暖，于是行人纷纷解开纽扣，脱掉大衣。这个故事的寓意十分明显，就是说生硬、强制的手段往往徒劳无功；亲切、温和的方式往往如春风化雨，立竿见影。与权威相比，亲和力不仅不会削弱领导力，反而会有助于领导力的增强。因为亲和力渗透的是恒久的力量，架起的是人与人之间信任的桥梁。

（一）亲和力体现着领导艺术

领导者不经意间的一个微笑、一句问候、一声祝福……往往会让下属倍感温暖。这些体现了领导者的亲和力。

思想政治界流行着这么一句话："世界上所有的政治思想归纳起来，最简单扼要的，不外乎中国的四个字——安居乐业。"也就是说，让人们过上好日子，便是最高超的领导艺术。老子在《道德经》里讲领导有四个层次，即四种境界。第一个层次也是最低层次，就是老百姓污辱他；第二个层次是老百姓怕他；第三个层次是老百姓赞扬他；第四个层次也是最高层次是老百姓安居乐业。没有亲和力是很难达到第三种境界的，更不可能达到第四种境界。

（二）亲和力反映着道德修养

亲和力像一面镜子，客观地映照着人们的道德品质；亲和力又像一把尺子，公正地衡量着人们的思想道德修养。实践证明，亲和力强的人，其道德品质往往是过硬的，能赢得人们的尊敬和爱戴。古人说："惟德乃兴。"这个"德"恰恰是建立在亲和力的基础上。不妨仔细回顾一下国家、民族的道德发展史，从"仁者爱人"到"以民为本"，再到"为人民服务"，渗透着爱民思想的亲和力好比一根红线，贯穿于整个民族的道德发展历程。试想，如果孔子没有亲和力，他怎么会有"仁者爱人"的学说？如果孟子没有亲和力，他又怎么会有"民为贵"的思想？所以，亲和力是亲民之心的真情流露，是爱民之策的真诚表达。

《人民日报》曾刊登一篇题为《做人民的儿子最光荣》的报道，反映的是人民公仆吴天祥的优秀事迹。吴天祥自1964年入党后，一直坚持做人民的"儿子"，办实事、做好事、解难事。40多年来，他先后结下了数百名老人、残疾人、下岗工人等"穷亲戚"。当得知一位特困军属一家6口挤在20平方米的房子里时，他就动员女儿、女婿将结婚用的一套住房让出来给他们居住。为了方便群众，他将家中电话向武昌区数十万居民公开，根据他们的反映写了6本民情日记。不做"父母官"，而做"子女官"，吴天祥其言如此，其行亦然，这不仅是一个简单的比喻，其意义显然已超过了比喻的本身。

（三）亲和力彰显着人格魅力

有亲和力的领导干部，平等对人，与员工说话像拉家常，为员工办事像对待家人一样，没有官腔和敷衍，积极主动地与员工交流、帮员工办事，即便有些事情一时办不了、办不好，也决不说绝话，更不说伤人话，而是如实把事情原委讲清楚，以求得到理解和谅解。在生活中人们经常可以见到这样的现象：有的领导干部虽然调离原单位或退居二线了，但他的名字还常挂在员工嘴边，他亲民乐群的事迹仍为人们津津乐道。

亲和力是领导者身上具有的一种特殊力量，它不受职位、权威的约束，能让周围的人感觉到和蔼可亲并从心里产生认同。

三、亲和力来源于认同、关心和信任

领导者与下属如同一对作用力与反作用力，大小相等，方向相反。领导者对下属有亲和力，下属对领导者也必有亲和力。这种亲和力来源于认同、关心和信任的互换。领导者认同下属这个人，下属就会认同领导者想办的事；领导者关心下属的利益，下属就会关心领导者从事的事业发展；领导者信任下属，下属就会更加信任领导者，由此形成良性循环。

（一）认同你这个人 = 认同你要办的事

无数的事实证明，被领导者一旦认同了领导者的人格和人品，就特别容易认同领导者的决策，接受领导者的安排。这时候，被领导者已经心悦诚服地、不知不觉地服从了领导者的意图和安排。

共产党的化学[①]

上海刚解放时，陈毅担任第一任市长。当时面临着一些实际困难：由于受西方社会的封锁和制裁，青霉素等药品不能进口。陈毅市长想请齐仰之先生出山，自力更生，造出青霉素以解燃眉之急。

陈毅先派了一个干部去找齐先生。这位干部见了齐先生，不谈为什么，不谈其他的，就是大话压人，命令和要求齐先生必须快快出山造出青霉素。由于双方没有很好地沟通，经三番五次劝说，齐先生都不愿出山。

---

① 资料来源：沙叶新1980年创作的话剧《陈毅市长》。

在一个雨夜，陈毅市长忙完一天的工作，亲自登门拜访。他见了齐先生，不谈青霉素，先从化学、化工谈起。这一点令齐先生惊奇、感动，没想到上马能打仗、指挥千军万马的陈毅市长，下马还懂化学，佩服之情油然而生。

谈着谈着，陈毅老是看手表。原来他一进门就注意到客厅墙上写着"闲谈不过三分钟"，他知道齐先生是一个守时、惜时的人，于是就急忙告辞，表示自己尊重齐先生的这一习惯。齐先生感动得不知如何是好，对陈毅市长的人格也更加认同。陈毅抓住机会，接着说："齐先生，恕我直言，改日等你有空，我还想谈化学。我想谈一门你不太熟悉的化学。"

齐先生说："你说我思想落后，我承认，说我觉悟低，也是事实，但说我有一门化学还没有你精通，那到底是什么化学？有机化学？"陈毅摇头。"无机的生物化学？"陈毅又摇头。"那究竟是什么化学呢？"这就紧紧地把齐先生拴住了，拉着陈毅不放他走："你现在就告诉我，什么是我不懂的化学，我洗耳恭听。"陈毅说："齐先生，你不懂的那门化学就是共产党的化学。"齐先生更好奇了："什么共产党的化学，你说到天亮我都愿意听。"

共产党的化学，齐先生一点都不懂，共产党的化学就是化人的思想、化人的态度，不知不觉就给他转化过来。就这样，两人越说越亲、越说越近，最后齐先生说："我这个两耳不闻窗外事的老朽，被你这个共产党化学家完全说服了，我马上出山，再苦再累也要把青霉素造出来，你就放心好了。"

为什么这么短的时间内陈毅就把齐先生说服了呢？就是因为陈毅主动地认同了齐先生，然后赢得了齐先生对他的认同，这种认同是相互的。陈毅是领导，陈毅要先认同齐先生，齐先生才能认同陈毅；一

旦认同陈毅这个人，就认同陈毅交代的事——造青霉素。从顺序看，两先两后：上级先认同下级，然后下级认同上级；下级先认同上级这个人，然后再认同上级交代的事。对于一个组织的领导来说，一定要知道沟通是手段，赢得认同才是目的。

（二）尊重别人 = 庄严自己

曼谷文华东方酒店曾连续多次被美国《机构投资者》杂志评为"世界最佳饭店"。饭店管理的巨大成功与总经理库特是密不可分的。库特先生像管理一个大家庭那样来经营酒店，其秘诀就是"大家办酒店"。库特先生除了有一套行之有效的管理措施之外，"真情流露"使他在管理这个世界著名酒店时得心应手。他当了数十年的最高负责人，却从不摆架子，对一般员工也是和蔼可亲。哪个员工有了困难或疑问，都可以直接找他面谈。他在泰国很有声望，曾数度被泰国秘书联合会评为"本年度最佳经理"。为了联络员工的感情，库特先生经常为员工及其家属举办各种活动，如生日舞会、运动会、佛教仪式等。这些活动无形中缩小了部门之间、上下级之间的距离，对于提高员工的积极性、融洽相互之间的关系、改进酒店的工作起到了推动作用。在该酒店，从看门人到出纳员，全体员工都有办好酒店的荣誉感。员工们除了有较丰厚的工资外，还享有许多福利待遇，如免费就餐、年终"红包"、紧急贷款、医疗费用、年终休假、职业保险等。酒店对员工的关心换来了员工积极为酒店效力的热情。

而曾在滑铁卢打败拿破仑的将军惠灵顿却是一个反面例子。他一生善于部署、善于埋伏，在军事史上的地位虽不如拿破仑，却也可以称为一代名将。但由于惠灵顿将军和士兵的关系不好，缺少一种亲和力，士兵敬畏将军的威严，可是从内心并不真正拥戴他。一天下午，惠灵顿不小心掉到河里了，一个不知名的士兵冒着生命危险把这位将军救上岸来，惠灵顿当然十分感谢这位士兵，就对士兵说："你要什么谢礼我就给你什么谢礼，你有什么要求我就满足你什么要求，请说吧！"士兵说："将军，我什么都不要。我只有一个小小的要求，亲爱的将军，请你千万不要把我救你的事告诉别人啊！"惠灵顿误以为他要当无名英雄，就说此事不必保密，要大张旗鼓地宣传和嘉奖他。这位士兵说出了心里话："将军，对不起，如果别人知道是我救了你，他们可能会毫不犹豫地把我扔进河里，因为很多士兵恨你。"

由此可见，亲和力与工作能力无关，而取决于对人的态度。只有当追随者发自内心地承认你、拥戴你、追随你，你才拥有领导者的基础。现在企业的员工越来越年轻，文化层次越来越高，他们更愿意自觉地认同领导、追随领导，而不只是被命令、被控制和被要求。所以，"认同"在现代企业管理中越来越重要。寻求认同也是培养亲和力的关键。

（三）信任 = 共赢

如果说员工的认同是领导者亲和力的基础，那么领导者更要在此基础上强化自身的影响，最终达到加强领导的目的，这就是信任。

成功的领导者必须要学会借助下属的智慧和能力。善用信任、调整关系，必定增强亲和力。日本管理学家国分康孝在《领导的技巧·心理·风度》一书中指出："即使不存在职务上的问题，若是存在个人感情的差距，仍不能唤起成员完成集体目标的积极性，难以保持集体的团结。"亲和力不仅是商务礼仪，更来源于每个细节。为了有真实的亲和力，领导一定要加强自身修养，苦练内功，做到比他人更富有"四心"：保持一颗"公心"，让下属充满希望；保持一颗"爱心"，让下属感受温暖；保持一颗"诚心"，让下属感化同心；保持一颗"恒心"，让下属增强信心。

下面来看比尔·盖茨是怎样处理与秘书的关系的。

亲和力就是凝聚力

创业之初的微软公司基本上都是年轻人，搞业务、搞推销都是一把好手，可是没有人有耐心处理管理和内务方面的杂事。比尔·盖茨的第一任秘书是个年轻的女大学生，除了自己分内的工作，对任何事情都是一副不闻不问的冷漠态度。比尔·盖茨深感公司缺少一位热心爽快、细心负责的总管式女秘书。

就这样，比尔·盖茨的第二任女秘书——42岁又有家庭拖累的露宝上任了。

几天之后的早上，露宝坐在自己的位置上，看到一个男孩子直奔董事长比尔·盖茨的办公室，经过她面前时只是"嗨"地打了一声招呼，像孩子对待母亲似的那么自然，然后他摆弄起办公室的计算机。因为先前伍德曾特别提醒她，严禁任何闲人进入比尔·盖茨的办公室操作计算机，她立刻告诉伍德有个小孩闯进了董事长的办公室。伍德表情淡漠地说："他是我们的董事长。"随后，露宝才知道这个只有21岁的小孩就是自己的董事长。这时，她以一个成熟女性特有的缜密与周到，考虑起自己今后在"娃娃公司"应尽的责任与义务。

不久后的一天早上，露宝9点到公司上班，经过比尔·盖茨办公室，看见房门大开，比尔·盖茨躺在地板上，她以为他晕过去了，大惊失色，冲出去要叫救护车，后来才知道比尔·盖茨睡得正香。由此，露宝理解了，软件设计工作比其他工作更需要倾注心血。从此，每当露宝早上到办公室时，看见比尔·盖茨睡在地板上，她就像母亲呵护儿子一样，给他盖好衣服，悄悄掩上门。关心比尔·盖茨在办公室的起居饮食成了露宝日常工作的一项内容，这使比尔·盖茨感到了一种母性的关怀和温暖，减少了远离家庭而带来的种种不适感。而比尔·盖茨也像对母亲一样对待他的这位雇员，压根就没考虑过再聘用别人。

露宝在工作上也是一把好手。比尔·盖茨虽是谈判的高手，不过第一次见面时往往会使人产生小小的误会。客户见到他时，总不免怀疑眼前的小个子是不是微软公司的董事长，他们伺机打电话到微软公司核实，露宝接到这样的电话，总是和蔼可亲地回答："请您留意，他是一个年纪看上去十六七岁、长一头金发、戴眼镜的男孩子。如果见到的是这样的形象，准没错。自古英雄出少年嘛。"露宝的话化解了对方心头的疑虑。

露宝把微软公司看成一个大家庭，对公司的每个员工都有很深的感情，她成了微软公司的后勤总管，负责发放工资、记账、接订单、采购、打印文件等。露宝成了公司的灵魂，给公司带来了凝聚力。比尔·盖茨和其他员工对露宝有很强的依赖心理。当微软公司决定迁往西雅图，而露宝因为丈夫的事业不能同去时，比尔·盖茨对她依依不舍，留恋不已。比尔·盖茨等人联名写了一封推荐信，信中对露宝的工作能力予以很高的评价。临别时比尔·盖茨握住露宝的手动情地说："微软公司留着空位置，随时欢迎你。你快点过来吧！"三年后，露宝先是一个人来到西雅图，后又说服丈夫举家迁来。露宝一直无法忘掉和比尔·盖茨相处的日子。她对朋友说："一旦你和比尔·盖茨共过事，就很难长久离开他。他精力充沛，平易近人，你可以无忧无虑，很开心。"

比尔·盖茨凭亲和力获得了下属的敬爱。他同样用信任和尊重激发了露宝身上的长处，让它转化为丰厚的工作成果。"好风凭借力，送我上青云"。长袖善舞者，只不过能借助他人之力为自己所用。对于领导

者来说，所谓的"借力作用"，就是通过借助下属的智慧和能力，更好地完成工作。比尔·盖茨选择了露宝，也获得了事业的成功。

可见，面对激烈的市场竞争，领导者要想生存和发展，求得事业的成功，必须建立持久的亲和力。寻求认同，关心和信任下属，这是培养亲和力、修炼领导者内心的必经路径。

趋近公理的定律：工作危机最确凿的信号，是没有人跟你说该怎么做。真正危险的事，是没人跟你谈危险。

四、亲和力来源于正能量

每个人都有气场，所谓亲和力，说到底就是自己有很强的气场。而气场是由能量决定的，正能量越高，气场越强；负能量越高，气场越弱。

一个人的能量是从身体上散发出来的。据研究，一个人散发能量有6个渠道：一是表情，二是态度，三是评价，四是视角，五是预期，六是行为表现。一个人总的能量就是通过这6个渠道散发的能量的叠加。为了便于描述，我将每个渠道可能散发的能量赋以分值，正、负能量表以及人们接收正、负能量的感受与反应如表4-1至表4-4所示。

表4-1 正能量表

渠道	表达方式	分值（分）
表情	喜悦、微笑、点头等	1～10
态度	肯定、认可、赞同、欣赏、达观、包容、信任等	5～20
评价	积极、正面、表扬、赞美等	20～30
视角	看正面的多、看美好的多、看优点多	10～20
预期	积极、乐观、正向、有信心	10～20
行为表现	对环境表达满意、赞扬、感恩、歌颂	10～20
	对接收者赞美、表扬、夸奖、恭敬、敬重	20～50

表 4-2　人们接收正能量的感受与反应

接收分值（分）	感受	表现形式
1～30	舒服、轻松、愉快	表现在表情上
30～50	快乐、高兴、兴奋	表现在言语上
50～100	欣喜、激动、难以抑制	表现在动作上

表 4-3　负能量表

渠道	表达方式	分值（分）
表情	沮丧、忧愁、郁闷、摇头等	1～10
态度	否定、拒绝、反对、嘲笑、鄙视、不信任等	5～20
评价	消极、负面、贬损等	20～30
视角	看负面的多、看丑陋的多、看缺点多	10～20
预期	消极、悲观、负向、没信心	10～20
行为表现	对环境表达不满、抨击、诉苦等	10～20
	对接收者埋怨、抱怨、批评、指责、训斥、诋毁、谩骂、愤恨、愤怒等	30～100

表 4-4　人们接收负能量的感受与反应

接收分值（分）	感受	表现形式
1～30	不舒服、不悦、压抑	表现在表情上
30～50	反感、讨厌、反驳、回应、回击	表现在言语上
50～100	愤怒、对抗、反制、怒不可遏、逃避	表现在动作上

亲和力就是多散发正能量，少散发负能量。亲和力学不来，盗不走，更是假冒不得。亲和力一旦落到作秀者的头上，就会"画虎不成反类犬"，变得虚伪且龌龊了。有的领导者喜欢作政治秀，内心里视民众为草芥，表面上却千方百计套近乎。成克杰在广西主政时，曾在一次全区的高级干部大会上声情并茂地倾诉衷肠："一想到全区还有那么多的老百姓没有脱贫致富，我真是朝思暮想，寝食不安哪！"

无独有偶，程维高在河南当权时也曾信誓旦旦地表示："谁跟老百姓过不去，我就跟谁过不去！"一时间，传媒热炒，百姓称道，热闹了一阵子。当美丽的外表剥去之后，人民群众看到的是更加狰狞的面目，虚情假意的表演最终只能招致唾弃和骂名。只有具备真诚的、自然的、平等的亲和力，才能深入民众，体察民情，了解民意，走进民心，造就可爱又可敬的公仆形象，团结和带领民众，广泛集中民力。

趋近公理的定律：亲和力是人际关系的润滑剂，也是战斗力的倍增器。

刘强东的亲和力体现在对员工的关心和对社会的爱

全心全意为人民服务是中国共产党的根本宗旨，这个宗旨也适用于任何企业。失去对员工、对社会的爱，就不是一个好企业。企业追求经济效益无可非议，但发财致富以后做什么，是考验企业家胸怀的试金石。京东集团创始人刘强东，关心爱护员工，致富不忘本，积极回馈社会，帮助需要帮助的人，并深深感谢那些曾经培养和帮助过他的人，深得社会好评，也使他的企业不断向好发展。

关心职工福利

截至 2023 年年底，京东已提供近 62 万个就业岗位，为大量人员提供了稳定的收入来源。

京东重视员工的职业发展，提供新员工培训、职业技能培训、管理培训以及学历提升计划等，帮助员工不断提升自己的技能和能力，实现个人价值。

京东为员工提供全面的保险保障，包括医疗保险、工伤保险、生育保险和养老保险，确保员工在面临各种风险时能够得到及时有效的保障。

针对一线员工和新入职员工，京东提供住房补贴、员工宿舍和购房优惠等住房福利，减轻他们的生活压力。

京东还关注员工的健康，每年组织年度健康体检，提供心理咨询服务、心理健康讲座以及健身设施等，鼓励员工保持健康的生活方式。

关爱社会

一直以来京东都积极履行社会责任，通过多种方式向社会进行捐助。无论是汶川地震还是新冠疫情，京东都以最大的努力加入救援队伍。

2025年1月7日，西藏日喀则市定日县发生强烈地震，京东从离震区最近的拉萨智能物流园紧急调拨了第一批救援物资，包括食品、御寒衣物、户外电源等，通过专人专车方式迅速运往灾区。

京东通过捐赠物资、资金支持等方式积极参与公益事业。自2024年4月起，京东超市联合多家母婴及玩具品牌启动了"京东超市母婴爱心行动"，旨在为贫困地区的育儿家庭提供母婴生活用品捐助。该行动已在四川、青海、贵州等省落地实施，累计捐赠母婴物资超130万元。京东还参与了其他多个长期捐助项目，包括为受灾地区提供灾后重建支持、为贫困地区的学生捐赠学习用品和图书等。在第33个"国际残疾人日"来临之际，京东携手北京市残疾人联合会等发起助残公益活动，推动残疾人事业的发展。

京东还积极参与教育、扶贫和医疗等领域的公益活动，通过京东公益基金会等平台资助贫困学生、改善农村医疗条件等。

感恩回馈家乡父老

刘强东在成长过程中受到了家乡父老乡亲的关爱和支持。当他考上大学时，由于家境贫寒，连学费和路费都成了难题。然而，全村人伸出了援手，你一分我一角地凑钱，最终集齐了500元钱和76个

茶叶蛋，送他踏上了求学之路。这份恩情，刘强东始终铭记于心。

从2015年春节开始，刘强东每年春节前夕都会给老家江苏省宿迁市宿豫区来龙镇光明村的村民送年货，如羽绒服、坚果礼盒、手机电器、电动车等，以及现金红包。他特别关心村里的老人，给60岁以上的老人发放现金红包，且年年不落。刘强东还投入巨额资金在宿迁打造京东商城信息科技产业园等多个项目，为家乡提供大量就业机会，带动家乡经济腾飞。

感谢恩师

刘强东在读小学时，老师们给予了他知识的滋养与人生的指引，为他日后的腾飞筑牢根基。

在2025年春节前夕，他专门为自己在光明村读小学时所有在校的老师每人准备了10万元现金红包，以表达对他们的深深敬意和感激之情。这一举动不仅让老师们深感职业荣耀，也让更多人看到了尊师重道的传统美德。

> **Tips**
>
> **十二度制胜法则之二：**
> 亲和友善，安人制胜。
>
> **解码：**
> 领导者不一定最可爱，但一定要最可亲。
>
> **结论：**
> 亲和力——胸怀的广度。
> 体现领导者关爱他人的宽宏度。
> （标识性领导品格：厚德）
> 亲和力来自领导者宗旨意识的觉醒。

终极挑战辩题，你支持哪一种观点？

25. **正方**：亲和力强的领导者能够创造更加开放和包容的工作环境，激发员工的创造力。管理上应多一些包容。

    反方：严格的管理制度和明确的目标导向更能保证工作效率和质量，亲和力可能导致管理松散。管理上应多一些严格。

26. **正方**：亲和力强的个人在面对挑战和困难时，更容易获得他人的支持和帮助。领导者面对困难应更多展示自己的亲和力。

    反方：个人能力和解决问题的策略才是克服困难的关键，领导者面对困难应更多展示自己的决策力。

第三节

学习力——眼界的宽度,学胜

一个人或一个组织唯一持久的竞争优势,是具备比竞争对手学习得更快的能力。领导者不学习,就会落后于时代和群众,落后于竞争对手,不可能履行组织使命的职责,被历史淘汰,被群众抛弃,被竞争对手击垮。所以,领导者必须具有比普通人更明确的学习目标,更强大的学习使命感,以及良好的学习态度。企业家的眼界决定企业的边界。

美国著名成功学家、哈佛大学博士爱德华·班菲尔德经过多年研究发现:成功的学习80%与态度有关。他认为,在学习中,结果取决于行为,而行为取决于态度。也就是说,能够具有超越常态的学习力,很大程度上取决于学习态度,其中包括积极、乐观、勤奋、毅力、坚持、专注等因素。在学习中,有什么样的态度就有什么样的结果。所谓的天才,其实就是具有毅力、勤奋、入迷、忘我精神和充满热情的人。

企业的竞争最终是学习力的竞争。企业的市场竞争实质上是产品的竞争,产品的竞争实质上是技术的竞争,而技术的竞争一定要归结到人才的竞争上。但是,最新的学习型组织理论告诉人们,企业的竞争最终一定是学习力的竞争。因为,人才是有时间性的,今天的大学生从毕业走出校门的那一天起，四年来所学的知识有50%已经老化了。为了在明天依然是一个货真价实的人才，一定要有学习力作为后盾，否则就赶不上世界发展的潮流。

不要说停止学习，哪怕慢一点，都有可能被淘汰出局。企业领导者未来拼什么？答案是四个字：整、借、学、变。整就是整合资源；借就是"借船过河"；学就是赢在学习；变就是改变思想。

在一个变化的时代里，唯一不变的就是变化。如何让一个人或一个组织跟得上时代发展的步伐呢？只有不断地学习。要想成为最终的胜利者，必须让学习或改变的速度超过或至少等于时代变化的速度，否则个人或组织终究会被淘汰。

一、学习是领导者终身的任务

学习是贯穿生命的一种行为。宋代诗人黄庭坚曾说："人不读书，一日则尘俗其间，二日则照镜面目可憎，三日则对人言语无味。"这句话生动地说明了学习的重要性。学习对于人的一生来说是一件非常重要的事情，可以把它归纳为以下几点：学习有助于更好地改造主观世界，更好地履行自己的职责，增强更新知识结构的紧迫感，让人生变得更有意义。作为一名领导者，无论处于什么环境，无论什么年龄，无论什么领域，学习永远都不能停止。

随着知识经济的发展，领导者的领导力已不仅限于地位和级别的权力因素的控制力，非权力因素正在或已经上升为主导因素，管理对象也从管理人、财、物过渡到管理知识和信息资源。领导一词中"导"的作用上升为主导地位，"领"则更多地体现在率领和示范。这种领导力的实现不是权力能奏效的，学习是应对变革和挑战最有力的"武器"。

领导的创造力、决策力、选择力、执行力等都来源于学习。创新

能力的提高源自不断学习,科学的决策来源于不断学习,正确的选择来源于不断学习。只有认识到领导角色的本质是学习、领导力的核心是学习力,才能从根本上提升领导力。领导力还体现为领导促进和指导组织学习的能力,领导力水平的高低决定了领导对组织学习指导作用的大小,领导重要的责任之一就是要在组织中积极营造学习氛围,不断促进组织学习。《第五项修炼》的作者彼得·圣吉说过:"学习障碍对孩童来说是个悲剧,但对组织来说,可能是致命的。"因此,真正有生命力的企业是善于学习的企业。一切有赖于学习,有赖于在学习中不断完善领导角色,有赖于在学习中不断提高领导水平,有赖于在学习中不断引领组织向共同愿景前行。

学习也是提升领导者素质的必然选择。以信息技术为主导的一系列高新技术革命、知识经济发展、经济全球化极大地影响了组织的外部竞争环境,这一变革使领导者的世界观及领导活动的基本方面发生着极其明显的变化。新领导者从知识观念到能力,从心态、思维方式到行为模式都表现出与老一代领导不同的特点,素质的要求越来越高。这种要求是全面的,涉及领导的业务素质、文化素质、心理素质、人格魅力等方面。这就从根本上要求领导者不断学习,通过学习不断提升领导素质,正体现了领导角色的本质是学习。因此,领导干部必须学习,要做一个学习的人,要清晰认识到学习乃领导角色的本质,身体力行做学习的表率,在学习中不断完善自我,不断提高自身素质,不断提高领导水平,变"要我学"为"我要学",进而做到"终身学",从而影响和带动全体员工的学习。这正应了摩尔定律的一个理念:你永远不能休息,否则你将永远地休息。

二、学习在于对新知识的吸收、消化和转化

学习力的提高,关键在于将新知识、新概念、新经验等进行加工、理解、消化以后转化为自己的能力,这是领导者学习力的一个重要方面。人们每天都会遇到大量的知识,他们的大脑不仅要做这些知识的"存储器",更要做知识的"处理器",在熟悉、掌握知识以后进行思考,去伪存真、去粗取精,并在实践中加以运用,产生效益。一个人如果从别人那里借了 100 元钱,放在口袋里不用,钱虽然是你的,但它没有发挥效益,等于没有给你。只有当你拿着钱去买东西或投资了,转化以后的收益才是你的。

领导者学习力的主要内容从流程化视角可分为以下三个环节。

(1)吸收(摄入)。

吸收是指对外部产生的、有关键作用的知识加以判断和获取的能力。这是一个"会学习"的过程,要学习有用的新思想、新理念、新知识、新信息、新经验。

(2)加工(消化)。

加工主要指对外部知识有效地阐释和理解,要求"善学习",要通过真正理解,摒弃简单的"拿来主义",结合和注入自己的理解并加以"本土化"改造,克服"水土不服",将外部知识转化成自己的知识。

(3)转化(能量)。

转化则是指将新的外部知识与内部已有知识有效地整合,并通过共同运用而开发出新知识。这又上了一个新台阶,变上面的"会学习""善学习"为"巧学习",通过举一反三,将有效整合的知识转化成能力,最终为组织创造效益。

汽车的生产已经有百年历史，福特汽车在20世纪初非常出名，但效率提高到了极限，再靠人工的速度来提高效率，空间就很有限了，哪怕人完全变成机器人，效率也难以提高。就在这个时候，福特公司创始人亨利·福特参观了一家屠宰厂。

当时的屠宰场非常先进，猪进入生产线以后，经过洗澡、褪毛、蜕皮、解剖，最后猪肉、猪骨头、肉松、香肠、罐头、猪皮制品等各种各样的产品就出来了。一头头的活猪产生出来很多产品，亨利·福特看完后觉得这非常先进，赞叹不已，但他的一名随从人员看完后却不以为然地说："这有什么啊，要是能反过来，把一个个产品放进去，出来一头活猪，那才叫厉害呢。"想不到这句话给了亨利·福特一个启示。他说："我们的汽车不就像一头猪吗？如果把汽车的零部件按顺序放进去，组装起来，汽车不就像活猪一样出来了吗？"

有了这个想法以后他非常激动，他把高层都召集起来，谈了屠宰场的情况以后，说出了自己的设想。很快，汽车生产线就诞生了，效率提高了很多倍。

亨利·福特的学习过程就是对所学东西吸收、消化、转化的过程。这恰好印证了彼得·圣吉的话："学习的真义就是提升创新的能力，去做没有做过的事。"他山之石可以攻玉，屠宰场和汽车生产表面看似乎一点关系都没有，但是亨利·福特能从中获得启示，转化成生产力，解决了他的企业难题，使生产效率获得重大突破，这就是学习力的生动体现。

三、学习力的本质是竞争力

学习力是领导干部的一项基础能力，是提升领导者创造力与竞争力的核心和关键。有专家曾经分析：一个20世纪70年代中期毕业的大学生，到 1980 年，他 50% 的知识已经老化；到 1986 年，他的知识已经全部老化。而 20 世纪 90 年代的大学生，只要一毕业，在校四年所学知识的 50% 已经老化。学习是防止人或组织折旧的最有效方法，更是领导者自身或组织提升竞争力的最有力武器。

人们惊奇地发现，从 20 世纪 60 年代开始，被《财富》杂志列为世界 500 强的堪称全球竞争力最强的企业，每隔 20 年就有 1/3 销声匿迹，30 年后就所剩无几了。这一方面反映了风起云涌的新科技革命和新经济的产生迅速切换或淘汰传统产业的大趋势，另一方面也反映出这些被淘汰的大企业不善于与时俱进，跟不上时代的节拍而被时代抛弃的必然性。实践证明，企业凡通过自我超越、心智模式、团体学习等提高学习力的修炼，都能在原有基础上重焕活力，再铸辉煌。

说起领导者的学习力，就不得不提到张瑞敏。在 1984 年的时候，他接手了背负一身债务的青岛电冰箱厂，要养活 800 名员工。多年后的今天，海尔集团俨然是一个不容小觑的大企业了，2023 年员工人数突破 11 万，超 2600 亿元的营业额，打造出了世界知名的家电制造品牌。

张瑞敏与和他同时代的企业家有着很大不同。他酷爱学习，在企业家中，他读的书是颇多的，很多最新的经济和管理论著他都可以娓娓而谈。他能把企业做成功，靠的不仅是经验和管理，通过不断学习为自己补充新能量也是一个重要的原因。

对于海尔人来说，张瑞敏作为领袖，是一个不断学习、超越自我的榜样。张瑞敏曾经为青岛的年轻人写下一句话："得意而不忘形，失意而不失态。"张瑞敏对老子的《道德经》非常推崇，十分欣赏其中的一句话："天下万物生于有，有生于无。"他认为，一个人只有通过不断学习进行自我提升，才能不断超越，取得新的成就。

学习型组织理论告诉人们，企业的竞争最终一定是学习力的竞

争。学习力是企业竞争最终的决定力。李嘉诚拥有一个巨大的工商业王国，在被问到"靠什么致富"这个问题时，李嘉诚回答说："依靠知识。"有位外商也曾经问他："李先生，您成功靠什么？"李嘉诚毫不犹豫地回答："靠学习，不断地学习。"不断地学习知识，是李嘉诚成功的奥秘。

李嘉诚勤于自学，在任何情况下都不忘记读书。他在青年打工和创业期间坚持"抢学"，在经营自己的"商业王国"期间仍孜孜不倦地学习。睡觉前是他雷打不动的看书时间，他喜欢看人物传记，在医疗、政治、教育等各个领域，对于全人类有所帮助的人，他都很佩服，心存景仰。李嘉诚一天工作十多个小时，仍然坚持学英语，专门聘请一位私人教师，每天早晨7点30分上课，上完课他再去上班。早在办塑料厂时他就订阅了英文杂志，既学英文，又了解世界最新的塑料行业动态。苦读英文使李嘉诚与其他早期从内地来香港发展的企业家有所区别。当年，懂英文的内地人在香港社会是"稀有动物"。懂得英文，使李嘉诚可以直接到英、美等国参加各种展销会，谈生意可以直接与外籍投资顾问、银行的高层打交道。如今，李嘉诚已年逾九十，仍爱书如命，坚持不断地读书学习。

李嘉诚说："在知识经济的时代里，如果你有资金，但缺乏知识，没有最新的信息，无论何种行业，你越拼搏，失败的可能性越大；但是你有知识，没有资金的话，小小的付出就能够有回报，并且很有可能达到成功。现在跟数十年前相比，知识和资金在通往成功的道路上所起的作用完全不同。"

学习力还是发展的需要。发展包含两个方面的内容，一是领导者个人的发展，二是企业的发展。市场化越强的社会，要求个人的学习力越强。如果缺乏学习力，就很难在市场需求中站住脚。如果想立于不败之地，最好的方法就是增强自身的学习力。

四、领导者必须学会学习

善于学习是提高领导力的关键，领导者要认真研究"怎么学习"的问题，从理念方法上增强学习功效。

（1）要勇于超越传统，理念求"新"。

要树立"终身学习"的理念。学习是一辈子的课题，终身学习是21世纪的生存概念；要把学习作为生存发展之道来追求，作为履职尽责的第一需要来践行，作为生活常态来坚持，信奉"没有终点、只有起点""没有毕业、只有毕生"，始终保持"学而不厌、学而不止"的旺盛学习热情。要树立"团队学习"的理念。现在很多企业提倡建设学习型组织，之所以称为"型"，其内涵是指集体而不是个体，是整体而不是局部，是一种整体氛围、整体形象、整体模式、整体素质，是把个人学习提升到团队学习的境界，把个体智慧在更高基础上形成团队智慧，形成组织创造力和战斗力。

（2）要坚持多法并举，方法求"活"。

要坚持"博"与"专"的统一。既要博览更要专攻，在增加知识面的同时，坚持干什么学什么、缺什么补什么，有针对性地掌握领导工作、履行岗位职责必备的各种知识，努力使自己真正成为行家里手、内行领导。

要坚持"学"与"问"的统一。一个人能力素质的提高，不可能在自我封闭中实现。领导者要善于学习借鉴、博采众长，在吸纳别人的有益智慧中启迪思维，在与同事的思想交流中完善自我。

要坚持"读"与"思"的统一。思考是学习的灵魂，是理论联系实际的桥梁，是知识变成力量的途径。要坚持带着问题读书，联系实际思考，力求把零散的东西变为系统的东西、粗浅的东西变为精深的东西、感性的东西变为理性的东西，真正在思考中领悟真谛、把握规

律、辨明是非，提高认识问题和解决问题的能力。

坚持"看"与"记"的统一。看书百遍不如笔记一遍。要养成"勤动笔"的良好习惯，多读多记、多思多写，对于一些必备知识，不仅要记在纸上，更要印在脑子里；不仅要会拿来就用，更要融会贯通，反复学习揣摩，形成真知灼见。

（3）要排除各种干扰，心境求"专"。

其一，要减少应酬，挤时间学。善于把零碎时间利用起来，以"入世"之心干事，以"出世"之心交际，少些应酬热心，多些学习静气，每天挤出一定时间学习。

其二，要全身心投入，钻进去学。在学习这条道路上，只有潜心才能专注，只有专注才能学有所成，绝没有其他捷径可走，要防止与克服浅尝辄止和盲目满足情绪，坚持"钻进书本"，反复读、仔细品、系统学，切实领悟实质、把握精髓，融会贯通。

其三，要持之以恒，不间断学。学习是一个由浅入深、循序渐进的过程，不仅要挤要钻，更要长期坚持，日积月累，要锲而不舍，执着苦学；要见缝插针，化整为零，抓住一切可学之机，学习一切有用知识，积少成多，厚积薄发。

其四，要淡泊名利，静下心学。名利思想过重，就没有心思学习，要自觉排除干扰，把学习作为缓解工作压力、陶冶性情的一剂"良药"，努力学习、勤奋学习，使自己拥有一种"腹有诗书气自华"的雍容大度，这样才能使自己的工作获得绵绵不绝的智力和精神支撑。

很多中国企业都在向外国公司学习。学习一个企业，不仅要仿其形，学习技术和硬件，更要通其神，掌握企业的各种理念、思想和创新思路。日本企业成功的例子值得我们学习。1950至1985年，彼得·德鲁克先后到过日本23次之多，为很多企业担任顾问，并经常主

第四章 | 领导力十二度奇胜

持政府高级官员、企业CEO（社长）经营管理研讨会。某次会议中有位社长问道："我们学习西方的管理有用吗？"彼德·德鲁克不假思索地回应："没用！"这位社长接着说："既然没用，我们为什么还要学呢？"德鲁克则回答："除非你们能将西方的管理本地化，成为日本式的管理。"

走进中国的外国企业也有活学活用的成功例子。世界第三大零售批发超市集团麦德龙中国总裁Tino Zeiske，出生于德国，他有一个地道的中文名字叫"蔡天乐"。多年前，他在一个朋友家里看到了很多中国书籍和图片，顿时对这个神秘的国度产生了浓厚的兴趣。他在德国柏林洪堡大学主修汉学和经济学。1987年，当他第一次来到中国后，便"一下子爱上了中国"。此后，他来到上海，在复旦大学进修硕士课程，中文水平突飞猛进。《孙子兵法》和《论语》这两部古籍是蔡天乐最钟爱的书。掌握好中文，并通过中国古典书籍来理解中国文化，是蔡天乐了解中国社会和中国人的一把"钥匙"。通过这把"钥匙"，蔡天乐在中国实施了一系列本土化的细节运作，包括起用大量中国员工和供应商、与员工用中文交流、了解顾客的需求等。蔡天乐还与众多外籍高层管理人员参与了一项由公司工会发起的支援商场旺季销售的"义务劳动"，一改以往外籍高管给人"高高在上、脱离群众"的印象。

中国历史上也不乏成功者的例子。清末的张謇，16岁考上秀才后，家道中落，21岁开始了长达十年的幕僚生涯。公务之余，他潜心读书，求教于当地学者，增长了学识和才干。41岁中状元。当时正值甲午战败，他弃官从商，在两江总督张之洞的支持下，在南通开始了"实业救国"的实践，用勤勉精神和创造性的思想支撑着中国民族工业的发展。为了发展工商业，他查阅了大量海关进口货物的材料，发现棉纺织品的进口量为钢材的四倍。经了解，偌大中国的纱锭产量

只是日本的一半，是印度的四分之一。于是他决定用国产棉纺取代进口棉纺，又考虑到轻纺工业易于积累资金，决定在江苏筹办纺织厂。就这样，他创办了中国近代史上最早最大的民营企业——大生纱厂。在美国人弗里·温斯洛·泰勒的科学管理思想问世之前，中国人张謇已经在大生纱厂建立了一整套的管理思想和制度办法，实现了务实、合理的原则，体现了非凡的智慧和创造性。他一生先后创办了大生纱厂、通海垦牧公司等20多家企业。除了创工厂，他还开农垦、发展交通、修水利、办教育。同时他创造性地经营城市建设并取得了非凡的成就，使南通被誉为"中国近代第一城"。在内忧外患的清末，很多挺身而出的人，大多是读书人，张謇更是一代状元。不断地在实践中学习使得他们不仅学得"博"，有开阔的思路，还学得"深"，不迂腐，有力度，有底气，有胆识。

趋近公理的定律：人的知识愈广，人的本身也愈臻完善。

——高尔基

曹德旺的学习精神[①]

曹德旺是福耀玻璃工业集团股份有限公司创始人、董事长，他的创业之路充满了艰辛与奋斗。他9岁上学，14岁便辍学，之后为了生计，贩过水果、拉过板车、修过自行车。然而，他并没有因此放弃对美好生活的追求。凭借着自己的努力和智慧，他创办了福耀玻璃工业集团股份有限公司，并带领公司从乡镇小厂成长为大型跨国工业集团。

曹德旺一生都保持着对学习的热情，刻苦钻研文化知识，不

---

① 资料来源：曹德旺自传《心若菩提》。

断提升自己的认知水平和商业智慧。曹德旺14岁辍学后，一边帮助家里务农，一边利用闲暇时间自学文化知识。后来到一家农场工作，曹德旺结识了农场场长王以晃，并在他的影响下开始接触和学习会计知识。他利用业余时间刻苦钻研，逐渐掌握了会计的基本理论和技能。这段自学经历不仅为他日后的创业提供了帮助，也培养了他勤奋好学、自学成才的品质。

创业过程中的学习

1976年，曹德旺进入福清高山镇异型玻璃厂担任采购员，这是他职业生涯的起点。在创业初期，他深知自己的知识储备有限，因此更加注重学习和实践。他积极参与改进工艺、提升产品质量，并不断学习市场动态和行业趋势。1983年，曹德旺就已经开始了他的创业之路，从事一些小的生意和贸易活动。1987年，曹德旺联合十几个股东筹资627万元人民币，在福建福清成立了小型合资企业（福耀集团前身）。这一举动标志着他正式进入了汽车玻璃制造行业，并开始了大规模的办厂和生产经营活动。

随着企业的发展，曹德旺意识到需要引进先进的技术和管理经验。于是，他积极寻求与国际知名企业的合作机会，并派遣技术人员前往国外学习先进的生产技术和管理经验。同时，他也注重培养自己的国际化视野和跨文化交流能力。

持续学习和提升

曹德旺一直保持着对学习的热情和对知识的渴望。他不仅在商业领域不断学习和探索新的商业模式和管理方法，还积极关注社会热点和公益事业。他通过阅读各种书籍、参加各种培训和研讨会等方式不断拓宽自己的知识面和视野。

此外，曹德旺还非常注重自我反思和总结。他常常回顾自己的

创业历程和人生经历，从中汲取经验和教训，不断完善自己的商业理念和人生哲学。

曹德旺认为，文化是一种信仰、一种修行、一种修炼，是一种经验的积累。他坚信自己有着深厚的文化底蕴和自信，这种自信来自他对中国文化的热爱和传承。他在创业过程中始终坚持诚信为本、质量第一的原则，展现了中国企业家的文化自信和责任感。

同时，曹德旺也非常注重企业文化的建设。他通过举办各种文化活动、培训和学习机会等方式，不断提升员工的文化素养和综合素质。他认为，只有拥有强大的企业文化和团队凝聚力，企业才能在激烈的市场竞争中立于不败之地。

积极学习外国先进技术和管理经验

1987年，曹德旺携技术团队前往芬兰接受专业培训。这次出国学习，曹德旺不仅要求团队成员认真学习技术，还强调要维护国家尊严，展现出中国人的骨气。在芬兰期间，他带领团队刻苦钻研，不仅掌握了先进的技术，还赢得了芬兰企业总裁的高度赞赏。这位总裁在了解了曹德旺的坚定信念和福耀玻璃的发展潜力后，以优惠的价格向他出售了设备，帮助他扩大生产。这次出国学习，不仅为福耀玻璃的技术进步奠定了基础，也展现了曹德旺善于学习和利用外国先进技术的眼光和远见。

以国际视野推动企业创新发展

曹德旺深知，要想在全球市场中立足，就必须拥有国际视野和创新能力。他鼓励团队成员不断学习新知识，关注国际行业动态，以便及时调整企业战略。在他的带领下，福耀玻璃不断开拓国际市场，提升产品竞争力。同时，曹德旺还注重引进国外先进的管理理念和方法，推动企业内部管理的创新和完善。这些努力使得福耀玻璃在国际市场上赢得了良好的声誉和地位。

长远规划，持续推动企业做强做大

曹德旺在经营企业的过程中，始终秉持长远规划的理念。他深知，企业的成功不仅取决于当前的市场表现，更取决于未来的发展趋势和竞争力。因此，他不断投入资金进行技术研发和人才培养，为企业的可持续发展奠定基础。同时，他还积极拓展新业务领域，推动企业的多元化发展。这些努力使得福耀玻璃在激烈的市场竞争中始终保持领先地位，并逐渐发展成为国内第一、世界第二的玻璃企业。

坚守诚信原则，赢得国际尊重

曹德旺在经营企业的过程中，始终坚守诚信原则。他深知，诚信是企业立足之本，也是赢得国际尊重的关键。因此，他在与国外合作伙伴交往时，始终秉持真诚合作、互利共赢的原则。这种诚信为本的经营之道使得福耀玻璃在国际市场上树立了良好的信誉和形象。同时，曹德旺还积极参与国际公益事业，通过捐款、设立奖学金等方式回馈社会，展现了中国企业家的社会责任感和担当精神。

捐资办学培养人才

曹德旺不仅是一位成功的企业家，还是一位热心的慈善家。他积极履行社会责任，兼善天下。2021年11月20日，他创办的河仁慈善基金会出资100亿元创办福耀科技大学，致力于培养高素质的科技人才。这一举措得到了社会各界的广泛赞誉和支持。他的成功经历和学习力为众多企业家树立了榜样，激励着更多人在各自的领域不断追求进步和卓越。

> **Tips**
>
> 十二度制胜法则之三：
>
> 广博积学，聚能制胜。
>
> 解码：
>
> 领导者不一定最聪明，但一定要最善学习。
>
> 结论：
>
> 学习力——眼界的宽度。
>
> 体现领导者更新知识的加速度。
>
> （标识性领导品格：博学）
>
> 学习力来自领导者使命意识的觉醒。

---------•终极挑战辩题，你支持哪一种观点？•---------

27. **正方**：学习力强的个体更能适应未来社会的不确定性和挑战，应鼓励和支持各种形式的个体学习，包括自学、在线教育和非正式学习。

    反方：学习氛围好的集体更能适应未来社会的不确定性和挑战，应鼓励和支持各种形式的正式培训，包括正规教育、专业训练、专业资格认证等。

28. **正方**：跨学科学习力是未来人才的重要特征，有助于培养创新思维，应注重跨学科人才培养。

    反方：专业精深度是职业发展的核心，跨学科学习可能分散精力，应注重专业精深人才培养。

第四节

创造力——求新的睿度，智胜

创造是从无到有，创新是从有到新。在通常情况下，创造力主要体现在创新上。创新是一个民族进步的灵魂，是一个国家兴旺发达的不竭动力。任何人、任何岗位、任何工作都不能因循守旧、固守教条，要不断适应变化着的客观情况。战场上形势复杂多变，常会出现意想不到的事件。一个指挥官的成功，并不在于按规则或典范来照搬照抄，也不在于对作战原则的因袭套用，而在于根据具体的情况来采取新的作战方针。蒙哥马利认为在战场上，每种情况都必须被看作一个全新的问题来研究，并做出相应的新对策，要不受常规或传统的约束和限制，突破条条框框，制定出合理而有效的战略方针。《孙子兵法》指出："战势不过奇正，奇正之变，不可胜穷也。"这里的"正"是常规，"奇"是超常规。只有"正"和"奇"交替使用，才能收到奇效。

约翰·克里兹说过："创造力的本质并非什么特殊的天赋，只是愿意冒着说错话或做错事的风险，不断地想参与游戏。"创新是现代领导者的必备能力，是领导干部基本素质的综合反映。一个企业的领导者在推动创新方面起着至关重要的作用，直接决定企业创造力的高低。

一、创造力是可持续的竞争力

21世纪，创造力是唯一可以持续的组织竞争力。由创新引发的竞争越来越激烈。越来越多的组织已经认识到，"有用"但不创新的产品在今天的激烈竞争环境中很容易被抄袭，只有创新才能增加产品的差异化特性，通过难以复制的新技术或使用专利保护等手段增加企业的智力资产，在市场中抢占先机，拥有真正可持续的竞争优势。21世纪的高科技行业和过去的传统高科技行业相比，创新更加快速，更加多样化。例如波音和空客所代表的民用航空领域的传统高科技行业的创新周期是10年左右，并且往往和以前差异化不是很大，而在崭新的互联网行业里，几个月可能就有新的产品推出，而且经常都是革命性的。

21世纪是充满不确定性的世纪。企业所处环境变化的速度之快、范围之广、程度之深都是前所未有的。在这样一个变化日趋迅速、深刻的世纪，企业必须不断地在战略、技术和管理等诸多方面进行创新，才能生存和发展。

创新是企业竞争的法宝。企业靠特色、靠创新、靠点子、靠思路才能在竞争中取胜。所以说，只有创新思维的存在，才能有新产品的诞生、新方法的提出，才能有成功契机的诞生。

在20世纪二三十年代，福特汽车公司以大规模生产黑色轿车独领风骚载。随着时代变迁，消费者的消费需求也发生着变化，人们希望有更多的品种、更新的款式、更加节能降耗的轿车。而福特汽车公司的产品不仅颜色单调，而且耗油量和废气排放量大，完全不符合日益紧张的石油供应和日趋紧迫的环境治理的客观要求。此时，通用汽车公司则紧扣市场脉搏，制定出正确的战略规划，生产节能降耗、小型轻便的汽车，在20世纪70年代的石油危机中后来居上，使福特汽车公司一度濒临破产。所以，福特汽车公司前总裁亨利·福特深有体会

第四章 | 领导力十二度奇胜

地说:"不创新,就灭亡。"

在这样的创新实践中,领导者起到的是引领、推动、凝聚和保障的作用。由于领导处于组织的核心地位,领导思维的创新必然会给组织的发展不断注入新的活力。有了创造性思维,领导者就可以在层出不穷的新事物、新问题面前运筹帷幄,稳操胜券。对组织的主要领导来说,他主要想的不是今天干什么,而是明天干什么。今天干什么都有制度、有计划,规定了副手去干就行了;应该想明天有哪些挑战,应该采取什么措施迎接这些挑战。所以组织的主要领导要有这样不断创新的意识,才能够使得企业生存和发展。

在即将到来的知识社会,企业之间的竞争主要是经济的竞争、技术实力的竞争、人才实力的竞争、人才创新能力的竞争。知识成为一种重要的生产资源。在知识社会里,有两类国家:一类是"头脑国家",一类是"躯干国家"。"头脑国家"是产生知识、输出知识的,而"躯干国家"则是接受知识、运用知识的。中国要实现中华民族的伟大复兴,就要做一个既有头脑又有躯干的创新型国家。

创新思维是引导社会发展和进步的基石。思维方式的每次成功变革都会给人类带来认识能力的显著提高。下面不妨回顾一下通信技术的发展史。

距今 5000 多年前,古埃及人使用鸽子来传递书信。4000 年前,我国商周时期用烽火传递战争警报。2500 年前,古波斯人建立了有信差传邮的邮政驿站,使用接力方式传递消息。300 多年前,在 17 世纪中叶,巴黎街道设立了邮政信箱,出现了邮票的雏形。180 多年前,第一枚现代意义上的邮票在英国诞生。可见,在工业革命以前,通信技术的创新在时间进程上显得非常缓慢,更新换代是以百年、千年为单位进行的。

随着19世纪工业革命的完成,科学技术飞速发展,全新的、高效的通信技术以前所未有的速度涌现出来。1832年,电报机诞生。1850年,英国和法国之间架设了世界上第一条海底电缆。1876年,贝尔发明了电话。1895年,马可尼用无线电报机的方式实现了远程无线通信。1925年,电视被发明,不久,电视转播就迅速普及。1963年,美日利用卫星成功地进行了横跨太平洋的有源中继通信。20世纪70年代出现了最早的移动电话和电子邮件。20世纪80年代中后期,便携手机出现在人们的视野中。每10年到20年,通信技术都有一个重要的创新。最近的20年,更是互联网和手机通信在全世界范围飞速发展和普及的20年。腾讯公司开发的微信软件,短短几个月时间几乎改变了传统的通信模式,让电信行业的通话费和短信费收入锐减。

无论怎样计算,近100多年通信领域里的创新速度都比工业革命以前提高了无数倍,一个个改变人类生活面貌的创新以每几年、每年甚至每个月的速度出现在人们面前。21世纪的人们已经习惯于这样一个事实:在高速发展的科技创新面前,任何对未来的憧憬都有可能因为明天出现的某一项创新而在短期内变成现实。

在21世纪,创新的应用性也更强大。如果说古代的创新对于人们生活的改变还不是那么重要的话,如今,几乎每项有价值的创新都可能迅速、有效地改变人们的生活。以前,更多的发明、发现是基于对自然界新的认识,今天,大多数创新则是为了解决现实生活中遇到的实际问题,比如个人电脑的发明、互联网的发明,它们都深刻地改变了人们的生活方式。

二、创新的轨迹

创新是人类的特有品质,在人类历史长河中,无不凝聚着人类创新的智慧。纵观创新的轨迹,主要体现在以下几个方面。

(一)思维创新

思维有多种形式,有抽象思维、概念思维、逻辑思维等。而思维创新是相对于传统性的、常规性的思维而言,就是不受现成的、常规的思路约束,寻求对问题的全新的、独特性的解答。

思维创新高于一切

从前有一群穷人,在一起抱怨自己生不逢时,缺少致富的资源。后来这件事被国王知道了,国王把他们送往一个荒芜的小岛,约定三年时间,条件相同,看最后谁为富人,谁为穷人。一大批穷人抱着"我就不相信比不过别人"的念头到那个岛上去创业,有一个富人也报名去了。他们带着干粮、生活用品、种子和工具,背井离乡,进入小岛。

那个岛非常荒芜,离大陆很远,岛上不长什么植物。他们去了以后,准备种地致富。那个富人在山坡上躺了三天没动,他从山坡上看去,突然看到岛的对面有一片绿洲,他想那个地方肯定有果子。如果可以到达那个地方,得到果子,就能不种地了。但是怎样过去呢?整个岛上都没有树。根据地湿的地方必有树的常识,他转遍整个岛,果然找到了几个不显眼的树根。他用自己的干粮雇人顺着树根挖下去,挖到很深时,发现确实有大树根。挖出来之后,他又雇了几个能工巧匠,把树根制成了一条船。之后又雇了一个人一起乘船到对面的绿洲去,发现绿洲上果然有许多果子,他们采了满

满一船带回到岛上。这果子都是大家没见过的,他们都非常喜欢吃。于是,大家又纷纷用自己的干粮跟他换水果。后来他对岛上的人说,以后谁借我的船去采果子,只要将果子分我一半就行了,很多人愿意做这个交易。但是那些摘果子的人分得的果子不能马上吃完,放不住就烂掉了。而这个富人,在挖完树根后,就收拾收拾挖了一个很深的地下室,他又跟那些帮助他摘果子的人说:你们的果子放不住我帮你们放,但是放一个月后你要给我一半。这样这个富人就有四分之三的果子了。过了一段时间,这个富人经营果子赚了很多钱,之后就更有本钱挖更多的树根,做很多船。当时岸边没人管,富人就建了几个码头,之后就开始搞运输,过了一段时间后,全岛的人都为他打工了,这个人又变成了富翁。

这个故事说明了超常规思维的重要性。

有的领导者习惯于固有的思维模式,靠惯性思考,习惯从众。但是要真正实现创新,必须让自己的思维从"箱子"里跳出来,反向思维,倒立思维,不断找寻新的视角,要在自己的精神世界里跳上一个全新的高度。这也正是企业家精神资本的积累。

(二)制度创新

制度创新是指在人们现有的生产和生活环境条件下,通过创设新的、更能有效激励人们行为的制度、规范体系来实现发展和变革。

改革的核心任务就是制度创新,引入一种新的体制和机制,往往就能够大大地提高生产力。回顾我国改革发展的历史,20世纪80年代初实行农业生产家庭联产承包责任制,大大地提高了农业的劳动生产力。自从有了风险投资,对创新和创业者有了支持和鼓励。有了股份制公司,有了股市,就提供了一个投融资的平台。有了非公有制经济的发展，就增强了我国的经济活力。进入新世纪以后，中央又提出建立社会保障体系，这也是一个很重要的制度创新。

企业需要制度创新

海尔集团曾大力推行市场链制度，即以海尔文化和OEC管理模式为基础，以订单信息流为中心，带动物流和资金流的运行。美国管理大师彼得·德鲁克曾说，创新就是创造一种资源。市场链的实质就是优化组合企业的诸如品牌、管理、技术、设备、人才等各种资源，进而进行资源的合理配置，从而产生最大的效益。市场链的实施被张瑞敏称为"拆墙行动"，即拆除企业内部各部门的"墙"和拆除企业与客户之间的"墙"。海尔员工直接面对的是市场，从而能够快速获取市场信息和客户订单来满足用户需求。这种外部竞争内部化的市场链流程不再是以往的只有营销部门和售后服务部门去面对顾客，而是从研发和生产，到营销与服务，每个流程的出发点都是为了最大限度地满足用户的需求，因此也能更好地满足消费者的个性化需求。

（三）机制创新

机制创新，即企业为优化各组成部分之间、各生产经营要素之间的组合，提高效率，增强整个企业的竞争能力而在各种运营机制方面进行的创新活动。机制是规定的优化，有了好的机制，效率提高百倍。

机制创新最高效

16世纪，英国有个名叫库克的航海家，首先发现了澳洲大陆，回去以后就跟国王报告，希望能够去开发这一片新大陆。国王当时同意了这个船长的意见，决定去开发澳洲，但是让谁去呢？英国人

很少，后来就决定把英国本土的囚犯，特别是死刑犯运送过去，他们在那里跑也跑不掉，也不需要人管，让他们自食其力，同时还能把这个岛开发出来，一举多得。于是政府就组织了很多船队运送犯人，商人从牢里每领出一个犯人，就得到一笔佣金，愿做这种生意的人不少。

但是过了几年，英国政府去检查，发现那个岛上没有几个人。经了解原来是运送囚犯的商人，为了多赚钱，根本不管犯人的死活，把犯人塞进阴暗的底舱，那里人多、空气不好，加上路途遥远，不少犯人在路上就病死、饿死了，直接被扔进了大海。英国政府把商人集合起来开会，教育他们这一举措是为整个大英帝国的强大所实施的一项重大工程，商人们听后并没有多大改变，囚犯还是不断地大批死亡。后来英国政府建立了运送犯人的督导制度，每艘船派两名政府督导去押运犯人，结果这一招也不奏效，有的督导被收买了，起不到监督作用，装运犯人的方法与过去差不多；有的督导很坚持原则，不是被商人诬告，就是被商人谋杀，犯人还是很难运送过去。英国政府为此非常头疼。

后来，一位大臣提出了一个改革方案，他认为现在犯人运不过去主要是因为商人不负责任，商人以赚钱为目的，他们根本不会把国家利益放在首位，所以教育和监督都不起作用，必须在钱上想办法。他提出一个方案：先不给商人钱，让他们把犯人运过去，到岛上后，待犯人体检合格，再给商人钱。这个机制的变化，使之前对犯人非常不好的商人都变好了，因为到岛上检查合格后，他们才能领到钱。

这种由于某种结果能自动抑制人们行为的制度安排叫作机制，不同的机制能获得完全不同的效果。有时不增加任何经费，也不增加人力物力，就是因为机制的改变，让事情变得完全不一样。从这里可以看出机制的威力。

（四）方法创新

现代意义的"方法"，一般是指人们在认识世界和改造世界过程中采取的程序、方式及技巧的总和。简言之，就是人们从事各种活动的行动方式。良好的方法，将使人们至少可以相应的投入获得相应的产出，达到期望的目的。

日本能村先生创造的"都市里的悬崖"是一个极好的例子。

发散思维就是创新

日本最大帐篷商、太阳工业公司董事长能村先生想在东京建一座新的销售大厦。善于动脑筋的他想，在寸土寸金的东京只建一座大厦，不仅一时难以收回成本，而且大厦的每日消耗也是一笔不小的开支。怎样能做到既建了大厦，又可以借此开拓新的市场呢？

万事就怕有心人，有了这样想法的能村先生便特别关注生活里的热点问题。当时，攀岩热正在日本兴起，且大有蓬勃发展之势，这令能村先生茅塞顿开：何不建一座都市悬崖，满足那些都市年轻人的爱好？经过调查研究，能村先生邀请了几位建筑师反复研讨，决定把十层高的销售大厦的外墙加一点花样，建成一座悬崖绝壁，作为攀登悬崖的练习场。

半年后，一座植有许多花木青草的悬崖，便昂然矗立在东京市区内，仿佛一个多彩而意趣盎然的世外桃源。练习场开业那天，几千名喜爱攀岩的血气方刚的年轻人，兴高采烈地聚集此处，纷纷借此过一把攀岩瘾。在东京市区内出现了从前在深山峻岭才能看到的风景，这一下子吸引了人们的目光，每日来此观光的市民不计

其数。而一些外地的攀岩爱好者闻讯后，也不辞辛苦到东京一显身手。

接着，能村先生又恰到好处地把握了这种轰动效应，在公司的隔壁开了一家专营登山用品的商店。很快，该店便因货品齐全，占据了登山用品市场的榜首地位。

创新方法来自生活，创新永无止境。

（五）科技创新

科技创新是指创造和应用新知识、新技术和新工艺，采用新的生产方式和经营管理模式，开发新产品，提高产品质量，提供新服务的过程。

就一个企业而言，技术创新不仅指商业性地应用自主创新的技术，还可以是创新地应用合法取得的、他方开发的新技术或已进入公有领域的技术，从而创造市场优势。例如沃尔玛1983年就在全球率先试用条形码即通用产品码（UPC）技术，结果使他们的收银员效率提高了50%，并极大地降低了经营成本。

小米的成长基因

小米公司堪称科技创新的典范，其在多个领域的广泛布局和丰富产品线，展现了强大的创新能力和市场适应性，其成长基因就是创新。

持续高额的研发投入

小米在研发投入上毫不吝啬，近年来持续加大投入力度。在北京2025海淀区经济社会高质量发展大会期间，小米集团创始人雷军强调，2021至2025年，小米投入1050亿元研发核心技术，其中

2025 年预计投入 300 亿元。如此大规模的研发投入，为小米在科技创新上提供了坚实的资金保障。

多领域广泛布局

小米的创新不仅局限于智能手机领域，还广泛涉及智能硬件、互联网服务、人工智能物联网（AIoT）、5G 技术、新材料技术等多个领域。这种多领域的广泛布局，能够使得小米形成协同效应，提升整体创新能力。

自主研发与开放合作并重

小米在创新过程中，既注重自主研发又积极寻求开放合作。一方面，小米通过自主研发掌握核心技术，如澎湃系列芯片、小米澎湃 OS 操作系统，提升产品的核心竞争力；另一方面，小米也积极与其他企业合作，共同推动科技的创新与发展。例如，小米与徕卡合作推出具备专业级拍照功能的手机，就展现了小米在开放合作方面的积极态度。

注重生态系统建设

小米非常注重产品生态系统的建设，通过构建庞大的 AIoT 生态系统，实现智能设备之间的互联互通。小米以智能手机为中心，打造了一个涵盖众多智能硬件的庞大生态圈，从家居设备到可穿戴设备无所不包。这种生态系统的建设，不仅提升了小米产品的附加值，也为用户提供了更加便捷、智能的生活体验。

全球化战略与创新并进

小米在全球化战略中同样注重创新。小米不仅在中国市场取得了显著成绩，还在印度、东南亚、欧洲等地占有了不低的市场份额。小米通过全球化的供应链和生产布局，确保了产品的持续供应和稳定质量。同时，小米还针对不同地区的市场需求和文化差异，推出符合当地消费者需求的产品和服务。

产品种类繁多

小米产品覆盖了多个领域，形成了庞大的产品线。主要产品线有以下几种。

手机：小米数字系列、小米Civi系列、红米手机系列、红米K系列、黑鲨手机系列等。

智能硬件与家电：大家电包括空调、冰箱、洗衣机等，小米在这些领域推出了多款智能家电产品，实现了智能家居的全面覆盖。小家电涵盖厨房电器（如电饭煲、空气炸锅）、清洁电器（如扫地机器人、吸尘器）、环境电器（如电风扇、空气净化器）等，满足用户日常生活的各种需求。智能穿戴包括小米手环、智能手表等，为用户提供健康监测、运动追踪等功能。智能家居包括智能音箱、智能门锁、智能摄像头等，打造全方位的智能家居生态系统。

电脑与平板：笔记本电脑包括小米轻薄本、Redmi游戏本等，满足不同用户的使用需求。平板电脑提供多种尺寸的产品，满足娱乐、办公等多种使用场景。

汽车与周边产品：小米汽车推出的智能电动汽车，旨在为用户提供便捷、智能的出行体验。汽车周边产品包括家用充电桩、车载便携充等，为小米汽车用户提供全方位的配套服务。

个人护理与日用百货：个人护理产品包括吹风机、剃须刀等，日用百货产品包括雨伞、水杯、插线板等，涵盖用户生活。

对于发展中的中国来说，科技创新，也为"中国奇迹"的诞生提供了坚实的支撑。

改革开放40多年来，中国从一个初开国门的贫穷的发展中国家，成长为世界第二大经济体，创造了世界发展史上的奇迹。"科学技术是第一生产力，是推动经济和社会发展的首要力量。"我国科技实力显著提升，部分领域进入世界前列，整体上与国际先进水平差距进一步缩小。目前中国在世界上最具创新性的领域涵盖了多个方面。

量子通信：中国成功发射了全球首颗量子科学实验卫星"墨子号"，并在量子纠缠分发、量子密钥分发等技术方面取得了全球领先地位。这一突破性成果为中国在量子通信领域的发展奠定了坚实基础。

超级计算机：中国的超级计算机，如"神威·太湖之光"与"天河二号"，多次在全球超算 TOP500 榜单上位居榜首。这些高性能计算设备展示了中国在高性能计算领域的强大实力。

高速铁路技术：中国高铁网络规模和技术水平均处于世界领先地位，尤其在大规模建设、运营管理以及安全保障等方面积累了丰富的经验，成为全球高速铁路发展的领导者之一。

无人机技术：在消费级无人机市场中，中国企业占据了主导地位，其在无人机技术和市场份额方面的领先优势使中国在这个领域成为全球领导者。

5G 移动通信技术：中国在 5G 技术研发和基站部署方面具有优势，同时在专利数量和商用进程上的出色表现使得中国在 5G 领域展现出强大的竞争力。

新能源汽车及电池技术：中国企业在家用汽车电池的研发与生产方面保持着领先地位，尤其在磷酸铁锂和三元锂电池技术的研发与应用方面表现突出。

人工智能算法及应用：在人脸识别、语音识别和自然语言处理等方面的算法研究及商业化应用的显著成绩显示出中国在人工智能领域的强大实力。

此外，中国还在物联网、卫星通信、显示技术等领域取得了重要进展，这些领域的创新不仅推动了国内产业的发展，也为全球科技进步做出了贡献。

三、领导者要勇于创新

提升领导创新能力，必须进行一场思维的革命，把创新思维解放出来。

（一）要突破固有思维模式，扫除思维盲点

要提高创新能力首先要与头脑中经常会出现的惰性、惯性、故步自封等思想做斗争。一个人创新难，难在对自我的认知和否定。民间有一个哲理故事：乌鸦落在猪身上，只看到别人黑，而不知自己黑。战国时有一个"邹忌与徐公比美"的故事：邹忌问妻子、小妾和朋友，他与徐公谁更美，众人皆说邹忌美。然邹忌对镜自观，知远不如徐公美。遂自己分析：妻说美，是为了讨好；妾说美，是因为惧怕；友说美，是因为有求于我。他借此故事进谏齐王，提防献媚之人。人的自我突破有两难：一是发现自己的不足难。人天生都有自娱性、自悦性、自美性、自满性，从心理学上讲，这些都是人之天性，要突破这种思维很难。二是改变固有的思维模式难。每个人对分管的工作，最初的思维可能是创新的，成效也是明显的，但当达到一定阶段后，发展速度就会放缓下来，即使量上是扩大的，但质的变化却可能是越来越小。

比亚迪在创新中胜出

比亚迪公司始终将创新放在首位，董事长王传福非常重视创新，并将其视为比亚迪持续发展和保持竞争力的关键。他认为只有不断创新才能在激烈的市场竞争中立于不败之地。因此，比亚迪在王传福的领导下，始终坚持自主研发和技术创新，不断推出具有核心竞争力的汽车产品。

技术为王，创新为本。王传福深知技术创新的重要性，始终将

技术研发和创新放在首位。他鼓励员工敢于尝试新技术、新方法，不断挑战自我，推动企业的技术创新和进步。

用户至上，需求导向。王传福认为创新必须以满足用户需求为导向。因此，比亚迪在创新过程中始终关注用户需求和市场变化，致力于为用户提供更加便捷、高效、舒适的出行体验。

质量优先，精益求精。王传福强调质量是企业的生命线，因此在创新过程中始终坚持质量优先的原则。他要求员工在研发和生产过程中严格把控质量关，确保每一辆汽车都符合高标准的质量要求。

垂直整合与自主研发相结合。王传福认为垂直整合与自主研发是比亚迪保持技术创新和竞争力的关键。因此，比亚迪在产业链上下游进行了深度整合，同时坚持自主研发核心技术，形成了完整的产业链和技术体系。

开放合作与跨界融合。王传福倡导开放合作和跨界融合的创新模式。他认为，只有与不同领域的企业和机构进行合作，才能实现资源共享和优势互补，推动整个行业的创新发展。因此，比亚迪积极与国内外知名企业、高校和科研机构进行合作，共同开展技术研发和创新活动。

人才为本，创新驱动。王传福深知人才是企业发展的关键因素，因此他非常重视人才的培养和引进。比亚迪在人才培养方面投入大量资源，建立了完善的人才培养体系，同时积极引进国内外优秀人才，为企业的创新发展提供有力的人才保障。

在这些新理念的支配下，比亚迪作为新能源汽车领域的领军企业，开发出众多先进技术成果和先进产品。如电池技术、智能驾驶技术、电气化架构与智能化整合技术，产品包括秦 PLUS DM-i、汉 L、唐 L、比亚迪夏、海鸥、海豹 05 DM-i、海狮 07 EV、海狮 05 DM-i、腾势 N9、方程豹钛 3、仰望 U7 等几十种车型。

比亚迪在新能源汽车领域取得先进技术成果，不仅巩固了比亚迪在全球市场的竞争地位，也为新能源汽车行业的发展做出了积极贡献。

（二）要拓展思维空间，开发创新思维

作为一名领导干部要有强烈的创新意识，努力打造自己的创新能力。只有不断创新才能带领自己的团队把事业推向前进，否则将事事被动，甚至被时代淘汰。

创新能力来源于创造性思维。非常规性和积极主动性，是创造性思维最显著的两个特征。自我否定的过程，永不满足已有的成绩，永远向更高的目标迈进，则是创造性思维产生的不竭动力。

非常规性思维，顾名思义就是违反常规解决问题的方法，是一种更多地依靠非常规思维、另辟蹊径的思维活动。在现实生活中，这种思维活动所产生的结果的例子很多。1915年，在巴拿马万国博览会上，我国贵州茅台酒参加了展出，可评委们都被琳琅满目的洋酒吸引过去了，而包装简朴的中国茅台无人问津。怎么办？参展的老板突然把一瓶茅台酒摔在地上，哗啦一声瓶碎酒流，响声倒没有惊动多少评委，但扑鼻的酒香把众多评委们吸引过来。评委们一尝果然是好酒，最后被评为博览会金奖。

积极主动性思维是创造性思维的又一个特征。要创造新事物、新方法，就必须具有积极主动和进取的心态，否则就不能"思人之所未思"，去创造性地解决问题。积极主动性思维是建立在问题意识的基础之上的。所谓问题意识，是指人们在认识活动中，经常意识到一些难以解决或疑惑的问题及理论，并产生一种怀疑、困惑、焦虑、探索的心态。这种心态又驱使个体积极思索，不断提出问题，解决问题。这种问题性心理品质，可称为问题意识。早在两千年前，孔子就要求自己和学生"每事问",认为"疑是思之始,学之端"。著名教育家陶行知在一首诗中生动地写道:"发明千千万,起点是一问。禽兽不如人,过在不会问。智者问得巧,愚者问得笨。人力胜天工,只在每事问。"爱因斯坦也曾强调:"发现问题和系统阐述问题可能要比得到解释更为重要。"可见,问题意识是思维的动力,是创新精神的基石。作为领导干部更应当具有问题意识,才能不断地发现问题,并积极主动地解决问题,从而在问题意识中逐步形成一定的创新精神和创新能力。

创新的过程一般都是困难而艰辛的,需要创新者以大无畏的精神和不屈的意志全身心地投入,去敏锐观察,发挥想象,把个人的工作和心理状态调整到最积极的状态。有些人一想到创新、创造,就觉得太辛苦,代价太高,就害怕和退缩。这种胆怯和消极会把本来能够完成的事情,变成高不可攀的事情,只能望洋兴叹。

一个领导者如果掌握了创造性思维方法,他在思维方式上就具有求异性,在思维状态上就具有主动性,在思维结构上就具有灵活性,在思维运行中就具有综合性,在思维表达上就具有新颖性,而其思维成果一定具有很强的开拓性和效用性。

(三)要有科学的批判精神和探索精神

创新是对传统的否定。如果把传统视为绝对完善和神圣不可违反的东西,不敢越雷池一步,那就永远不会有创新。传统有两类,一类是合时宜的、有益的传统,一类是不合时宜的、有害的传统。作为领导者既要乐于接受和继承有益的传统,也要敢于否定过时的传统。在现实中,传统往往是与权威、上级、原理和经验等联系在一起的。要创新,就要解放思想、实事求是,要有怀疑精神和批判精神,做到不迷信权威,不固守经验,不拘泥于条条框框,"不唯书、不唯上、只

唯实"。这里的"怀疑",不是怀疑主义,而是遇事问个为什么,不盲目相信和崇拜;这里的"批判",也不是否定一切,而是指对对象采取分析的态度。有创新精神和创新能力的领导者,尊重知识,尊重人才,尊重上级,珍视经验,依靠专家,但又不迷信他们。当这些东西与实践发生矛盾时,他们会自觉地抛弃旧的思想观念和传统习惯,接受新的思想和新的事物,因而能经常创造出新的成果。

同时,创新又是对现实的超越。"现实"即当下的客观实际。对于人们的社会实践来说,客观实际是第一性的,人们的任何活动都必须遵循事物的客观规律,不能超越实际的条件和可能。但是事物是不断发展的,为了顺应事物的发展变化趋势,不断把社会推向前进,就应该有超前意识和创新意识,不能满足于现实和既有的结论。否则,就不可能创新。

创新还必须有自我否定精神。创新不但要敢于否定他人,而且要勇于否定自己的认识和经验,特别是那些在工作中做出重要成绩的领导者。现实中不乏这样的领导,新到一个岗位后,为了打开局面,一般能够推陈出新,大刀阔斧进行改革和创新。但是一旦取得一定成绩后,就陶醉于这些成功经验之中,走不出自己设定的框框,因而很难继续创新。

创新还要有勇于探索的精神。要创造新事物、新成果,达到新境界,就必须进行探索。而探索是要冒风险的,既可能成功,也可能失败。尤其是领导干部,创新不成功,不但会造成一定损失,而且还有可能丢掉乌纱帽。因此,要创新,就要解放思想、实事求是,必须有敢闯、敢冒险、敢为天下先、敢承担责任的精神和勇气。瞻前顾后、患得患失、四平八稳,是不可能创新的。

（四）要有高瞻远瞩的战略思维能力

就范围和社会影响而言，创新分为局部性创新和全局性创新，战术性创新和战略性创新。全局性和战略性创新是根本性创新，离不开对全局的观察、了解和把握。只有站在全局高度，把握事物的本质、规律和发展趋势，才能进行全局性战略创新。

领导干部的创新主要是战略性创新。领导者不同于一般科技人员和普通劳动者，更不同于文学家和艺术家。领导者是管理全局的，其主要职责是对全局的运转和发展进行战略谋划，提出发展的大思路，制定相应的政策、策略和措施。因而尤其需要培养训练驾驭全局、高瞻远瞩的战略思维能力。战略思维能力是一种综合能力，包括洞察全局、透过现象抓住本质和规律的能力，运筹帷幄、驾驭全局的宏观指导能力，审时度势、当机立断的决策能力，高瞻远瞩的预见能力，发现、把握、利用机遇的能力，以四两拨千斤、用重点局部推动全局的能力等。

宁德时代创新发展的密钥

宁德时代新能源科技股份有限公司（以下简称宁德时代）是一家全球领先的新能源科技公司，专注于新能源汽车动力电池系统、储能系统的研发、生产和销售，致力于为全球新能源应用提供一流解决方案。公司总部位于中国福建省宁德市，在全球已设立多个电池生产制造基地，并在德国、法国、日本、美国等地设有子公司。

初创与成长

宁德时代由曾毓群创办于2011年，是国内率先具备国际竞争力的动力电池制造商之一。2012年，与德国宝马集团达成战略合作，标志着宁德时代正式进入国际顶尖车企供应链。2018年6月11日，在深交所创业板上市，为公司的发展注入了新的活力。随

后，宁德时代形成了全球化的生产和服务网络并与多家国际知名车企建立长期合作关系，如特斯拉、上汽集团、广汽集团等，为它们提供高质量的动力电池产品和服务。

技术研发创新

宁德时代一直以来都是科技创新的大力推动者，企业不断投入巨资于研究与开发，致力于提高电池性能和降低成本。其研发团队在电池材料、结构以及制造工艺等方面取得了多项突破性进展。例如，宁德时代研发出了一种新的正极材料，大大提高了电池的能量密度，使得电动汽车和手机等设备的续航能力显著提升。同时，宁德时代在电池快充技术方面也取得了显著成果，通过改进电池内部的离子传输机制，实现了电池的快速充电。此外，宁德时代还注重电池安全性的创新，通过改进电池的封装技术和设计特殊的防护结构，提高了电池在撞击或高温等极端条件下的安全性。

供应链管理创新

宁德时代在供应链管理方面也展现出了创新精神。企业通过优化产能配置、完善物流体系以及建立稳定的原材料供应渠道，不断提升了生产效率和成本控制能力。这不仅保障了产品质量，也为客户提供了更加稳定的服务体验。同时，宁德时代还积极采用先进的供应链管理技术和工具，如物联网、大数据等，实现了供应链的数字化和智能化管理，进一步提高了供应链的效率和响应速度。

市场策略创新

宁德时代在市场策略方面也采取了开放式合作的模式，与各大车企建立紧密合作关系，为他们提供全方位解决方案。这一策略既帮助车企快速进入电动车市场，又促进了自身业务的增长。同时，宁德时代还积极参与国际标准制定，不断提升行业整体水平，展现了其长远规划和战略布局的能力。

环境责任感创新

宁德时代始终坚持绿色环保理念，以可持续发展为目标。公司不断优化生产工艺，减少污染并节约资源，展现出了对地球未来负责的心态。同时，宁德时代还积极采用 LRS 模式（许可、授权和服务模式），帮助主机厂和电池厂商快速建成电池工厂，从而应对电动化转型的技术挑战。此外，宁德时代还与客户携手打造从电池生产到回收再生的生态闭环，持续优化可持续发展的电池价值链。

开放式创新理念

宁德时代的董事长曾毓群强调开放式创新的重要性，认为通过联合全球研发资源、分享技术成果等方式，可以进一步推动新能源技术的发展和应用。这一理念体现了宁德时代对创新的坚定承诺以及其在全球新能源领域中的领导地位和责任担当。

宁德时代的创新精神不仅推动了企业的持续发展，也为整个新能源行业树立了榜样。

> **Tips**
>
> **十二度制胜法则之四：**
> 勇于突破，出奇制胜。
>
> **解码：**
> 领导者不一定最有方法，但一定要最有想法。
>
> **结论：**
> 创造力——求新的睿度。
> 体现领导者创新思维的独特度。
> （标识性领导品格：睿智）
> 创造力来自领导者创新意识的觉醒。

―――○ **终极挑战辩题，你支持哪一种观点？** ○―――

29. 正方： 创造力是少数人的天赋，应为有创新潜力的人提供更多社会资源。

反方： 每个人都有潜在的创造力，在提供社会资源方面应体现人人平等。

30. 正方： 创造是从 0 到 1，从无到有，全社会应提倡发明创造，反对模仿。

反方： 从 1 到 10，从劣到优也是创新，很多发明创造都是在模仿中产生灵感，社会应重视模仿。

第五节

洞察力——见事的敏度，知胜

洞察力包括如何看人、看事、看组织、看历史、看形势、看世界等，是对一切已经发生的事物的观察和对未来发展趋势的判断。洞察力是原原本本接收外部信息，真实感知客观世界的能力。领导者独具敏锐的洞察力，就是领导者根据自己的使命职责，运用独特的视角、独特的感觉、独特的触觉去感知世界，以便对客观事物做出最准确的判断。

独具敏锐体现在以下几方面：①看得见小的。对于不易发现的、一般人不关注的事，领导者能发现；②看得清模糊的。对若隐若现、态势不明朗的事，领导者能看得清楚；③看得到关键。什么是关键部位，什么是关键环节，领导者能够把握得准确，如蛇之七寸；④看得透本质。通过细节，通过表象，通过事物间的联系，领导者能够看透事物的本质。

领导者为什么要有敏锐独特的洞察力？一是由领导者所处位置的重要性所决定。领导者对一个组织中的人和事有重要的决定权，所以领导者必须保持清醒的头脑，做出准确判断。二是由领导者面对情况的复杂性所决定。由于领导者对人和事有重要决定权，有人为了获得利益最大化，或者损失最小化，经常会制造一些假象来蒙蔽领导者，

所以，领导者必须擦亮眼睛。三是由领导者对发现问题解决问题的紧迫性所决定。领导者的重要职责就是解决问题，而解决问题的前提是发现问题，只有发现问题、识别风险，才能解决问题，控制风险。

一、洞察力的焦点在于看清事物的本来面目

对于领导者来说，要练就一双"火眼金睛"，对人、对事明察秋毫，看清本质。

对人的洞察力是指对人的思想、情绪、目的等个人特征的判断和分析能力。领导者的主要工作就是通过领导行为对他人实施影响并通过这种影响力来实现组织的目标。因此，实现有效领导的关键之一就是合理用人。但是人的性格、需求、愿望和能力是很难判定的，尽管可以通过经历、学历及工作表现等进行评判，目前也有了一些心理测评技术，但在信息不对称的环境中，这些都不能完整地反映一个人的所有信息，尤其是内在性格、心理特征等。因此，对人才的合理使用离不开领导者慧眼识人的能力，也就是人们常说的要"看准人"，这是领导者必备的基本素质。

正确用人包含两个方面：一是正确选拔，二是正确使用。这里"选"是基础，只有真正看准一个人的德行和能力特长，才谈得上因才施用。过去有这样一副对联，上联是"楚霸王英雄凭一勇"，下联是"汉高祖仁义用三杰"。楚汉相争，项羽的本领和实力都在刘邦之上，但项羽不善于用人，所以失败了。刘邦的本领和实力虽然不如项羽，但他善于用"三杰"（张良、韩信、萧何），所以胜利了。可见，如何正确地识别和选拔干部是领导面临的重要问题。自古以来，吏治腐败是最大的腐败。可以说，公正用人是廉洁的核心。用对一个人，就可以凝聚人心，调动积极性；用错一个人，就会冷却众人心，损害领导和组织的形象和威信。即使在过去，也有"传贤不传子"

"不用三爷"之说。所谓"传贤不传子",就是把事业交给品德高尚、管理能力强的人来领导,而不是交给自己的儿子去掌管。所谓"不用三爷",就是不用自己的少爷、姑爷、舅爷。用这三种人,很可能就脱离了员工,还会把事业搞坏。在干部使用上,一定要运用敏锐的洞察力,坚持任人唯贤、公道正派。

那么,用什么方法可以更好地识别人呢?诸葛亮的"识人七法"可以借鉴。

一曰问之以是非而观其志。

二曰穷之以辞辩而观其变。

三曰咨之以计谋而观其识。

四曰告之以祸难而观其勇。

五曰醉之以酒而观其性。

六曰临之以利而观其廉。

七曰期之以事而观其信。

第一条是向对方提出大是大非的问题,看他志向、志趣的特点。人的许多行为都是观念的产物。古今中外具有深刻信仰的人,无论是政治家还是宗教徒,也无论是科学巨子还是军事间谍,都可以忍受奇耻大辱与不白之冤。从这个意义上说,要了解一个人是否值得你重用,首先就得了解他的立场、观念、角度、位置。凡是在大是大非问题上含混不清、模棱两可的人,决不可委以重任。这种人习惯于见风使舵,没有定性,最容易在关键场合、关键时刻损害国家、民族和组织的最高利益。

第二条是专门考察对方的机变或应变能力。自古用人的两大铁定法则是:一看德,二看才。应变能力是十分重要的,为官一任,理应造福一方,若缺乏驾驭复杂问题的能力,是不能担当大任的。

第三条是考查对方的见识。向对方提出方方面面的问题,让他思

考相应的计策，看他的谋略是否深远，看他的见识是否独特。人无远虑，必有近忧。在复杂的社会环境中，那些毫无计谋、遇事便束手无策的官员，即使有心向善，为上级解愁，为百姓排忧，也终究力不从心，无法左右大局。

第四条是考查对方的勇气。缺乏勇气的官员，别说惩恶扬善，就连自身也难保，又怎能保一方平安呢？诸葛亮在重用一个人之前，常常人为地创造一个逆境，观察对方是否具备足够的勇气战而胜之。

第五条是向对方劝酒，待他醉后再观察他属于何种类型的人。中国的酒文化源远流长，诸葛亮时代的文臣、武将常有因酒误事以致违法斩首的例子。另外，酒后吐真言。要了解一个人，特别是一个酒徒，最好是等待他喝醉的时候观察其真面目。正直的人酒醉之后依然落落大方，而戴着面具的人，即使挖空心思掩饰自己的内心世界，也往往在酒醉之后露出真容。

第六条是投其所好，以小恩小惠引诱对方，考查他是否清正廉明。自古以来，老百姓希望自己遇到的是清官、廉官，而非昏官、贪官。看人既要看关键时刻，也得看平时，两者缺一不可。有些官员不愿也不敢贪小钱，思想深处还是认为"不值得"。这种官员实际上也很危险，一旦有他人贿赂"大钱"，他就很容易被拉下水了。事实证明，经受不住金钱诱惑的人，不可能成为利国利民的清官，反而会危害国家利益、损害政府威信、伤害百姓感情。

第七条是与对方商定某事，看他能否说到做到，是否讲信用。中国人信奉一点，即"言而无信，不知其可也。"对人的考查，不仅要听其言，更要观其行。

对事的洞察力是指领导者对事物本质及其发展变化趋势的认识和把握能力。进入 21 世纪，领导者面对的内部、外部环境是不断变化的，做出适应环境变化的正确决策是决定组织存亡和领导成败的重要因素，而正确决策的前提就是对事物及其变化趋势的准确预测和把握。只有在此基础上，才能在环境变化中抓住机遇，规避风险，成功地实现组织目标。

小红书为何迅速"走红"

2013年6月，小红书由毛文超和瞿芳在上海联合创立，其前身为旅游购物攻略聚合平台，最初以PDF版本传播。同年12月，小红书购物笔记APP正式上线，开始从旅游购物攻略平台向内容社区转变。2019年7月，小红书用户数突破3亿，同年，品牌合作人平台、品牌号功能上线，标志着小红书向品牌推广平台转型，这也是小红书商业化元年。小红书通过优质的UGC（用户生产内容）吸引了大量品牌入驻，形成了独特的"种草"文化。品牌方通过在小红书上发布笔记、视频等内容，吸引用户关注和购买，从而实现了从内容到销售的转化。随着用户规模的持续增长和全球化趋势的加强，小红书积极拓展海外市场，海外流量快速增长。

小红书迅速走红，与其提前谋篇布局、精准战略定位密不可分。

精准定位与差异化竞争

小红书从一开始就明确了其内容定位，即以生活方式分享为核心，涵盖美妆、时尚、旅行、美食等多个领域。这种定位使得小红书能够迅速吸引一批对生活方式感兴趣的年轻用户。在竞争激烈的社交媒体市场中，小红书通过提供无广告的清新体验、用户友好的界面设计以及真实、美好的社区氛围，与其他社交平台形成差异化竞争。

国际化布局与本地化运营

小红书积极拓展海外市场，根据不同国家和地区的文化背景、消费习惯等，调整内容策略，引入符合当地用户喜好的内容。这种

国际化战略使得小红书能够快速适应不同市场，赢得用户的喜爱。小红书在海外市场的本地化运营方面做得非常出色。例如，在美国市场，小红书积极引入本地化内容，如西海岸时尚风潮、纽约美食地图等，以满足美国用户对本土化信息的渴望。同时，小红书还提供多种语言支持，确保用户能够便捷地浏览和创作内容。

技术创新与用户体验优化

小红书通过AI技术提升内容推荐的精准度和用户画像的完整性。这种技术创新使得小红书能够更好地了解用户需求，制定更精准的营销策略，从而提升用户体验。小红书不断优化平台功能和服务，提升用户体验。例如，优化搜索功能，提高搜索效率和准确性；加强用户隐私保护，确保用户信息安全。这些措施使得用户在使用小红书时更加便捷、安全。

品牌合作与资源整合

小红书与众多品牌建立合作关系，共同开展市场推广活动。这种品牌合作不仅提升了小红书的知名度和影响力，还为品牌带来了更多的曝光和销售机会。小红书通过整合内外部资源，构建了一个集生活方式分享、消费决策参考与社交互动于一体的生态系统。这种资源整合使得小红书能够满足用户的多元化需求，提升用户黏性。

有效的种草营销和精准管理

小红书开创了"种草"这一营销范式，即通过用户的分享去激发其他用户兴趣和购买欲望。这种营销方式更贴近生活，也能更有效地建立品牌信任感。商家可以通过发布优质内容、参与社区互动等方式，在平台上建立品牌形象并促进销售转化。它通过数据分析、用户画像等手段，精准地把握用户需求和行为习惯，从而为用户提供更加个性化的内容和服务。

社交互动与社区氛围营造

小红书注重用户之间的社交互动，通过点赞、收藏、评论等方式，增强用户黏性。这种社交互动使得用户在使用小红书时能够感受到更多的参与感和归属感。小红书通过打造真实、美好和多元的社区氛围，吸引了大量用户的关注和参与。这种社区氛围使得小红书成了一个充满正能量和积极氛围的社交媒体平台。

小红书之所以能够在短时间内取得如此成功，主要得益于其对市场的敏锐洞察。小红书以其精准的战略定位和差异化竞争，以接地气的平民视野入局、友好型的社区体验开局、前瞻性的国际化发展布局，赢得了市场、人气、声誉，构成了独特的核心竞争力，使其在激烈的市场竞争中脱颖而出。

可见，领导者的成功离不开"识人用人"的魄力和勇气、战略思考能力以及对全局的把握和控制能力，而这些能力都是以其敏锐的洞察力为基础的。一个缺乏洞察力的领导者，既不能正确判断组织的现状，也不能准确预见组织及环境的发展趋势进而制定正确的组织战略，更不能做到独具慧眼识人才、不拘一格用人才，也就不可能取得成功。

二、洞察力的难点在于看清事物发展的变化趋势

领导者能否为组织设计一个合理有效的发展目标和战略规划，直接关系到组织群体的发展绩效。著名学者罗伯特·豪斯在1977年列出魅力型领导的三个特点：一是明确目标和对目标价值的认识；二是对目标的实现有不可动摇的信念；三是能够向下属转达这些目标的内容和实现目标的信心。瓦伦·本尼斯研究了美国90位最杰出和成功的领

导者，发现他们有4种共有的能力：令人折服的远见和目标意识；能清晰表达这一目标，使下属明确理解；对这一目标的追求表现出一致性和全身心的投入；了解自己的实力并以此作为资本。可见，目标对于领导者非常重要。

成功的领导者能够广泛吸收信息和意见，审时度势，从战略和全局上考虑和分析问题，抓住时机，确立目标。同时，力图将目标明确化、愿景化，使下属真正理解并建立信心，持久投入，成为组织的信仰和价值观。

在组织目标的确立过程中，领导者的洞察力起了关键作用。如观察业界的发展方向、发现竞争突破点、树立独树一帜的组织风格、确立产品的发展方向和服务范围等，每项改革和创新都意味着对领导者洞察力的检验。高瞻远瞩是人们对成功领导远见的赞许，也是对其敏锐洞察力的认可。

洞见发展趋势

提到本田汽车，许多人都不陌生。在世界汽车行业里，每80辆轿车中就有一辆是"本田"牌的。但使本田公司取得成功并扬名天下的却是本田摩托车。本田摩托不仅在日本国内是龙头老大，在世界上也是首屈一指。这一切，首先归功于它的创业者——本田宗一郎。

本田的发展历史并非一帆风顺，同样存在着目标的选择，决策的风险。以20世纪70年代初为例，当时本田摩托在美国市场正畅销走红，本田宗一郎却突然提出了"东南亚经营战略"，倡议开发东南亚市场。此时东南亚因经济刚刚起步，生活水平较低，摩托车还是人们敬而远之的高档消费品，许多人对本田宗一郎的倡议迷惑不解。本田拿出一份详尽的调查报告解释说："美国经济即将进入新一轮衰退，摩托车市场的低潮即将来临。假如只盯住美国市场，一有风吹草动便损失惨重。而东南亚经济已经开始腾飞。只有未雨绸缪，才能处乱不惊。"一年半后，美国经济果然急转直下，许多企业产品滞销，库存剧增。而在东南亚，摩托车开始走俏。本田公司因为提前洞悉了市场的变化并提前一年实行"创品牌、提高知名度"的经营战略，此时如鱼得水，公司非但未遭损失，还创出销售额的最高纪录。

李嘉诚最初做生意时，主攻塑胶业。当年，他的长江工业在塑胶业开拓创新，取得了令人瞩目的成绩，成为香港塑胶行业的龙头老大。

在别人看来，他在这个行业中轻车熟路，应该继续开拓，争做世界塑胶业的泰斗。李嘉诚却清醒地认识到，世间万事万物都有盛衰定律，要看到世界大市场的发展趋势，只有这样，企业才可以长存于世。一个偶然的机会，李嘉诚来到郊外，看到村庄里好多人家都在忙于盖新房，他豁然开朗。1951年，香港人口不过200万人，但到20世纪50年代末，已直逼300万人。人口增多，不仅使住宅需求量大增，加上经济的持续发展，也使写字楼、商铺和厂房需求量大增。香港长期闹房荒，房屋的增加量总是跟不上需求量。于是，他敏锐地洞察到房地产的巨大商机。

1958年，李嘉诚于香港繁盛的工业区——北角购入大片土地，兴建了一幢12层的工业大厦，正式进军地产业；1960年，他又在新兴工业区——柴湾兴建工业大厦；这两幢大厦的面积共计12万平方英尺（约合11148平方米）。从此，李嘉诚开始了在地产界的发展。他以独到的慧眼，从香港的特殊环境和社会发展大势中，洞察出了地产业的巨大潜质和广阔前景，迅速将投资转向了地产业，并且把此行业做得风生水起，由此确立了他香港首富的地位。

三、洞察力的重点在于学会"八看"

洞察力的培养非一朝一夕之功,需经过时间、实践并且用心,有意识地加以训练。洞察力的重点在于学会以下"八看"。

(1)立体地看。

即把事物看成一个完整的物体,从多维视角看问题。有的经济学家看问题喜欢平面地看,因此发表评论往往比较武断。例如,2007年年底我国楼市涨势稍有转弱,有的经济学家就开始预言楼市"拐点"到来。到了2008年年初,反对"拐点"的议论又开始占了上风。其实,房价问题实在是一个立体的复杂问题,轻易地说"拐点"与否不够客观。事实上,立体地看待房价问题,还应从更加宏观的角度看,任何"拐点"之说可能都不是看待楼市的科学态度和做法。

(2)全面地看。

即系统思考,从整体上看待问题和复杂的现实。宋代诗人苏轼的《题西林壁》写道:"横看成岭侧成峰,远近高低各不同。不识庐山真面目,只缘身在此山中。"诗的大意是说:从正面看,庐山像连绵起伏的山岭;从侧面看,庐山又像是挺拔秀颀的山峰。从不同角度看,庐山呈现出不同的姿态。之所以不能看清楚庐山的真正面目,只是因为自己身处庐山之中。诗人运用借物喻理的手法,使得这首诗表面上看是写山,其实旨在说明一个深刻的道理:要认清事物的本质,就应全面客观地把握,冷静地分析,而不能被局部现象所迷惑。管理学大师彼得·圣吉指出,在处理复杂问题时,缺乏全面、系统思考的积极行动并不可取。行动太快,往往事前没有看到行动会带来的后果,采取的行动往往也不是系统性的解决方案。问题的解决方案既有"根本解",也有"症状解"。症状解能迅速解决问题的症状,但只有暂时的作用,而且往往有加深问题的副作用,使问题更难以得到根本解决。根本解则是根本解决的方式,效果往往要较长时间才能体现出来。只有通过系统思考，全面地看待问题，才能找到根本解。

（3）动态地看。

即关注发展过程，而不只是静态地、凝固地看待事物。刻舟求剑是一个很好的例证，不根据客观环境的变化动态地把握事物发展的进程，就免不了犯错误。体育比赛的动态特性最明显，赛场上常常瞬息万变。中国跳水队一向被媒体称之为"梦之队"，也是历届奥运会上中国代表团夺金的重点团队之一。但是在2000年悉尼奥运会上，"梦之队"却一开始就遭遇"滑铁卢"，在开赛伊始连丢三块最有把握的金牌。作为代表团总指挥的袁伟民，在困境中帮助教练组转化思想、走出误区，要求他们动态地看比赛，成功实现大逆转。

学会动态看问题

袁伟民在《袁伟民与体坛风云》一书中回忆道：第一天跳水比赛，田亮、胡佳的男子十米台双人和伏明霞、郭晶晶的女子三米板双人两个项目，中国队都失利了；随后在第三个项目——女子十米台单人的比赛中，三年不败的中国选手李娜和桑雪也失利了。袁伟民迅速召集跳水队的全体领队教练开会，研究对策。通常他都是先听领队和教练讲情况、讲他们的看法。总教练周继红认为，前两天丢掉的金牌，虽然是我们的强项、有优势，我们自己发挥正常，但对手发挥超常，所以金牌丢了。马上就要开始的第四个项目是熊倪参加的男子三米板单人，按照以往的实力，这个项目是中国队实力最弱的项目，金牌很可能落到俄罗斯名将萨乌丁手里。周继红这么算账，意思是第四个项目也还拿不到金牌。

听过周继红的汇报，袁伟民几乎使用了质问的口吻："你这是静态的分析，认为明天是人家该拿的，熊倪有可能拿不到。但是，体育比赛是动态的，前两天你们的强项不是被别人打败了吗？既然

你们最该拿的金牌被别人拿掉了，那你们为什么不能把别人该拿的金牌从他手里拿回来，为什么不存在这个可能性？你们应该树立这样的信念——必须要拿，非拿不可！"

周继红事后回忆，那次袁局长声色俱厉，是她从来没有见过的。

实际上，大赛中高水平运动员的实力都差不多，如果自己把自己框死了，不会动态地看问题而是静态地看，就会出问题。所以成绩不能说明现在，只能说明过去。袁伟民说："那天我要求他们回去给运动员分析形势，辩证地看问题，要把熊倪的工作做通，要把他逼到悬崖上，让他觉得这块金牌非拿不可，既然别人可以超水平发挥把我该拿的金牌拿走，我为什么就不可以把别人该拿的金牌拿过来！让熊倪想通了，轻装上阵，下死决心去拼！"赛事的发展果然如袁伟民的预料，熊倪超水平发挥，为中国跳水队赢得了悉尼奥运会的转折。

（4）客观地看。

即不能凭主观臆断，一定要有事实作为观察和判断的依据。疑人偷斧是个很经典的例证，当相信邻居是偷斧者时，邻居的所有表象都呈现出小偷的特征。当斧子找到后，所有小偷特征都消失了。这说明主观臆断具有很大的片面性。考查一个干部时，多凭事实说话，既要看到他的短处，也要看到他的长处，切不可根据自己的好恶为人"画像"。

（5）历史地看。

即不能看一时一事，要将历史和现实结合起来看。有一段时间，媒体对世界一流大学的话题讨论得很热烈。其实，大学不是从来就有的，而是社会发展到一定阶段的产物，是时代变革的结晶。历史地看，大学发端于中世纪，发展于近代，鼎盛于"二战"后。世界一流大学自然也不是从来就有的，它是大学发展到一定阶段的产物，具有显著的时代特征和内涵，不同的历史阶段有不同时代特征的世界一流大学。欧洲古典大学、英式大学、德国模式大学都曾经是世界一流大学，美国研究型大学则是目前世界一流大学的主体。同一大学在某一时期内是世界一流大学，在另一时期内可能降为二流，但经过一段时间的革新与发展又可能重新成为一流。法国的巴黎大学，英国的牛津大学、剑桥大学，德国的柏林大学等，都有过这样的历史和经历。

（6）辩证地看。

即用对立统一的观点，一分为二地看问题。如我国对美贸易的逆差与顺差，就应当辩证地看，贸易平衡永远是相对的。中美经贸关系是双赢而非零和，经济互补性注定了美对华逆差将是一个长期问题。今后，中美两国参与全球化和产品内分工的程度会继续加深，只要不改变现行统计方法，美对华逆差仍将持续，而中美经贸规模也仍将不断扩大。对待中国传统文化也是如此，要辩证地看，传统文化往往具有两面性，是把双刃剑，它可以使人睿智，也可以使人保守；它可以使人稳重，也可以使人悠闲，因此要取其精华、剔除糟粕。用开放的心态、借鉴的理念和世界的眼光看待文化传承。善于用发展的眼光看待历史和传统，突破既有经验束缚、摆脱传统路径依赖，在变化和演进中把握传统文化的精髓，在历史与现实、传统与现代中辩证地借鉴学习、促进提高。

（7）连续地看。

即不能把各个时期割裂开来，要连续地看。把马列主义一个词一个句或者把某一段文字拿来说明某个问题，是断章取义的，不是科学的态度。反之，有些问题单独看可能不是什么大问题，但串起来连续地看就会发现风险所在。2011年广州地铁连续发生故障，起初地铁公司解释其中两起是"外部电压波动导致供电所失压，引起地铁信

号故障。"而后又有4起地铁故障，原因是设备信号故障、列车故障、接触网绝缘子打火故障等。这就引起市民们纷纷发问：广州地铁的信号系统、设备等是否足够安全？广州地铁设备是否老化严重，到了故障集中爆发期？之后全国各地地铁频发故障，中国是否进入了地铁故障高发期？专家指出，"在追求建设速度的同时，压缩建设周期不容忽视。单纯从工程技术角度看，短周期高密度工程建设，必然会增加工程管理难度、增加消耗、降低安全性。"当然，专家也认为中国各地接连发生的地铁故障，大部分问题集中在信号系统和供电设备上，"不能因为个别的故障事故，就放大到整个城市轨道存在安全隐患。"正是因为连续地而不是割裂地看问题，所以既发现了风险，又客观予以分析，及时消除了不必要的紧张和惊慌。

（8）联系地看。

即不能孤立地、分割地看问题。苏联瓦解后冷战宣告结束，很多人都认为世界从此进入了"和平与发展"的时代，不会发生大规模的战争。然而，事实并非人们想象的那样，树欲静而风不止。我们必须保持清醒的头脑，必须拿出敢于斗争的勇气，必须坚持有理、有利、有节地斗争。联系地看，有利于全面深刻地分析问题，提高分析问题、解决问题的能力。

大疆捕捉到的"飞行轨迹"

大疆创新科技有限公司（以下简称大疆）是一家专门研制和生产无人机的公司，创始人汪滔从小就对飞行航模感兴趣，并立志做一个出色的直升机。这种对创新的执着追求贯穿了他的整个创业历程。汪滔具有敏锐的市场洞察力，准确判断无人机的发展前景和潜在的商机，致力于开发各种用途的无人机。

大疆公司于2006年11月成立，2007年就发布了直升机飞控 XP2.0，实现了超视距飞行，突破了技术限制。2008 年，大疆发布了第一架自动化电动无人直升机 EH-1 并成功研发了直升机飞控 XP3.1 第三代产品，为后来的无人机技术奠定了坚实基础。2010 年，大疆发布了首款基于飞控技术面向消费者的产品 Ace One，标志着大疆正式进入消费级无人机市场，凭借技术创新和产品差异化，迅速占领市场。2018 年，大疆在消费级无人机领域的市场占有率增长迅猛。

大疆不断推出新产品，如 Phantom 系列、Mavic 系列、Spark 系列等，满足不同用户的需求。同时，大疆还涉足手持云台、电影相机等领域，丰富了产品线。在无人机技术、增稳云台、影像系统等领域持续创新，推出了多款具有里程碑意义的产品。例如，Ronin 4D 一体化四轴电影机、Mavic 3 Classic 旗舰影像航拍无人机等。

大疆积极寻求新兴市场的发展机会，如针对稻田、果树、草原等多样化作业环境的农业无人机解决方案。通过提供定制化的产品和服务，大疆在新兴市场中赢得了广泛的认可和市场份额，通过推出植保无人机、教育拓展套装等产品和服务，进一步拓展了业务范围和市场空间。大疆跻身 2023 中国民营企业 500 强之列，更在全球消费级无人机市场占据了庞大份额。

大疆积极拓展国际市场，特别是在美国市场取得了显著成绩，同时也加强了在其他国家和地区的业务布局，降低对单一市场的依赖。

短短十多年时间，大疆由一个名不见经传的小公司，迅速成长为世界知名企业，成为全球无人机行业的领军企业，这与领导者独特的眼光和坚韧不拔的创新精神是分不开的。

> **Tips**
>
> 十二度制胜法则之五：
>
> 敏锐洞察，知微制胜。
>
> 解码：
>
> 领导者不一定"视力"最好，但一定要"视角"最独特。
>
> 结论：
>
> 洞察力——见事的敏度。
>
> 体现领导者观察事物的敏锐度。
>
> （标识性领导品格：高瞻）
>
> 洞察力来自领导者危机意识的觉醒。

---- 终极挑战辩题，你支持哪一种观点？ ----

31. **正方**：在复杂多变的商业环境中，敏锐的洞察力比详细的数据分析更为重要，领导者应在提升洞察力上多下功夫。

    反方：现代社会数据驱动的决策更为客观和可靠，洞察力容易受主观因素影响，领导者应在提升数据分析力上多下功夫。

32. **正方**：历史研究和跨学科知识对于提升洞察力至关重要，领导者应多研究跨学科知识。

    反方：实践经验和即时信息更能反映现实情况，是洞察力的主要来源，领导者应多研究即时信息。

第六节

谋划力——谋事的深度，谋胜

谋划是"未雨绸缪"，在事情没有到来之前已预见到了事物发展的趋势，提前做好了应对的准备。谋是动的基础，俗话说"谋定而后动"。古代军事家对谋划有独到见解，《孙子兵法》第一章"始计篇"和第三章"谋攻篇"，说的都是打仗要用计和谋。孙子说："夫未战而庙算胜者，得算多也；未战而庙算不胜者，得算少也。多算胜，少算不胜，而况于无算乎？吾以此观之，胜负见矣。"意思是说：在未战之前，经过周密的分析、比较、谋划，如果结论是我方占据的有利条件多，得胜的把握就大一些；如果结论是我方占据的有利条件少，得胜的把握就小一些。根据庙算的结果，不用实战，胜负就显而易见了。孙子提倡军事上的精心谋划，主张"不战而屈人之兵"，认为"胜兵先胜而后求战，败兵先战而后求胜"，揭示了谋与战的规律。

《百战奇法》第一篇"计战"写道：凡用兵之道，以计为首。未战之时，先料将之贤愚，敌之强弱，兵之众寡，地之险易，粮之虚实。计料已审，然后出兵，无有不胜。法曰："料敌制胜，计险厄远近，上将之道也。"意思是：大凡用兵作战的法则，都是把战略谋划放在首位。没有开战之前，先要判明将帅是贤明还是愚钝，敌人力量

是强大还是弱小，兵员数量是众多还是寡少，战区地形是险峻还是平坦，粮草供应是困乏还是充足。把敌我双方这些情况都判断清楚了，然后再出兵攻战，便没有不胜利的。诚如兵法所说："判断敌情实际，研究制胜计划，考察地形险易，计算道路远近，这是高明将帅指导战争所必须掌握的法则。"

领导者为什么要有缜密前瞻的谋划力？只有想得细，才能谋得深；只有谋得深，才能虑得远。领导工作就像带兵打仗一样，要提前发现敌情，早做准备。现代空战多是超视距作战，敌我双方谁的雷达先发现对方，谁就主动，先发现的一方发射导弹后马上就可以返航了，未发现的一方只能当"空靶"被打掉。领导者独具前瞻的谋划力就是远见卓识，相当于超视距作战中的"雷达"，提前预测到存在的风险，提前做好应对的准备，因而可以立于不败之地。

缜密前瞻的谋划力体现在领导者对未来可能发生的事件进行深入洞悉，并能动地做出反应上。四川省安县桑枣中学有位校长名叫叶志平，如果没有"5·12"汶川特大地震，人们也许不会知道他的名字，更没人知道因为他独具前瞻的谋划力，挽救了2300多名师生性命的故事。从2005年开始，叶志平每学期都要组织一次全校性的紧急疏散演习。不管别人如何的不理解，遇到的阻力有多大，他都一如既往地坚持，并制定了一套严密的方案，规定全校每个班固定的疏散路线，使用固定的楼梯，老师所站的位置以及每个班疏散到操场上的位置也是固定的。由于校舍狭窄，为了避免踩踏事故，叶志平要求每个班每个学期都要多次组织演习。汶川大地震中，桑枣中学2300余名师生在震后1分36秒内全部安全疏散到操场，创造了极重灾区学校零伤亡的奇迹。

缜密前瞻的谋划力还体现在领导者对客观规律的正确认识和巧妙运用上。三国演义中的"草船借箭"，就是诸葛亮利用自己对天气规律的认识和把握，加上对敌人心理的准确分析，导演了一场千古称颂的智慧战例。

人生规划决定人生

30年前，哈佛大学曾对当时的在校学生做过一项调查，内容是个人目标的设定和规划情况。调查数据显示，第一类人没有目标和规划，占调查对象比例为27%，第二类人目标和规划模糊，占比60%，第三类人有短期目标，规划清晰，占比10%，第四类人有长期目标，规划清晰，占比3%。

30年后，哈佛大学再次找到了这些研究对象，并做了新的一轮统计，结果发现，第一类人几乎都生活在社会的最底层，长期在失败的阴影里挣扎；第二类人基本上都生活在社会的中下层，他们没有太大的理想和抱负，整天为生存而疲于奔命；第三类人大多进入了白领阶层，生活在社会的中上层；第四类人为了实现既定的目标，几十年如一日、努力拼搏、积极进取、百折不挠，最终成了百万富翁、行业领袖或精英人物。由此可见，30年前对人生的展望和规划情况决定了30年后的生活状况。

领导者良好的谋划力体现在以下四个方面。

一、着眼未来

谋划力从本质上讲是一种着眼未来、预测未来和把握未来的能力。具体分析，谋划力的形成主要与下述因素有关：一是领导者和领导团队的领导理念，二是组织利益相关者的期望，三是组织的核心能力，四是组织所在行业的发展规律，五是组织所处的宏观环境的发展趋势。

着眼未来发现规律

曾任青岛啤酒股份有限公司副董事长、总裁的金志国说过:"所有成功的国际化跨国公司,在其公司未来发展战略的制定上,都具有很强的前瞻性,这保证了公司长时间的健康发展,成为一个个百年企业。"他说自己多年来一直被一种高度的紧张感环绕着。面临残酷的同行竞争,他笑言自己好像每天"被放在热锅上煎"。据说原本烟瘾不大的金志国,当上总裁后就嗜烟如命,甚至"不抽烟就没有思路"。就在这种对香烟欲罢不能的状态中,金志国用3年的时间,在青啤新建并优化了148项制度、170个流程和24个管理机制。高度的紧迫感并不是指慌乱、担心或害怕,而是一种没有自满情绪的状态。在这种状态下,人们寻找问题和机会,改进自身。作为领导者,要善于对未来进行预测并采取相应措施。执掌青啤以后,金志国曾多次强调反思和开放心态的重要性。在青啤公司的战略会议上,他常讲的是"用未来思考今天,用今天成就未来"。着眼于未来,发现规律并按规律办事,公司才会具有前瞻力,才会获取一种国际化的前瞻眼光。他号召全体员工通过"用过去思考今天"来获取反思力,通过"用现在思考今天"获取比较力,通过"用未来思考今天"获取前瞻力。他总结说:"青啤的反思与比较能力的提高会促进前瞻力的提高以及把握未来能力的提高。"

只有准确地预见未来,抓住新的发展机遇,组织才会有效应对发展挑战,获得新的发展动力,进而实现可持续发展。

著名的公共管理学大师加里斯·摩根在其《驾御变革的浪潮》一书中,为变革时代的公共管理者提出了许多深刻而具有启迪的见解。其中重要的一点是,他认为未来的公共管理者必须发展解读和预测环境趋势的能力,进而感悟到组织所面临的重大问题,并发现机会。未来的公共管理者必须具有前瞻性管理的态度和能力，特别是"前瞻思考""由内而外"的管理能力，在准确预见发展趋势的前提下分析判断并制定对策。

国家一定要有梦想

新加坡是一个常住人口不到400万人的岛国，30年间从第三世界的不发达国家摇身变为发达国家的一员。如今95%的新加坡人拥有自己的房产，失业率长期维持在2%~4%。它拥有世界上最繁忙的港口，高度发达的市场经济和干净清廉的商业环境。虽然新加坡的发展模式与特殊的历史背景和国内外特殊的环境分不开。但是从当时的具体情况看，采取这些措施或许是必然的。

李光耀——新加坡最高领导人，是如何独具前瞻地引领这个国家走出困境加快发展的？李光耀在文章中写道："我们赢得了大选，但我并不开心。我逐渐认识到国家面对的巨大麻烦——失业、民众对快速发展的热切期望，赤色分子、工会、学校、社团内层出不穷的复辟活动，投资减少，更多的失业人口，以及更多的麻烦。"分析当时的情况，面前有几条道路：一条路是维持新加坡不发达农业国家的状况，以小商业、养猪、种植稻米与渔业为生。一切维持不变，人们依照19世纪英国人建立殖民地时的生活方式继续生活，在温饱线上挣扎。另一条路就是让人民走上自我发展的艰难之路，努力提高文化素质、掌握熟练的职业技能并更加勤勉。实现这些，人们就能有好的工作，拿高薪，过上好日子，甚至达到发达国家的生活水平——这无疑是条充满艰辛的道路。但是，在对未来的发展前景进行充分分析预判后，他得出了结论："作为东南亚的岛国城市要生存下来，传统的方法走不通。我们必须付出惊人的努力将自己变为紧密团结、勇于尝试、适应性极佳的民族，我们所

做的事情一定要胜过我们的邻国，我们必须与他们有所区别，我们必须创造出新的经济模式，尝试世界其他地方没有尝试过的全新方法，世界上不曾有过哪个国家有与新加坡类似的情况。"李光耀成功了，他和他的团队创造出了健康的"牵引环境"，使人民得以集中精力着手国家的发展，并取得了举世瞩目的建设成就。这正是超前的谋划力带来的成功。

二、全局思考

"谋划"就是谋虑和筹划，是为组织目标的达成进行的全面而周密地策划，必须具有战略性、宏观性和全局性。

"隆中对"是诸葛亮为刘备进行的战略总谋划，堪为战略谋划之经典。

诸葛亮的战略谋划

在"隆中对"中，诸葛亮为刘备详细分析了当时几大集团各自的优劣势，并制定了战略目标及实施步骤。诸葛亮通过分析认为：曹操有天时，孙权占地利，刘备占人和。

所以，诸葛亮帮刘备进行了总体战略规划：①曹操强大，不可与之争锋；②可以东吴为援，不可图之；③联吴抗曹，谋三分天下；④要光复汉室，终究还得要强大自己。在总体战略指引下，具体战略路径及实施分三步：取荆州，找立足之地；夺益州，作创业之地；统九州，寻机北上破曹，以光复汉室。

战略实施为何要分三步走？又该如何走？诸葛亮做了清晰说明：①荆州乃交通要地，荆州北据汉、沔，利尽南海，东连吴会，西通巴蜀，乃兵家必争之地，而其主不能守，荆州非常适合作为立足之地。②益州地势险要，有沃野千里，乃天府之土，汉高祖刘邦当时也是把益州作为根据地，后翻过秦岭夺取秦川，建立西汉的。目前在益州的刘璋暗弱，张鲁在北，虽民殷国富，但此二人不知存恤，那里的智能之士思得明君。刘备有皇叔身份，信义著于四海，总揽英雄，思贤如渴，经营好益州对刘备来说没有问题。当然，要注意西和诸戎，南抚夷越，内修政理，外结孙权。精耕益州，兼守荆州，以益、荆之地，联吴抗曹，形成三角之局势，在竞争中发展和强大自己，这便是刘备在西南的发展和竞争战略。③一旦天下形势有变，则刘备亲率益州、荆州之兵出秦川，则霸业可成，兴复汉室之战略目标达成。

现在看来，当时三股势力之中，刘备力量最弱。在诸葛亮的战略谋划之下，力量最弱的刘备能在蜀地建国，虽最终没问鼎中原、统一天下、光复汉室，至少能偏安一隅，打下了一片基业。能够帮助刘备从"立基者"成为"挑战者"，诸葛亮的"隆中对"可谓是弱者战略谋划成功的经典。

三、顶层设计

好的谋划至少包括八个要素：总体设想、为了什么目的、要达到什么目标、取得什么效果、实现的原则、实现的程序、检查的标准及完成时限。2008年北京奥运会的成功举办正是良好谋划力的充分体现。为办好北京奥运，中国举全国之力，总体规划包含中国元素，富有特色，以及体现大国风范。整个运动会的顺利进行及开幕式的宏伟壮观令人叹为观止，也让全世界看到了一个崛起的泱泱大国，而这正体现了北京奥委会组织者超强的谋划力。

通用电气前总裁杰克·韦尔奇曾经说过："一个好的领导要专心致志……把握方向比被方向把握要好。"韦尔奇说得没错，但是作为导航者的领导，比那些控制航行方向的人做得更多。在他们离岸出

发之前，整个航行就已经成竹在胸了。他们能看到目的地，知道到达目的地需要做些什么，也清楚知道要获得成功需要什么样的人加入团队，并且在困难浮出水面之前就能预见困难的存在。《你本该成为领导者》一书的作者雷洛伊·艾姆斯写道："领导者就是看得比别人多，看得比别人远，在别人看到之前看到的人。"

  组织越大，领导者就越需要把前路看清楚。因为规模越大，中途的改变会越困难，如果导航出现问题，更多的人会受到影响。泰坦尼克号的悲剧就是因为船员眺望的距离不够远，无法避开冰山。等发现冰山时，因为船体太大而无法及时转向，1000多人葬身海底的悲剧由此发生。我国的第一条高速公路是沈阳到大连的高速公路，叫沈大高速公路，建于20世纪80年代，是双向四车道，当时这么宽的路已经足够用了，压根就没想过汽车会发展到现在这么多。但是在加拿大，对高速公路的设计必须是双向八车道的路基，如果现在资金少，或者不需要，哪怕你就用一个车道，另外三个车道也必须预留出来，什么时候有资金、什么时候需要，就加宽修建，这就是独具前瞻的谋划力。遗憾的是，中国的高速公路当时只设计了两个车道，建完后公路旁边就全部盖房子、搞建设了。若干年后车流量发生了重大变化，两个车道已完全不适合发展要求，但要拓宽却根本不可能，只能再修一条高速公路了，这就是典型缺乏前瞻谋划的例子。这些教训提醒人们，从第一步开始，如果缺少了顶层设计，前进的道路将越来越偏离原先设定的方向，要想纠错将是难上加难。

  趋近公理的定律：多算胜，少算不胜。

——孙武

以谋取胜的典范

历史上体现谋略制胜的战例众多,从广泛认可度和影响力的战例来看,非赤壁之战莫属。

赤壁之战发生在三国时期,是蜀汉、东吴联军对抗曹操大军的一场关键战役。在这场战役中,东吴大都督周瑜和蜀汉军师诸葛亮联手,巧妙地运用了火攻策略,以少胜多,大败曹操的军队。

周瑜和诸葛亮对敌我双方的形势进行了深入的分析。他们认识到曹操的军队虽然人数众多,但多为北方人,不习水性,且在长途跋涉后士气低落。而联军则占据了地利人和的优势,熟悉水性,且士气高昂。

他们巧妙地利用了风向和火攻。在赤壁一带,冬季盛行西北风,周瑜和诸葛亮利用这一自然条件,准备了大量的易燃物,并在合适的时机点燃了曹军的船队。火势迅速蔓延,曹军的船队被烧得一片狼藉,士兵们纷纷跳水逃生,又被联军的水军所围困,最终大败而归。

周瑜和诸葛亮还运用了心理战术。他们故意让曹军得知联军不擅长水战,从而放松了警惕。同时,他们利用曹军内部的矛盾和纷争,进一步削弱了其战斗力。

赤壁之战的胜利不仅挽救了东吴和蜀汉的危局,也为三国鼎立的局面奠定了基础。这场战役充分展示了周瑜和诸葛亮的智慧和谋略,他们通过深入的分析、巧妙的策略和心理战术,成功地实现了以少胜多、以弱胜强。

在现代企业管理中也不乏以谋取胜的例子。

海尔的以质谋胜策略

海尔通过砸毁76台有缺陷的冰箱,树立了"有缺陷的产品就是废品"的质量意识,这一举措虽然短期内给海尔带来了损失,但

从长远来看，它提高了工人的质量意识，为海尔的产品质量打下了坚实的基础。海尔还针对洗衣机市场的淡季，推出了容量小、适合夏季使用的"小小神童"洗衣机，成功打破了淡季市场的传统观念，实现了市场的持续拓展。通过质量管理和市场创新，海尔不仅提升了产品质量，还成功占领了市场，成为国内外知名的家电品牌。

特斯拉的垂直整合战略

特斯拉采取了垂直整合战略，控制了从电池生产到车辆组装的整个供应链。这一战略不仅降低了成本，还加快了创新速度。例如，特斯拉与松下合作建立了 Gigafactory，实现了大规模生产，降低了电池成本，推动了电动汽车的普及。特斯拉的垂直整合战略为其带来了显著的竞争优势，使其在电动汽车行业中脱颖而出，成为行业的领头羊。

这些案例展示了企业在面临困境或挑战时，如何运用谋略进行战略调整和创新，以实现企业的持续发展和竞争力提升。这些案例在策略运用、局势把握以及最终效果上都与赤壁之战有着相似之处，都体现了智慧和谋略的重要性。

第四章 │ 领导力十二度奇胜

> **Tips**
>
> 十二度制胜法则之六：
> 超前谋划，见远制胜。
> 解码：
> 领导者不一定站得最高，但一定要看得最远。
> 结论：
> 谋划力——谋事的深度。
> 体现领导者制定战略的周密度。
> （标识性领导品格：远瞩）
> 谋划力来自领导者战略意识的觉醒。

————◆ 终极挑战辩题，你支持哪一种观点？◆————

33. **正方**：优秀的领导者关键看有没有卓越的谋划能力，是否善于制定长远且可行的战略。

    反方：优秀的领导者关键看有没有坚强的执行能力，行动比计划更重要，一个行动胜过一打纲领。

34. **正方**：应对危机时，提前的谋划和准备能够显著降低损失。

    反方：危机往往具有突发性和不可预测性，应对危机主要不在于谋划，而在于随机应变。

第七节

决策力——决策的气度，气胜

决策是指某事做还是不做。果敢的决策力体现的是一种超乎寻常的战略眼光，让决策又好又快。好是基础，快是特色。不好的决策，再快也没用，越快危害越大；但有好的点子，必须果断，这是由决策的本质要求所决定的。任何机会都是短暂的，稍纵即逝，很多情况下不果断决策可能会错失良机。现代科学发展迅猛，以交通、通信、计算机三大工具为主要代表的现代手段，使人们的生活和工作节奏明显加快，如果决策滞后，则完全不能适应现代化发展的需要。领导者要努力培养独具果敢的风格，干脆利索，敢作敢为，雷厉风行。"果"是果断，当机立断，不拖泥带水，不犹豫不决，俗话说"该断不断，必有后乱"。"敢"是勇敢，敢于拍板，勇于负责，具有承担一切责任的勇气和魄力。独具果敢的决策力是领导者智慧、胆识、魄力、水平的综合体现。任何组织目标的实现，都是在正确决策的前提下进行的，所以，组织中的成员也期待着领导者善于决策、敢于决策、快速决策，不希望拖泥带水、议而不决。

果断决策是有条件的，领导者必须具有科学决策的能力和敢于决策的勇气，而能力和勇气来自领导者的自身素质、使命感和责任感。在重大决策面前，果断决策有时是痛苦的。为了谋求更大的利益可能要放弃眼前利益；为了达到更佳的效果可能要克服一时的阵痛；为了抓住机遇可能要承受巨大的责难。例如，某银行在经济形势比较好的情况下决定引入境外战略投资者，当时由于股价还在上升趋势，国内产生不少不同意见，甚至有贱卖论、卖国论、国有资产流失论等多种责难。该银行董事会顶住重重压力，果断决策，终于成功引进战略投资，使银行抗风险能力和盈利能力都大为增强，尤其在全球性的金融风暴到来时，中外合力抗击危机，使银行获得了很大的受益。当时如果瞻前顾后，犹豫不决，就可能错失良机，造成损失。

决策犹如发射火箭的按钮，一旦按下去，火箭即点火升空，是难以逆转的。所以，决策需要谨慎，果断决策并非随意决策，是建立在科学基础上的果断。

决策的正确与否，取决于以下几点。

①对规划方案的比较与选优。

②对风险的判断和防范。

③对成本的计算和控制。

④对得失、利弊的权衡。

⑤对结果的展望。

⑥对成败的评估。

独具果敢的决策力就是综合考虑各种利弊得失，勇敢而又迅速地做出正确决策的能力。

一、领导的价值在于决策

美国著名决策大师赫伯特·亚历山大·西蒙认为"决策是管理的心脏"（管理就是决策），即决策决定着组织发展的盛衰，关系到组织的生死存亡。在领导者的现实工作中，即使掌握了各种信息，仍然可能做出错误的决定。当人们在研究了大量的决策案例后会发现，人

在面对抉择时往往总是跟着感觉走，时常做出不符合实际的判断，与客观规律相悖。一个好的领导者最重要的工作就是当他面对多种选择时，能够系统地进行思考并做出一系列准确判断，特别是重大的正确决定。

领导的过程是一个不断做出决策和实施决策的过程。一切领导活动都必须首先解决打算干什么、怎样干和怎样组织干的问题。而所有这些问题都需要通过决策来解决，从这个意义上来说，领导就是决策。战略、策划、合作、投资、人事、财务、分配的好坏，都与最初的决策有紧密的联系。通常是领导者的素质决定着他的决策素质。领导者的主要工作就是制定那些别人不能代劳的决策，其价值在于"做正确的事"。决策是领导者行使权力的主要表现形式，决策权是所有权力的核心。高效的决策者们都有这样一种体会：一个好的决策思想不是限期完成的，而是在反复思考、不断推敲的过程中，在相关事物或其他活动中受启发而顿悟的。他们知道，应该帮助各管理层的主管"把事情做正确"，把决策落实。实际上，做出对整个组织具有重大积极影响的正确决策本来就是人们对优秀领导者的期望。

二、决策的关键在于选择

领导者在做决策时应具有独立思考、独立发现、独立解决问题的能力，即善于从客观实际出发，实事求是地分析问题，把主观上的判断与客观实际结合起来。高明的领导者总是善于在迷离混沌中看清本质，抓住关键，并能及时做出判断和安排。

（1）目的比目标更重要。

决策最关注的是产生的效果，这是决策的重中之重。传统的管理强调目标管理，责任到人。1958年，彼得·德鲁克提出的这个观点在全世界都得到了认同，效果也不错。可是40年之后，彼得·德鲁克说目标管理有点过时了。他把目的提升到第一位，把具体的目标降到第二位，目标服从于目的。什么是目的？就是为什么要做这件事，为什么要上这个项目，为什么要进行社会管理，为什么要提供公共服务。先问为什么，要跟组织的价值观连在一起。大的方向确定之后，再让下级去定具体的目标。所以要高举目的，降低目标。

愚公移山的故事可谓家喻户晓，愚公移山的精神感动了一代又一代的中国人。但人们是否想过，90岁高龄的愚公发现太行、王屋二山挡住了去路，于是决定移山，移山是为了找出路，可是愚公移着移着，变成他的任务就是移山，他的使命就是移山，移不动了就让儿子移，儿子老了让孙子移，子子孙孙无穷无尽，移着移着把最重要的目的即找出路丢掉了。这是一个真正的路径依赖。中国沿海一些发达地区的领导者观念发生了变化，变得比"老愚公"聪明了，他们不仅是愚公移山，还愚公移人、愚公移民。哪里有出路，就把人移到哪里去，哪里有效力，哪里有需求，人就移到哪里去。人民群众需要他们在哪里服务，他们就把服务提供到哪里。山不过来，人就过去。他们不局限在"移山"这个手段上，而是找出路。

领导做决策首先关注的是目的。关注目的、关注结果十分重要。就像当年说"摸着石头过河"，这话本身完全正确，"摸石头"只是手段，目的是过河，过河是为了到河对岸去建一个新工厂，建新工厂是为了发展生产，促进就业，创造效益。所以，领导者决策要习惯于多问一个为什么，这样决策就有了明确的目的。

（2）效益比效率更重要。

20世纪深圳人讲"时间就是金钱，效率就是生命"，当然是有进步意义的；可是现在客观地说，这句话也过时了，效率不可能是生命，有时候效率越高越没命。很多干部，忙忙碌碌，看起来效率很高，比如一门心思抓经济建设，抓GDP，GDP上去了，可是人民生命

财产的安全呢？可持续发展的环境呢？有时得到的比失去的多。所以领导者要考虑最根本的东西——效益，不仅仅是经济效益，还有社会效益，比如政府不能为了经济增长，片面强调减员增效。政府的目的是保持社会稳定，让每个人都发挥应有的作用，合理地配置资源，这是政府的重要职责。如果一边效率不断提高，一边失业率也在大幅提升，引起社会动荡，这个效率就值得思考。所以效率没有效益重要，这个效益是综合的效益，尤其是在提供社会正义、社会安全、社会保障、公共服务方面，而不仅是GDP的增长。

（3）结果比愿望更重要。

在整个决策过程中最耗时的步骤并非决策的制定，而是决策的执行。一个善于决策的领导者十分清楚，何时必须根据原则进行决策，何时根据事实进行决策。他们知道，最棘手的工作就是在正确的折中与错误的折中之间进行选择，领导者应该懂得区分这两种折中。一项好的决策只有在付诸实施之后才能称得上是真正的决策；否则，不过是美好的愿望而已。也就是说，虽然有效的决策本身是在根本性概念的层面上做出的，但是在具体实施的层面上却必须尽可能与实施者的能力及客观情况相符合。

空中楼阁虽然美丽，但如何实现、靠谁去实现是一个需要考虑的重要问题。领导者通常所做的最重大决策不是解决"什么"的问题，而是解决"谁"的问题。因为这个世界是不确定的，决策都是关于未来及你在未来中的地位，而未来又是不确定的。为了应对这种不确定性，作为一个领导者能做到的最关键一件事，就是选择合适的人与你合作。实践证明，没有合适的人去落实，再好的决策也没有意义。也就是说，要根据落实的条件做决策。不同的人对决策的理解不同，对决策的态度不同，执行决策的效果也一定不同。所以决策的另一个重点就是选择执行的人。纵观历史上的每一个朝代，最难解决的是"吏治"问题，而"吏治"的重中之重，其实就是发现和运用潜在领导人的问题。"吏治"解决得好，则政治清明，社会稳定；反之，则人心思变，社会动荡不安。

三、决策必须果断

对一个领导者来说，最坏的决定是迟迟不做出决定。几乎没有哪种品质比决策力更容易使人联想到有效的领导力。尤其在面对危机或机遇时，人们总希望领导者能够迅速、果断地采取行动，然后毫不动摇地坚持下去。有一个所谓70%的解决办法，就是如果你只有70%的把握，你就要做出决定。尽管70%并不令人非常满意，但它至少有成功的希望，若你不做出决定就完全没有成功的希望。所以，最坏的决定就是当你该做出决定时没有做出决定而坐失良机。

巴黎大学的布里丹教授讲过一则寓言：一头驴子在面对两堆具有同样诱惑力的干草时，犹豫不决，不知选择先吃哪堆，结果不幸的驴在徘徊彷徨之中饥饿致死。后来人们就把选择中的两难情境称为"布里丹之驴困境"。"布里丹之驴困境"在管理实践中经常存在。如果一个企业领导者在面临两难决策时举棋不定，那么轻者会错失发展机会，重者则会破产倒闭。

优秀的领导者做决策都是十分果断的，第一步迈出以后，第二步、第三步的决断就好做多了。

决策的艰巨性还在于多数人对决策问题没有察觉，或者在不够理解的情况下要做出果断的决断，如果等所有人都明白了、想清楚了、意见完全一致了，再进行决策就晚了，就失去意义了。所以，决策是对领导者胆略的考验。

企业的CEO首先要看他敢不敢决策，其次才看他决策的对错。企业与国家一样，都是24小时不停运转的机器。CEO可以做错决策，但

不能不做决策！CEO是企业的心脏，董事会是大脑。睡觉时大脑可以休息，心脏不能停跳。面对悬而未决的问题，CEO不做决策的本身，其实已经做了决策——让问题继续拖下去！

一般的领导者会经常面临这种困境——是按大多数人的意见，还是按少数人，甚至是按自己的意见拍板？显然坚持己见的心理障碍最大。面对这种两害相权取其轻的情况，领导者需要的是果断。悬而未决的杀伤力更大，因为下属失掉的不仅是方向，而且还有信心——跟随一个无能的领导，怎么能赢？信心在很大程度上关系到决策的成功，因为任何决策的成功无不依赖于执行力，而执行力同下属的信心紧紧连在一起。"哀兵必败"的道理就在于此。

领导者的决策力除了体现在敢于违背大多数人的意见时拍板，还体现在敢于在情况不明朗时拍板。不论用任何手段和方法，决策总有不确定因素，正因为有不确定因素，才需要决策。已经清楚的东西，就不需要决策。

比如，如果北京的房价能达到每平方米4万元，就应该把钱从股市全部抽出购买北京的房产。可是你相信北京房价能到4万元吗？你说不准，可以按兵不动。可是地产公司CEO不行，如果他今年不买地，明年就没房子盖；明年没房子盖，后年就没房子卖！因此，他必须判断房价会到多少，否则他怎么在拍卖场上举牌？因此在土地拍卖会前，地产公司CEO一定会逼着分析部门给他计算最高能出多少钱。分析部门怎么算？花钱买来各种分析报告，高薪请来各种分析师，再花更多钱请来咨询公司研究。结果怎么样？还是谁也说不准，最后连不断喊房价过高的万科公司也不得不在争夺地王的拍卖会上频频举牌。举牌就等于做了判断。判断就要做假设，假设明年房价还要涨，否则，上万元楼面地价的土地，怎么敢买？然而，判断就难免有误。假如房价跌下来了，那些拍到手的地王就成了烫手的山芋。

所以，有经验的 CEO 对那一本本厚厚的、充满数字的、显得很专业很科学的商业计划书、可行性报告和价值评估报告等，不太当回事。CEO 可以不看顾问报告，但不能不做决策，做决策就要判断，做判断就要对未来不确定性进行假设。TCL 在并购汤姆逊时，请了最好的顾问公司做咨询，结果顾问公司给 TCL 的建议是：成功与失败的概率为 52%：48%。在不得不佩服这家顾问公司能把不确定性算得如此精确的同时，要问的是这种精确对决策者能有什么帮助？最后决定买汤姆逊，还是李东生先生自己拍脑袋的结果！虽然李东生先生拍错了，差点把 TCL 的未来断送，但是 TCL 挺住了，李东生先生也"重生"了。相信他下次再拍板海外并购时，这次经验就大大管用了。

在决策时，既不能盲目地前进，想当然地为所欲为，也不能优柔寡断。固然，慎重是决策成功的重要条件，但绝不是成功的必要条件。领导者必须坚持果断原则，而不是犹豫不决。在信息时代的今天，面对错综复杂、竞争激烈的态势和转瞬即逝的机遇，合格的领导者必须具有果敢决断的魄力。犹豫不决或举棋不定，不仅可能贻误了时机，而且因此给组织带来巨大的损失。

四、决策要善于运用"外脑"

在一个竞争的时代，成功的领导者不能仅靠"拍脑袋"决策取胜，还应该会应用商业智能把数据变为知识，用知识帮助决策。在当今的社会环境中，每个组织都面临着大量的数据，能够在看似杂乱无章、错综复杂的信息中理出头绪，分析提炼出知识，帮助领导者做出及时、正确的决策，决定着一个组织在竞争中的胜利。简单地说，商业智能通过收集、存储、挖掘和分析数据，为决策者提供相应的决策依据。或者说，将存储于各种信息系统中的数据转化成知识，并借用"外脑"，向领导者提供"集体智慧"，从而提高决策的效率和水平。

有人在一盏路灯下找钥匙，过路人问："你能肯定钥匙就丢在路灯下面吗？"找钥匙的人答："不能肯定，但这是唯一有亮光可供我寻找的地方。"这则寓言告诉我们，认识的有限性决定了领导者做决策的局限性，而决策的局限性只能靠"外脑"来补充。

决策要力争克服认知的局限

埃及开罗的阿斯旺水坝建设是一个典型的欠科学决策，至今尚存诸多不良影响。阿斯旺水坝位于埃及开罗以南900公里的尼罗河畔。水坝的建设自1960年开始，历时10年，耗资9亿美元。这座世界第二大人工湖吞下尼罗河的全年径流，实现河水多年调节，使埃及的粮食基本自给自足。但是，阿斯旺水坝的建设却产生了一系列无法挽回的影响：严重威胁到岸边的历史文物，有不少古迹神殿沉入湖中。联合国教科文组织为此发动了一连串救援活动，虽然抢救回部分古迹，但仍有非常珍贵的文化遗产无法救回。由于大坝设计的时候对环境保护的认识不足，大坝建成后对生态环境造成了破坏。水坝使下游丧失了大量富有养料的泥沙沃土，使尼罗河河谷和三角洲的土地盐碱化，肥力也丧失殆尽。埃及是严重依赖化肥的国家。水坝严重扰乱了尼罗河的水文。原先富有营养的土壤沿着尼罗河冲进地中海，养活了在尼罗河入海处产卵的沙丁鱼。建坝以后下游地区开始蔓延血吸虫病，变成了血吸虫病的高发区。这对此后一些国家和地区建设大型水坝的决策起到了警示作用。阿斯旺水坝建设违反了行政决策的一些基本原则，如科学预测原则、信息原则、可行性原则、满意原则、成本效益原则以及实现公共利益的原则等。

五、好的决策来源于不断优化和修正

及时纠正错误也是一种决策。一个优秀的领导者发现自己做出

第四章 | 领导力十二度奇胜

了错误的决策时往往能够果断地"出尔反尔",因为他们知道这样做会把损失减少到最小。改变主意并不表明领导者缺乏领导能力,依照实情而改变立场有时能够彻底扭转某个被动结局,这些领导人的行动表明他们更具有学习的能力,是一种说明自己今天比昨天更聪明的方式。

修正决策有规律可循。一个领导者做决策,要有四个要素才完整。一是目的明确,"为什么要做"。二是目标明确,"要干到什么程度"。三是路径明确,"怎么样去干"。四是对策明确,"遇到情况怎么办?"市场经济的特点是不确定性比较明显,这就需要领导者随时调整决策,合起来就是一问为什么,二问干什么,三问怎么干,四问怎么变。只有抓住这四个要素,领导决策的思路才完整。

目的、目标属于决策的战略层面,比较宏观,轻易不要修正。途径和对策属于决策的战术、技术层面,应该授权,果断地把途径、对策的制定调整交给下属。领导者最主要的是确定目的、方向、具体目标。这样上下级各自决策定位都有积极性,有利于决策的修正。怎么修正?从对策开始倒过来。一个目的可以有十个目标,一百条途径,一千条对策,对策要服从于途径,途径要服从于目标,目标最后要服从于目的。修正决策,保途径;对策调整过,还行不通,改途径;途径改过,还有阻力,改目标。目标的修正要经主要领导的手。目标改过了,还有阻力,那就说明目标背后的指导思想有问题,目的有问题。所以我们强调四要素,制定决策顺序是:一是目的;二是目标;三是途径;四是对策。而修正决策的时候完全倒过来,一是对策;二是途径;三是目标;四是目的。不到万不得已不改目标、不改目的。

六、领导者要锻炼自己的决策修养

（1）树立自信心。

一些领导者之所以很难对建立在正确判断和思考基础上的方案做出最后决断，一个重要原因就在于不相信自己，缺乏自信心。研究表明，富有成就的人，一个显著特点就是充分信任自己。他们的心情、意志坚定到任何艰难险阻都不足以使他们怀疑、恐惧，任何反对意见及外界的干扰都不能打动或改变他们。要坚信"天生我材必有用"，觉悟到成就的大小，不会超出自信心的范围。如果拿破仑对自己没有信心，他的军队绝不会爬过阿尔卑斯山。对自己的能力抱有怀疑，就很难成就伟大的事业。总之，不热烈地、坚决地希求成功、期待成功，成功就不会眷顾你。成功的先决条件就是自信心。

（2）勇于承担风险。

真正的决断还包括对失败的考虑。即要有行动之后可能失败的心理准备。决策具有一定的风险性，万事都不可能完全按照人的主观意志或设想的方向发展。当出现了某种机遇，领导者在急速变化的事物面前，必须凭借自己的知识和经验及时做出抉择，唯有如此，方能取得成功。倘若患得患失，举棋不定，必然失去时机。拖延决定，可能会减少风险，但拖延决策的过程中可能产生更多甚至更大的风险。现代社会中，一个不愿做出承担风险决定的人，绝不能成为一名优秀的领导者。

（3）建立在智慧上的勇敢。

世界上有两种勇敢——卓越的勇敢和智慧贫乏的勇敢。有智者无畏，无智者也无畏，但科学的果敢与盲目的大胆之间有着本质区别。果敢决断绝不是盲目武断，而是将自己的决心和勇气建立在切实的信息采集、丰富的知识经验和科学思维基础之上。有勇无谋只能算是蛮干,有智无谋或好谋无决是懦夫行为,唯有智勇双全才是果敢决策的真谛。

为确保决断过程的连续性和有效性,使自己的抉择有更可靠的依据,作为领导者必须全面地考虑问题,既要考虑到对手的情况和客观环境,又要考虑自身情况;既要看到有利因素,又要看到不利条件和薄弱环节;既要顾及眼前利益,又要考虑长远利益。总之,领导者只有思接千载,视野万里,洞悉全局,好坏兼顾,才能做出周密的判断,定出可行的方案。需要强调的是,决断一经做出,就应坚定不移地付诸实施,不能朝令夕改、摇摆不定。

有效的决策过程必须是一个完整的程序,它包括建立决策生态环境,正确界定需要决策的问题,围绕着问题建立备选决策方案并对这些方案进行评价,最终确定最佳方案。做好决断必备的因素包括全面的市场信息、不断学习的心态、敢想敢做的胆量、良好的管理理念、灵敏的市场判断力、优秀的决断"智囊团"、详细的力量对比分析,以及对于决策不同的意见。领导做决断不能凭感觉,而是需要上述这样一系列考量。领导者只有真正提升自己的决策力,在关键时刻做对决断,做好决断,才能带领组织走上飞速发展的轨道。

趋近公理的定律:决策是管理的心脏;管理就是由一系列决策组成的。

——赫伯特·西蒙

战略决定成败

在中国历史上,因战略决策正确取得胜利和因战略决策错误遭受失败的例子不胜枚举。决策总是在重要时刻发挥着关键作用。

1955年1月15日,毛泽东在中南海丰泽园主持召开了中共中

央书记处扩大会议，讨论中国发展原子能事业问题。在这次会议上，著名物理学家钱三强、地质学家李四光等向中央领导们汇报了核武器研制问题和铀矿资源勘探情况。1956年4月25日，毛泽东在《论十大关系》的报告中强调：中国"不但要有更多的飞机和大炮，而且还要有原子弹。在今天的世界上，我们要不受人家欺负，就不能没有这个东西"。他鼓励科学家们要抓紧开展研究工作，并成立了相关科研、设计和生产机构。从此，导弹和原子弹的研制进入快车道。1964年10月16日，中国第一颗原子弹爆炸成功，中国成为继美国、苏联、英国和法国之后世界上第5个拥有核武器的国家。1971年10月25日，第二十六届联合国大会以压倒性多数通过第2758号决议，决定恢复中华人民共和国在联合国的一切权利。

从中国互联网企业的兴衰看战略决策对行业的影响。进入信息化社会后，互联网企业成了时代的宠儿，现代世界首富几乎都来自这个行业。然而，进入这个行业的，不一定全部成为佼佼者。近年，因战略决策不正确而倒闭的互联网公司不少。亿唐网，在创业初期缺乏明确的定位，试图做一个包罗万象的互联网门户网站。同时，亿唐网在融资后过于激进地扩张业务，导致资金迅速耗尽，最终倒闭，2016年网站停止服务。分贝网，在初创阶段取得了成功，然而随着市场竞争的加剧和盈利模式的未根本转变，分贝网开始走上违法经营的道路，最终关闭。

但也有一些企业因战略决策正确走上良性发展的道路。

腾讯，于1998年11月注册，初期主要开发无线网络寻呼系统，随着互联网的发展，他们逐渐将重心转向即时通信领域。1999年2月，腾讯推出首款即时通信软件OICQ，有在线聊天、好友列表管理、文件传输等功能，并随着版本更新增加了语音聊天等服务。凭借免费聊天服务和良好的用户体验，OICQ迅速吸引了大量用户，

第四章 | 领导力十二度奇胜

奠定了腾讯在互联网行业的基础地位。后来腾讯在游戏领域取得了显著成就，通过代理和自主研发推出了多款热门游戏。腾讯还涉足音乐、文学等领域，构建了强大的内容生态系统。2004年，腾讯开始实施全球化战略，先在香港主板上市，之后加大云服务、人工智能和大数据等企业服务领域的投入，推动企业数字化转型。2011年推出的微信，标志着腾讯正式进军移动互联网领域，并通过集成支付、购物、娱乐等功能的超级应用程序，极大地改变了人们的生活方式。

百度，于2000年1月创立，初期就将目标定位为打造中国人自己的中文搜索引擎，并为之不懈努力。2001年8月，百度发布了Baidu.com搜索引擎Beta版，开始从后台服务转向独立提供搜索服务。这一转型标志着百度正式进入面向终端网民的搜索服务市场。百度从2010年开始布局人工智能技术，多年技术积累和创新，以及长期研发投入，使得百度在人工智能领域有较为领先的自研技术。目前迭代的文心一言大语言模型，已具备理解、生成、逻辑、记忆4项人工智能基础能力，可应用于金融、政务、工业等多个领域。百度一直重视技术创新，投入大量资源进行人工智能、自动驾驶、云计算等前沿技术的研究。例如，百度大脑、百度无人驾驶等项目的推出，进一步巩固了百度在技术创新领域的领先地位。

美团，于2010年创立，起初以团购业务起家，主要提供餐饮、娱乐等生活服务领域的优惠团购信息。美团在创立初期就获得了红杉资本等投资机构的资金支持，为快速发展提供了有力保障。随着业务的不断扩张，美团逐渐覆盖了全国多个城市和地区，通过提供优质的产品和服务，赢得了广大用户的信任和好评。随着移动互联网的快速发展，美团迅速拓展业务范围，从餐饮团购延伸至外卖、酒店预订、旅游、打车等多个生活服务领域。这些业务的拓展，进

一步丰富了美团的产品线，满足了用户在不同场景下的需求，美团逐渐成为一个人人都离不开的友好型企业。

以上这些企业有着相同的起步环境和创业愿景，但由于实施的战略不同，最后的结果也大不相同。

企业的兴衰历程告诉我们，规模扩张并非万能。在追求规模扩张的同时，必须注重债务控制、盈利能力和风险管理等方面。多元化战略虽然可以为企业带来新的增长点，但也存在巨大的风险。在涉足新领域时，必须进行深入的市场调研和风险评估，确保具备足够的竞争力和资源支持。企业必须严格遵守法律法规和监管要求，确保经营活动的合法性和合规性。同时，要加强风险管理和内部控制体系建设，及时发现和应对潜在风险。

> **Tips**
>
> **十二度制胜法则之七：**
> 果敢抉择，胆略制胜。
>
> **解码：**
> 领导者不一定最有胆量，但一定要最有胆识。
>
> **结论：**
> 决策力——决策的气度。
> 体现领导者临机决策的果敢度。
> （标识性领导品格：雄才）
> 决策力来自领导者担当意识的觉醒。

终极挑战辩题，你支持哪一种观点？

35. **正方**：领导者应具备强烈果敢的决策力，以在关键时刻引领团队前行。

    反方：领导者应倾听团队意见，集思广益比个人决断更能确保决策的正确。

36. **正方**：勇于承担决策带来的后果是决策力的重要体现，应大力提倡。

    反方：以孤勇者身份做决策可能因主观意志太浓带来风险，不应提倡。

第八节

号召力——感召的力度，势胜

《孙子兵法》云："道者，令民与上同欲也，故可以与之死，可以与之生，而不畏危。"这句话的意思是只有让广大民众充分理解和认同上级意图，民众才会为了执行上级命令而出生入死，不怕危险。同欲就是共同的意愿、意志，即对上级的路线、方针、政策从心底认同和支持。

号召力是说服力、感染力、示范力的总和。独具感染的号召力，就是以最独特的方式唤醒人心、振奋精神、鼓舞斗志、提振信心、坚定信念，为实现既定目标构建人脉气场，营造上下合力、齐心协力、万众一心、众志成城的大势。

领导者不仅要会做事，更要会谋势。谋事与谋势，一字之差，意义却完全不同。谋势是为了更好地谋事，而谋事必先谋势。领导者要学会谋大势、造气势，营造天时、地利、人和的态势，创造让追随者心甘情愿拥戴、向往的局势。

一、号召力是统一思想，共启愿景

领导者个人确立组织目标对组织发展是远远不够的，更重要的是建立组织共同的愿景。只有让组织成员共同拥有真心投入或遵从的意愿，才能产生群体行动，激发出更大的责任感和创新精神。著名学者彼得·圣吉用"共同愿景"描述群体目标，指出共同愿景是群体中人们共同持有的意象或景象，它创造出众人一体的感觉，并遍布到群体全面的活动中，从而改变组织成员与组织的关系，成为强大的驱动力。他还特别强调，共同愿景一般来源于领导者的个人愿景，使个人愿景上升为群体的共同愿景体现了高超的领导艺术。

"不当亡国奴"是号召民众抗日的最好口号[①]

自"九一八"事变后，面对日本帝国主义对中国的侵略行为，以及国民党政府和军阀的妥协态度，1932年4月15日，中华苏维埃共和国临时中央政府发布《中华苏维埃共和国临时中央政府关于动员对日宣战的训令》《中华苏维埃共和国临时中央政府为对日宣战向全世界无产阶级和被压迫民族宣言》《中华苏维埃共和国临时中央政府宣布对日战争宣言》。这三个文本的核心是对日战争宣言。宣言揭露了反动的国民党政府与各派军阀投降日本帝国主义、镇压全中国反日反帝斗争的罪恶行径；表明了中华苏维埃共和国临时中央政府正式宣布对日战争，领导全中国工农红军和广大被压迫民众，以民族革命战争，驱逐日本帝国主义出中国，反对一切帝国主义瓜分中国，以求中华民族彻底的解放和独立的严正立场。宣言号召全国工农兵及一切劳苦群众，在苏维埃的红旗之下，一致起来，积极地参加和进行革命战争，在白区各地自动武装起来，推翻反动的国民党在全中国的统治，建立全中国民众的苏维埃政权，成立工农红军，联合全世界的无产阶级被压迫民族与苏联，来实现我们的目标。

[①] 资料来源：中国共产党新闻网。

1935年12月，中国工农红军刚刚结束长征，中国处在内忧外患的紧急时期，国内各派别相互斗争，内战不断，日本帝国主义妄图独霸中国，大举向中国腹地发起进攻。为了实现停止内战、一致抗日的愿望，中国共产党向国内各派别，尤其是国民党发出停战倡议，并号召各民族联合起来，一致抗日。毛泽东在《论反对日本帝国主义的策略》一文中，把100年以来，中国被帝国主义国家共同支配的半殖民地历史进行了深入的剖析，指出第一次世界大战曾经在一个时期内给了日本帝国主义独霸中国的机会。毛泽东接着指出："今天不同了，日本帝国主义者已经显示他们要向中国本部前进了，他们要占领全中国。现在是日本帝国主义要把整个中国从几个帝国主义国家都有份的半殖民地状态改变为日本独占的殖民地状态。最近的冀东事变和外交谈判，显示了这个方向，威胁到了全国人民的生存。这种情形，就给中国一切阶级和一切政治派别提出了'怎么办'的问题。"

抗战的紧迫性通过大量有说服力的事实传递给了四万万中国同胞和全世界热爱和平和正义的民众，让大家感受到如果不抗战就可能沦为亡国奴，而不愿做亡国奴是所有中国人共同的心愿。全中国各种力量紧密团结在共产党周围，最终把日本帝国主义彻底打败。

二、号召力的核心是利益牵引

号召力是以个人魅力来唤醒群众，让群众接受自己的思想和理念，从而相信自己、追随自己的一种能力。这种号召不仅仅表现在口头上的召唤、轰轰烈烈的动员和慷慨激昂的演讲，而是真正体现在领导者对追随者根本利益的关心和支持上。

中国共产党从成立之初的几十个人发展壮大到拥有几千万党员的执政党，根本上来说，是因为共产党的宗旨体现了中国人民的根本利益，那就是推翻"三座大山"，解放全中国，让人民过上好日子。据相关资料记载，共产党刚成立时，发展党员的速度并不快，"中共一大"（1921年7月）50多名，"中共二大"（1922年7月）195人，"中共三大"（1923年6月）420人，"中共四大"（1925年1月）994人。这一时期，国人对共产党的纲领还不太了解，看不到共产党能为人民谋利益。通过一次次革命斗争，尤其在与国民党反动派的斗争中，人们逐渐认识了中国共产党与国民党不一样，这个党是真正为穷苦人民翻身求解放的，愿意入党的人逐渐增多。到了"中共五大"（1927年4月），已经有党员57967万人，"大革命"失败后，党员仅剩1万多人。

1927年8月1日，南昌城头一声枪响，共产党成立了自己的军队——中国工农红军，真正开始为人民打天下，号召人民群众拿起武器与反动派作斗争，提出"打土豪，分田地"，把"耕者有其田"的思想传递给广大民众，让人民群众看到了希望。从此党的队伍迅速扩大，到"中共六大"（1928年6月）党员人数有所回升。国民党军队为了把红军扼杀在摇篮中，一次次发起围剿，共产党不仅没有被围剿，反而越来越壮大。到1934年，党员队伍发展到30多万人，尤其进入抗日战争，拥护共产党的人越来越多。

如史料记载，1936年月2月，红二、六军团在云南贵州，用短短20天时间就扩大红军5000余人，红军队伍的迅速扩大，也促进了党员队伍的扩大。到1940年，党员发展到80多万人，1945年4月，党的"七大"召开时，已拥有党员121万人，1947年12月270多万人，1949年10月449万人。从这组数字不难看出，只要真正关心追随者的根本利益，号召力自然就强。这与权威无关，不符合人民群众根本利益的，即使有权威，人民群众也不会拥护。从这些正反经验教训中可以悟出，只要领导者真实体会人民的疾苦，做出符合人民群众

根本利益的决策，人民就会积极响应，不符合人民根本利益的，人民群众就不响应。可见号召力的强弱要看是否符合追随者的根本利益。

　　毛泽东曾经指出："一切为群众的工作都要从群众的需要出发，而不是从任何良好的个人愿望出发……这里是两条原则：一条是群众的实际上的需要，而不是我们脑子里头幻想出来的需要；一条是群众的自愿，由群众自己下决心，而不是由我们代替群众下决心。"

三、号召力来自领导者坚定的信念和以身作则

　　号召力主要体现在让追随者的思想和意识发生转变，这种转变表现在八个方面：一是从不知到知；二是从不懂到懂；三是从不同意到同意；四是从不需要到需要；五是从不愿意到愿意；六是从不自觉到自觉；七是从不强烈到强烈；八是从不激动到激动。实现了这样的转变，才能打造一个上下一心、具有很强凝聚力的组织团队，才会有竞争力与战斗力，也只有这样的一个团队，才是无坚不摧、无往不胜的。

　　俗话说，世界上有两件难事，一件是把别人口袋里的钱放到自己口袋里，另一件是把自己脑袋里的思想放到别人脑袋里。领导者的号召力就是要想办法把自己脑袋里的思想放到别人的脑袋里，让别人接受你的思想，服从你的意志。一般来说，领导者的信念坚强、意志坚定，并且身体力行，努力去实现自己的诺言，那么行动就是最好的号召。

　　领导者要求别人做到的，自己应该首先做到，要求别人不做的，自己首先不做，只有这样才有说服力、号召力，任何空洞的说教、作秀式的表演都难以感动人，更不能让人信服。

四、号召力是信念与激情的碰撞

　　号召力最重要的是说服和感染别人，让人愿意听从你、服从你、

跟随你，这需要信念、需要激情，也需要口才。领导者是把理念推销出去的"推销员"。360集团创始人周鸿祎曾说过，每位创业的CEO一定要重视锻炼自己的口才，因为未来在企业发展过程中，需要不断地融资，不断地推销自己。将来上市要去路演，要推销你的企业；你在做销售的时候，要推销你的产品。一个真正成功的企业家，一定要学会把自己的思想梳理得很有逻辑，并用很清晰的语言表达出来。领导者何尝不是如此呢？

领导者要学会唤醒他人的信念，鼓舞他们的心灵，具有强大号召力的马丁·路德·金为美国黑人点燃了灯塔的熊熊之火，为大家指明了前进的方向，可谓兼具说服力、感染力和示范力的典范。他的演说《我有一个梦想》一直高居美国"20世纪最佳公众演说榜"最前列。

1963年8月28日，在林肯纪念堂的台阶上，面对着250000人，马丁·路德·金向世界宣告了他的梦想。当他演讲时，成千上万的人跟着鼓掌和欢呼，整个国家都为之感动。他的部分演讲内容如下。

"朋友们，今天我对你们说，在此时此刻，我们虽然遭受种种困难和挫折，我仍然有一个梦想，这个梦想深深扎根于美国的梦想之中。

"我梦想有一天，这个国家会站立起来，真正实现其信条的真谛：'我们认为真理是不言而喻，人人生而平等。'

"我梦想有一天，在佐治亚的红山上，昔日奴隶的儿子将能够和昔日奴隶主的儿子坐在一起，共叙兄弟情谊。

"我梦想有一天，甚至连密西西比州这个正义匿迹，压迫成风，如同沙漠般的地方，也将变成自由和正义的绿洲。

"我梦想有一天，我的四个孩子将在一个不是以他们的肤色，而是以他们的品格优劣来评价他们的国度里生活。

"今天，我有一个梦想。我梦想有一天，亚拉巴马州能够有所转变，尽管该州州长现在仍然满口异议，反对联邦法令，但有朝一日，那里的黑人男孩和女孩将能与白人男孩和女孩情同骨肉，携手并进。

"今天，我有一个梦想。

"我梦想有一天，幽谷上升，高山下降；坎坷曲折之路成坦途，圣光披露，满照人间。这就是我们的希望。我怀着这种信念回到南方。有了这个信念，我们将能从绝望之岭劈出一块希望之石。有了这个信念，我们将能把这个国家刺耳的争吵声，改变成为一支洋溢手足之情的优美交响曲。

"有了这个信念，我们将能一起工作，一起祈祷，一起斗争，一起坐牢，一起维护自由；因为我们知道，终有一天，我们是会自由的。

"在自由到来的那一天，上帝的所有儿女们将以新的含义高唱这支歌：'我的祖国，美丽的自由之乡，我为您歌唱。您是父辈逝去的地方，您是最初移民的骄傲，让自由之声响彻每个山冈。'

"如果美国要成为一个伟大的国家，这个梦想必须实现。让自由之声从新罕布什尔州的巍峨的崇山峻岭响起来！让自由之声从纽约州的崇山峻岭响起来！让自由之声从宾夕法尼亚州的阿勒格尼山响起来！

"让自由之声从科罗拉多州冰雪覆盖的落基山响起来！让自由之声从加利福尼亚州蜿蜒的群峰响起来！不仅如此，还要让自由之声从佐治亚州的石岭响起来！让自由之声从田纳西州的瞭望山响起来！

"让自由之声从密西西比的每一座丘陵响起来！让自由之声从每一片山坡响起来。

第四章 领导力十二度奇胜

"当我们让自由之声响起,让自由之声从每一个大小村庄、每一个州和每一个城市响起来时,我们将能够加速这一天的到来,那时,上帝的所有儿女,黑人和白人,犹太教徒和非犹太教徒,耶稣教徒和天主教徒,都将手携手,合唱一首古老的黑人灵歌:'自由啦!自由啦!感谢全能上帝,我们终于自由啦!'"

假设你是一名听众,当聆听马丁·路德·金的演讲时,会听到现场观众的声音,那天拥挤的人群都在拍手呼喊"好""哦,太棒了",他们深深地被感染了。这已不仅仅是一个人的梦想,马丁·路德·金讲述的一切关乎他们的生活、他们的梦想,他个人强大的信念已经转化为所有人共同的梦想。他们通过演讲看到了自己坚信的梦想,因而用呼喊和掌声表达赞同。马丁·路德·金的演讲还体现了他驾驭语言的能力,他将基本理念、文化传统、个人信仰融入了演讲,为人们展现了一幅美好的画面。

为了感召他人,领导者需要激活愿景,为目标注入活力,以便他人能看到、能感觉到、能触摸到,以点燃追随者的激情之火。这种号召力是领导者的一项基本技能。

领导者的号召力,主要体现在以下十个方面。

第一,唤醒别人的意识。

第二,鼓舞别人的斗志。

第三,转变别人的观念。

第四,点燃别人的激情。

第五,激起别人的愤怒。

第六,让别人接受其主张

第七,让别人同意其观点。

第八,让别人认同其观念。

第九，让别人接受其理念。

第十，让别人产生同情心。

号召力就是用伟大的愿景吸引人，用共同的利益激励人，用精辟的理论说服人，用铁的事实教育人，用自身的激情感染人，最终，让别人相信、信任、激动、感动。

趋近公理的定律：管理的本质是动员团队的力量去实现共同的目标。

——彼得·德鲁克

> **Tips**
>
> **十二度制胜法则之八：**
>
> 凝聚共识，感召制胜。
>
> **解码：**
>
> 领导者不一定最能推销商品，但一定要最能推销思想。
>
> **结论：**
>
> 号召力——感召的力度。
>
> 体现领导者凝聚共识的影响度。
>
> （标识性领导品格：大略）
>
> 号召力来自领导者责任意识的觉醒。

第四章 | 领导力十二度奇胜

———○ **终极挑战辩题，你支持哪一种观点？** ○———

37. **正方**：落实决策要靠强有力的动员号召和组织推动，酒香也怕巷子深。

    反方：落实决策关键看决策是否顺应民心，好的决策不需要动员，酒香不怕巷子深。

38. **正方**：在商业谈判中，强大的说服力能够争取到更有利的条件，保护自身利益。

    反方：谈判的成功更多依赖于双方的实力和利益平衡，在强大的实力面前无声胜有声。

第九节

组织力——统合的缜度，刚胜

领导者的组织力包括以下两个方面。

一是把握组织使命，圆满完成赋予组织的各项任务；

二是把握组织命运，始终让组织处于最有效率的状态。

关乎组织使命和组织命运的，都是全局性的问题。只有把握住了全局，才能更好地运用局部。全局与局部有着密切的联系，全局是由一切局部构成的，但局部与局部并不等同，有时一个有决定意义的局部就决定全局，有时没有决定意义的多个局部仍然只是局部。

作为领导者，要善于识别什么是有决定意义的局部，什么是具有全局意义的局部。毛泽东在《中国革命战争的战略问题》一文中写道：研究带全局性的战争指导规律，是战略学的任务；研究带局部性的战争指导规律，是战役学和战术学的任务……懂得了全局性的东西，就更会使用局部性的东西，因为局部性的东西隶属于全局性的东西。毛泽东说：战争历史中有在连战皆捷之后吃了一个败仗以致前功尽弃的，有在吃了许多败仗之后打了一个胜仗因而开展了新局面的。这里说的所有这些，都在说明"关照全局"的重要性。指挥全局的人，最要紧的，是把自己的注意力摆在照顾战争的全局上面，主要地是依据情况，照顾部队和兵团的组成问题，照顾两个战役之间的关系问题，照顾各个作战阶段之间的关系问题，照顾我方全部活动和敌方全部活动之间的关系问题，这些都是最吃力的地方，如果丢了这个去忙一些次要的问题，那就难免要吃亏了。

在领导工作中，哪些是关乎组织使命和命运的带全局性的工作呢？

一是对完成任务有重要影响的事，如计划部署、动员教育、人才保障、物质保障、环境保障、风险防范、制度措施等，要及时跟进，高效有力。

二是对提高组织效率有重要促进的事，如组织架构中的体制编制、岗位职责、岗位职数等；组织人事中的选人、用人、留人、育人机制建设等；组织资源配置中的人力、物力、财力运用等，要全面把握，有效控制。

世界上没有垃圾，只有放错地方的宝贝。

人是所有资源中最宝贵的资源。

一、不谋全局不足以谋一域

现代领导所面临的问题越来越复杂，肩负的任务也越来越繁重。在这种情况下，如何有效地把握全局，是领导者的一项战略任务，也是领导活动的制胜法宝。俗话说，不谋全局不足以谋一域，不谋长远不足以谋一时。古人云，善弈者，谋势；不善弈者，谋子。谋势者，才能放眼全局，始终把握住全局的主动和优势，从而做到每战必胜。领导者只有把握了全局，才能够从容驾驭全局，站在全局的高度把方向、谋大事、管全局；才能够在复杂多样的问题和矛盾中抓主要矛盾、抓重点工作、抓倾向性问题；才能够牢牢抓住那些对本部门、本单位、本地区改革发展和稳定起决定性作用的问题；才能够做到审时度势、方向明确、始终处于主动地位，立于不败之地。因此，把握全

局是一切领导者在任何时候都要清醒做好的一件大事。

在全局与局部之间,全局高于局部,全局的利益大于局部的利益,全局的地位高于局部的地位,全局起着主要的、决定性的作用,它决定着事物的发展方向和趋势。当全局与局部发生矛盾时,应当全局优先。当然,为了全局的利益,全局必须关注局部,照顾局部,使局部充满生机和活力,积极主动,富于创造性。局部要服从全局,以大局为重,紧紧围绕全局协同动作。领导者在领导过程中,特别是在复杂的问题面前,要始终明白哪些是全局性问题,哪些是局部性问题,哪些是全局性利益,哪些是局部性利益,并且牢牢地抓住全局性问题和全局性利益。

领导者要牢固树立全局意识和全局观念,把全局作为考虑问题、研究问题、解决问题的出发点和落脚点,解决问题首先要着眼于全局,站在全局上观察局部。全局的利益是最高利益,当全局利益与局部利益不能兼得时,要能够不计局部一时一地的得失。有些事情从局部看是可行的,但从大局看不可行;有些事情从局部看是不可行的,但从大局看是可行的,那么归根结底要顾全大局。在改革开放之初,邓小平同志提出"两个大局"的战略构想:"沿海地区要加快对外开放,使这个拥有两亿人口的广大地带较快地发展起来,从而带动内地更好地发展,这是一个事关大局的问题,内地要顾全这个大局。反过来,发展到一定的时候,又要求沿海拿出更多的力量来帮助内地发展,这也是个大局,那时沿海也要服从这个大局。"所以领导者在重大问题和复杂问题面前,不要拘于局部和一时的利益,不要一叶障目不见泰山,一切都要着眼于全局和未来。

二、组织力就是战斗力

现实生活中有两种组织,一种是正式组织,另一种是非正式组织。无论是被委任的正式组织的领导者，还是自发团体即非正式组织的领导者，都需要具备出色的组织力。组织力一词，内涵远远超过了个人的意义，它包含了组织者与追随者两个方面。组织力不仅仅是个人的能力，还是一种能够获得追随者的能力。组织力是一种合力，即组织者与追随者相互作用而迸发出的一种思想与行为。就像一个团队参加登山比赛，能不能战胜对手，拿到冠军，最关键的是要看登得最慢的那名队员什么时候到达顶峰。团队必须在价值观上达成共识，有共同的愿景和目标，才能成为一个团队，否则只能是一个团体。团体不是团队。一场足球比赛，成千上万的观众都可以买到团体票，但他们不是一个团队，比赛结束了就各奔东西。一个团队成员，不管什么时候，不管在哪里，不管在什么岗位从事什么工作，他们的目标方向和团队的目标方向是一致的，南辕北辙达不到目标。这需要领导者的组织能力。

组织力是一个组织的灵魂

孙中山倡导革命许多年，并且发动多次起义，但国民党一直非常松散，是个有主义无组织的政党。1945年4月21日，毛泽东在七大预备会议上曾经讲："我们以共产党的资格出席国民党的代表大会，也就是所谓的'跨党分子'，是国民党员，同时也是共产党员。当时各省的国民党，都是我们帮助组织的。那个时候，我们不动手也不行，因为国民党不懂得组织国民党，致力于国民革命39年，就是不开代表大会。我们加入国民党后，1924年才开第一次代表大会。宣言由我们起草，许多事情由我们帮它办好。"

第一次全国代表大会后，毛泽东作为国民党候补执行委员，被派到上海执行部工作，领导国民党在上海地区的改组工作。毛泽东到上海的第一天，就提出国民党重新登记的工作，否则，就不承认其党员资格。

事实上，中国共产党的第一个省级基层组织就是毛泽东建立的。随着基层组织进一步向下延伸，建立湘区委员会，然后在长沙、安源、衡阳等学校和工厂建立基层组织。毛泽东在"中共三大"后曾任组织部部长。当时的组织部部长与现在的组织部部长不同，是把工人和党员组织起来。

秋收起义后的"三湾改编"是中共历史上的分水岭。"三湾改编"把秋收起义部队缩编为一个团，这就是毛泽东上井冈山时的兵马。这支部队的力量不能以人数来衡量，"三湾改编"确定了"支部设到连队"这个独特的组织方式。它使得共产党的军队特别有战斗力。即便是现在，中国仍然是社会动员能力最强的国家。

三、组织力是团队取胜的保证

一个组织的发展壮大离不开组织力的催化作用，一项重大任务的完成更离不开组织力的整体把握，美国"曼哈顿计划"充分证明了组织力的神奇作用。

组织力能够聚沙成塔

1941年12月6日，美国正式制订了代号为"曼哈顿"的绝密计划。罗斯福总统赋予这一计划以"高于一切行动的特别优先权"。该工程集中了当时西方国家（除纳粹德国外）最优秀的核科学家，动员了10万多人参加这一工程，历时3年，耗资20亿美元，于1945年7月15日成功地进行了世界上第一次核爆炸，并按计划制造出两颗实用的原子弹。整个工程取得圆满成功。在工程执行过程中，有两个关键人物对工程的顺利实施起了决定性作用，他们就是L.R.格罗夫斯和R.奥本海默，他们应用系统工程的思路和方法，统揽全局，整合资源，有效指挥，大大缩短了工程所耗时间。这一工程的成功促进了第二次世界大战后系统工程的发展。

"曼哈顿计划"的成功，充分体现了组织力的重要性。"曼哈顿计划"规模大得惊人。由于当时还不知道分裂铀235的3种方法中哪种最好，只得用3种方法同时进行裂变工作。这项复杂的工程成了美国科学的熔炉，在"曼哈顿计划"工程管理区内，汇集了以原子能专家奥本海默为首的一大批来自世界各国的科学家。科学家人数之多简直难以想象，在某些部门，带博士头衔的人甚至比一般工作人员还要多，而且其中不乏诺贝尔奖得主。

由于马歇尔上校缺乏强有力的组织力，又与科学顾问们合不来，使研究计划优先权的升级和气体分离工厂地址的选择拖延了两个月。9月，政府战时办公室和军队高层领导决定，领导修建美国国防部五角大楼的格罗夫斯上校接替马歇尔，并在赴任之前，被提升为准将。

虽然在这个计划执行之前，科学家已充分证明了它的可行性，但要真正实现它，还有大量的理论和工程技术问题需要解决。在劳伦斯、康普顿等人的推荐下，格罗夫斯请奥本海默负责这一工作。为了使原子弹研究计划能够顺利完成，根据奥本海默的建议，军事当局建立了一个新的快中子反应和原子弹结构研究基地，这就是后来闻名于世的洛斯阿拉莫斯国家实验室。奥本海默凭着他的才能与智慧，以及他对于原子弹的深刻洞察力，被任命为洛斯阿拉莫斯国家实验室主任。正是由于这样一个至关重要的任命，使他在日后赢得了美国"原子弹之父"的称号。

有些参与核研究的物理学家后来回忆说，他们甚至都不如奥本海默清楚自己工作的细节和进展。在很多问题上，都是由于奥本海默的决断取得突破，保证了原子弹研制时间表的执行。奥本海默在科学家、普通职工和政府官员中的威望越来越高。奥本海默没有获

过诺贝尔奖,却拥有如此高的个人威望,他的组织才能与人格魅力由此可见一斑。

1945年7月15日凌晨5点30分,世界上第一颗原子弹在新墨西哥州阿拉莫戈多的一片沙漠地带试验成功。7月25日,在太平洋的比基尼环礁,原子弹试爆成功。8月6日和9日,美国分别在日本的广岛和长崎投下了原子弹。随着苏联军队出兵我国东北,日本天皇于8月15日宣布无条件投降,第二次世界大战宣告结束。

"曼哈顿计划"不仅造出了原子弹,也留下了14亿美元的财产。更重要的是留下了组织重大工程建设的领导工作经验,这一无形资产对美国战后建设是弥足珍贵的。

四、组织力来自整体思维训练

钱学森曾经提出过一个重要命题,即"要从整体上考虑并解决问题",深刻地揭示了整体思维的重要性。整体思维实质上就是系统思维,指运用系统的概念来认识对象、整理思想、处理问题的思维方式。领导者所面临的问题都是整体问题,只有用整体的思维才能解决整体的问题。坚持整体思维,首先要弄清楚整体和整体性问题。凡是系统都有其整体的结构、整体的边界、整体的特性、整体的功能、整体的需求、整体的困难等。培养整体思维能力就是要培养认识和处理这些问题的能力。与整体思维相反的是片段思维或局限思维,其主要特点是思维主体的领导者不能自觉地从整体上认识和解决问题,思维活动常常关注那些局部或片段的事情,从而使领导思维缺失了系统性。

许多思想家都曾对这些片段思维进行过描述,并以格言、成语的形式警示后人。"坐井观天""以偏概全""一面之词"等都是片段思维的表现。由于人们实际上都生活和工作在某个局部,常常有自己感觉不到的整体，如果人们不是自觉地、有意识地进行整体性思维，那么片段思维就会很容易成为人们的经常性思维方式，即便是更高层的领导也不可避免。正如彼得·圣吉曾指出的那样，当年美苏"冷战"，原因之一就是双方领导坚持片段思维。今天的领导者，能不断摆脱片段思维，不断审视自己站在整体上看问题，已经成为其从整体上认识和解决问题的一项基本功。

领导者要善于从整体上解决问题，这是领导者把握全局最根本的体现，也是一切领导活动取得成效的根本保证。为了实现从整体上解决问题，领导者在解决问题之前要有战略谋划。战略谋划的任务是明确"决定解决什么问题"及"解决问题的大政方针"。领导者一般要解决的问题有三类：第一类是重复性问题，第二类是突发性问题，第三类是需要经过策划的、有计划的、按步骤解决的问题。对于第一类问题，只需按常规的办法去做即可，对于第二类问题，领导者要在尽可能短的时间内形成应对措施，对于第三类问题，领导者必须进行整体思维，认真地进行战略谋划，切忌就事论事，草率决定，仓促上马。

总之，领导者只有善于从整体上解决问题，才能真正把握组织的全局，在复杂形势和困难问题面前立于不败之地。

五、组织力重在把好"前中后"三个环节

（一）前置部署力求明确

前置环节是任务执行前的组织部署。当一项任务下达时首先要考虑的是如何执行，落实才是硬道理。抓落实要做到"七个明确"。

（1）人员明确（谁去做）。

解决好谁去做的问题，相当于完成了任务的一半，只有让合适

的人去做合适的事才能事半功倍。所谓合适的人，与学历、资历无关，而更重要的是与完成任务相适应的知识、能力、责任感和使命感等。

（2）职责明确（负什么责任）。

一件事不是负责的人越多越好，有的事让集体去负责，反而成了集体不负责。

（3）任务明确（什么任务）。

要让执行任务的人知道做这件事的意义、获得什么效果等。

（4）时间明确（什么时候完成）。

什么时间完成是很重要的指标，只有时间明确了，执行者才能根据要求制订计划表，确保每一个环节按时落实。

（5）标准明确（做到什么样子）。

要让执行者知道标准，由执行者自行控制质量。

（6）程序明确（必要的路径）。

制定必要的程序，让执行者有所遵循，明确请示报告路径、纵横协调路径、经费审批路径等。

（7）检查明确（怎么检查）。

告诉执行者检查的时间节点、进度节点、检查方法等，让执行者预先有心理准备，按计划完成任务。

说到底，前置性工作就是排兵布阵、合理布局，制定完成任务的方案，并对方案进行推演论证等。

（二）中场指挥把控大局

无论什么任务，成败在过程。再周密的计划，执行过程中免不了出现新情况、新问题，领导者需要从宏观上把控，根据实际情况，灵活应对。

作为指挥员，宏观把控十分重要。不同的任务需要把控不同的重点，作战、对抗性的比赛等，重点是把控敌情；抗击自然灾害，如抗震、抗洪、灭火等，重点是把控灾情。总的来看，领导者要在以下六个方面宏观把控。

（1）宏观把控目标。

以实现总体目标为根本，一切与总目标相背离的活动都要努力制止。

（2）宏观把控方向。

确保组织向实现目标的方向前进，方向偏离，效率越高，离目标越远。

（3）宏观把控局势。

正确分析、判断形势，并努力让整个态势向有利的方向发展，任何时候都不让局面失控。

（4）宏观把控进度。

任何任务都是循序渐进完成的，只有总体把控进度，才能确保任务顺利完成。

（5）宏观把控资源。

根据事件发展进程，科学合理、及时高效地调配各种力量，配置各种资源。

（6）宏观把控利益。

领导者要以组织的利益为最高原则，什么事该做，什么事不该做，什么时候做等，要从总体利益去考虑，有时可能要牺牲局部利益。

（三）后续保障及时跟进

在完成任务过程中，各种保障工作非常重要。保障工作做得好，完成任务就顺利；保障工作跟不上，直接影响任务的完成。通常情况

下伴随任务要做到七个"及时跟进"。

（1）宣传教育及时跟进。

任务领取后，要及时做好动员教育，让所属人员清楚执行这项任务的目的意义，统一思想，提高认识。要说明这项任务的目标、要求、面临的困难等。

（2）结构优化及时跟进。

每一项重大任务的完成都应该是一个组织行为，既然是组织就有一定的组织形式，包括体制编制、岗位职责、职数要求等。要根据完成任务中出现的问题，及时调整优化结构。

（3）人员调整及时跟进。

要把最合适的人用到最合适的岗位上，及时调整不胜任或渎职、失职的人员是完成任务的关键。正如"曼哈顿计划"，及时任命格罗夫斯上校接替马歇尔上校，使任务顺利进行。

（4）资源保障及时跟进。

资源包括人力、财力、物力等，一切与完成任务相关的资源都要及时、充足予以保障。

（5）环境保障及时跟进。

环境包括硬环境和软环境两个方面。硬环境是人的生存或舒适度有关的外部环境，如房子、空气、温度、湿度等；软环境是对完成任务的人的精神、心情有关的内部环境，如风气、氛围、文化等，俗话说"风正气顺"就是这个道理。

（6）风险防范及时跟进。

完成任何任务都要把人的安全和完成任务的目标一起考虑，既要想方设法完成任务，又要最大限度地保证人的安全，两者不能偏废。控制风险是组织力的重要考验。

（7）制度保障及时跟进。

有规矩才能成方圆，做任何事情都要有制度保障，把该说的话说在前面，如奖惩制度、纪律约束、抚恤政策等，让执行任务的人一目了然。

拼多多"拼"的是组织指挥与管理

黄峥作为拼多多的创始人，其组织指挥能力在多个方面得到了体现，这些方面共同构成了拼多多成功的基础，并确保了企业发展的稳健性。

战略眼光与前瞻性布局

黄峥在拼多多创立之初，就精准地抓住了下沉市场的巨大潜力，通过低价团购模式切入，迅速吸引了大量消费者。这一战略眼光体现了黄峥对市场趋势的敏锐洞察力和前瞻性布局。黄峥强调以用户体验为核心，倡导"以简单为美"的商业模式。在拼多多的App设计中，他注重简化交互模块，优化用户体验，使得用户能够更快地完成操作目的。这种注重细节和用户体验的做法，提升了平台的受欢迎程度。

高效的团队管理与沟通

黄峥的领导风格以务实、创新、开放、透明著称。他注重与团队成员的沟通与交流，认真倾听员工的意见和建议，鼓励员工充分发挥自己的才能。这种开放包容的团队文化，激发了员工的积极性和创造力。

黄峥在团队管理中强调高效执行和协同作战。他通过合理的资源配置和高效的决策机制，确保团队能够快速响应市场变化，实现业务目标。同时，他注重培养团队成员之间的协作精神，使得团队能够形成合力，共同应对挑战。

创新思维与商业智慧

黄峥凭借卓越的数学天赋和数学思维，带领拼多多在电商领域脱颖而出。他通过精准把握市场需求，运用数学原理设计独特的商业模式和策略，如低价团购、数据分析指导决策等，使得拼多多能够在激烈的市场竞争中保持领先地位。

黄峥注重持续创新和发展，不断推出符合市场趋势的新产品和服务。例如，他推出的"多多果园"等活动，通过巧妙的规则设置和奖励机制，吸引了大量用户参与，增加了用户黏性。这种持续创新的精神，为拼多多的发展注入了源源不断的动力。

优化内部资源配置

黄峥善于对内部资源实施优化配置和合理利用。通过赛马机制、高压竞争环境和精细管理等策略，实现管理目标。

赛马机制是拼多多在业务拓展方面的一种高效策略。通过同时交给三个团队开展同一项新业务并设立高额奖金激励，拼多多不仅激发了团队的积极性和创造力，还推动了业务的快速创新和迭代。这种机制确保了拼多多能够迅速适应市场变化，抓住机遇，实现业务的快速增长。同时，它也锻炼了领导者的决策能力和资源调配能力，使得他们能够在众多选项中迅速做出最佳选择，推动业务的持续发展。精细管理策略体现了其领导者对内部资源的优化配置和高效运用能力。例如，无条件退款政策虽然给商家带来了一定的压力，但也确保了消费者的权益得到保障，提升了平台的信誉和口碑。这种政策体现了领导者对用户体验的高度重视和对内部资源的精细管理。

刚性执行与高效协同

拼多多强调刚性执行，即绝对服从、没得商量的意思。高层定的关键策略，管理者拍板的方案，都需要无条件服从。在这种环境下，无论是高层团队还是底层团队，都展现出了强大的执行力和竞争意识。这种氛围促使团队成员时刻保持高度警觉，不断寻求突破和创新。同时，它也锻炼了领导者的应变能力和压力管理能力，使得他们能够在复杂多变的市场环境中保持冷静和清醒，做出正确的决策。这种高效的执行力确保了战略决策的落地实施。同时，拼多多通过让产品、运营、研发、测试等部门紧密合作，保证了业务上下游的沟通效率，实现了高效协同。

这些能力共同构成了拼多多领导者在组织指挥方面的核心竞争力，使得拼多多能够在电商领域独树一帜，实现长期的稳健发展。

> **Tips**
>
> **十二度制胜法则之九：**
> 总揽全局，统筹制胜。
>
> **解码：**
> 领导者不一定最善于微观操作，但一定要最擅长宏观把控。
>
> **结论：**
> 组织力——统合的镇度。
> 体现领导者统领全局的果敢度。
> （标识性领导品格：内刚）
> 组织力来自领导者统筹意识的觉醒。

———○ **终极挑战辩题，你支持哪一种观点？** ○———

39. **正方：** 强大的组织力是团队成功的核心要素，能够有效整合资源，实现高效协作，团队应增强组织力。

    反方： 过分强调组织力可能抑制创新和团队成员的自主性，影响团队长期成功，团队应增强自主性。

40. **正方：** 在快速变化的市场环境中，灵活适应和快速调整组织结构是提升组织力的关键。

    反方： 在快速变化的市场环境中，保持组织结构相对稳定，以不变应万变是组织力的重要体现。

第十节

协调力——应变的灵度,柔胜

现代社会分工越来越细,任何一项重大任务的完成,都不是一个人或一个部门能承担的,需要多人合作,多方配合,形成合力;任何一项任务的完成,不可能是一帆风顺的,都会遇到各种困难和阻力,有很多变数,需要克服困难,排除阻力;任何一个人,不管职务多高,能力多强,资源都是有限的,力量也是有限的,需要别人的支持和帮助。协调力是疏通关系、排解困难、化解风险、整合资源,变不能为可能,化险阻为通途的神奇力量。领导者通过巧妙的周旋和有效的沟通,达到让别人愿意合作、同意帮忙、乐意支持的目的。

协调就是让事物达到暂时的平衡。世界上无论什么场都需要平衡,大到宇宙天体,小到国家、地区、团体,甚至一个人的身体,都要保持协调,只有协调才和谐。宇宙本身就是一个和谐场,力的相互平衡,万物才有自己固有的轨迹,才有了我们头上的灿烂星空。然而,世界上的平衡是暂时的,因为世界是物质的,物质会变化,所以不平衡、不和谐、矛盾和差异是时时存在的,这就要求人们为解决矛盾、消除差异不停地奋斗,世界才能归于平衡,这就需要协调。只要有人的地方就有矛盾,只要有组织的地方就会有争斗。有时表面平静,内部却充满硝烟,这是无法避免、不可回避的现实。一个有能

力、有智慧的领导者，必须能很好地驾驭各种斗争力量，协调各种利益关系，维持住平衡。当组织面临失衡困扰时，领导者能"四两拨千斤"地把握住天平的两端，是考验一个领导者艺术与技能的重要标准。

协调力是指领导者为实现组织目标，疏通各方关系，采取各种措施，使组织内部和外部协调一致，和谐配合，以达到高效实现组织目标的能力。

一、协调是实现组织目标的重要手段

协调就是为了实现组织目标，把大家都认为不可能的事情，通过协调者的周密策划和斡旋，让其成为可能，而且使参与各方都心甘情愿地去做，并且感到满意，这就是高水平的协调。在美国有这样一个故事。一位农民有三个儿子，大儿子、二儿子都在城里工作，小儿子和父亲在一起，陪着他干农活。突然有一天，一个陌生人找到农民，对他说："尊敬的老人家，我想把你的小儿子带到城里去工作。"农民说："不行，绝对不行！"这个人说："如果我在城里给你儿子找个对象，可以吗？"农民摇摇头："不行！"这个人又说："如果我给你儿子找的对象，也就是你未来的儿媳妇是洛克菲勒的女儿呢？"农民想了想，终于被让儿子当上洛克菲勒的女婿这件事打动了。过了几天，这个人找到美国首富石油大王洛克菲勒，对他说："尊敬的洛克菲勒先生，我想给你的女儿找个对象，可以吗？"洛克菲勒说："对不起，我没有时间考虑这件事情。"这个人又说："如果我给你女儿找的对象，也就是你未来的女婿是世界银行的副总裁，可以吗？"洛克菲勒最后同意了。又过了几天，这个人找到世界银行总裁，对他说："尊敬的总裁先生，你应该马上任命一位副总裁！"总裁先生摇头说："不可能，这里这么多副总裁，我为什么还要任命一位副总裁呢,而且必须马上?"这个人说:"如果你任命的这位副总裁是洛克菲勒的女婿,可以吗?"总裁先生当然同意了。

　　这个故事也许是杜撰的,但说明协调非常重要。现在的投资银行很多情况下都在从事这位陌生人的工作,让需要钱但找不到钱的人迅速认识有钱但找不到项目的人,使合作成为可能,这就是协调力,而且是超乎寻常的协调力。领导者的重要工作就是协调关系、整合资源,让资源欠缺变成资源富有,让闲置资源充分发挥作用,让不可能的事情变为可能,而且顺理成章。有时事情本身并不重要,就像洛克菲勒的女婿是谁并不重要,重要的是事情背后的利益,陌生人把这件事促成了,作为一个组织来说,就是达成了组织使命。

　　《财富》杂志曾经对世界五百强的部分高层主管提了一个问题:造成管理中失误的最主要的原因是什么?分析结果表明,在管理中失败的最主要原因是缺乏协调人的技能。中国国家行政学院在对省部级领导干部进行培训时,列出了十种能力,请学员们回答当中最需要培训的是哪种能力。这些能力包括决策、用人、协调、沟通、对下属的谈话等。问卷回收之后,协调沟通能力排名第一,占 79.8%。这说明协调力在领导力中的地位非常重要。

　　从某种意义上说,领导者是否善于协调,会使组织产生不同的权利效应,或者说协调沟通已经成为领导者维系组织正常运转的重要纽带。协调是领导者运用权力、威信及各种方法、技巧,使领导活动中的各种资源、关系、层次、环节、因素整合起来,行动一致,形成组织活力、社会合力,达到组织目标,取得组织绩效的重要管理过程。

二、协调重在有效沟通

　　所谓沟通,是人与人或人与组织、组织与组织之间的思想和信息的交换及情感的共享与交流。领导者如果不能很好地与人沟通,也

就谈不上领导力。沟通能使组织的决策更加科学、合理、正确，能使组织成员更明确、更有效地开展工作；沟通有利于发现问题，改善工作；沟通有助于人们换位思考、反向思维、化解矛盾，增强团队的凝聚力；沟通是促进和谐、成就事业、完美人生的工具、方法和桥梁，是一个人获得他人的思想、感情、见解、价值观的重要途径。罗斯福说："成功的公式中，最重要的一项因素是与人相处。"沃尔玛公司总裁沃尔顿说："如果你必须将沃尔玛管理体制浓缩成一种思想，那就是沟通。因为它是我们成功的真正关键之一。"可见，沟通无论对个人的工作、生活还是对企业的成功都至关重要。学者曾宪章先生说："我们在沟通方面的投资，是个本益比最高的投资。随着沟通时代的来临，未来的总裁可能会改名为'总沟通师'。一个好的沟通师，能够把公司的很多矛盾、问题都解决掉，沟通也能够让每个人更具有影响力，更顺利地实施自己的理念，从而让我们的人生更美好！"

沟通包括"表达"和"接受"两个要件。现实生活中，人与人之间都具一定的表达和接受能力，但大量的不协调的问题却又都出在沟通环节。一些基层干部抱怨："我跟他们沟通了，处理的问题我都跟他们通气了。"如果说这个"通气"算沟通的话，那么不协调的问题就在这个所谓"沟通"上，即沟通的有效性上。要实现有效的沟通，需注意以下几个方面。

（1）真诚的沟通。

人与人之间的沟通，应该是为了共同的目标，以真诚对真诚。如果缺了真诚，你的表达很难准确，即使是表达准确了，表达的形式也很难使对方接受。一句话，有了真诚的沟通就能"心有灵犀一点通"。反之，很可能是南辕北辙，相差万里。

（2）准确的沟通。

首先是准确的方式，班子成员之间的沟通，既不能用向上级报告情况的方式，也不能用对下级安排工作的方式，更不能用同事相遇打招呼的方式。最好的方式应是两人之间推心置腹地谈心。其次是准确的内容，准确的内容主要表现在对情况的全面掌握上，所依据的政策规定恰当准确；个人想法符合现实情况，且简单易行，便于操作。

（3）及时的沟通。

关键是要在事前沟通，绝不可先斩后奏或事后解释沟通。如果长期事后才沟通，就可能会出问题、产生矛盾。

（4）反复的沟通。

许多问题往往很难一次或两次沟通后就能形成统一的认识，这是正常的。首先要对统一认识树立信心，要对情况的掌握、政策的理解、问题的判断及处理问题的方法全面准确把握，坚定统一认识的信心。其次，对统一认识要有耐心，如果情况属实，思路正确，方法可行，最后必然按照正确意见办理。绝不能因为自己认为是正确的，而不顾他人意见急于求成。如果不是紧急的情况，可以等一等，允许他人有一个思考的过程。即使一时认识不能统一，也要先从自身找原因，反思一下自己意见的正确性，反思一下沟通方式的科学性，切忌给对方下一个固执已见的结论。

沟通的目的是：推销主张，说我想做的，让别人做我所想的。

沟通的技巧是：先听后说，听别人想说的，说别人想听的。

三、协调的关键是正确处理各种关系

任何个人的力量总是有限的，领导者要履行好自己的职责，必须把周围人的积极性调动起来，潜能发挥出来，靠集体的力量攻克难关，不仅要把内部潜能挖掘好，还要把外部资源利用好。协调力是检

验领导者功底的重要标志。有的领导者虽然业务水平高，敬业精神也强，但就是缺乏协调能力，导致内忧外患，内部怨声载道，外部不愿配合，根本原因就是领导者不懂得如何协调。

领导者需要协调的范围是很广泛的，有内部协调、对上协调、对下协调、同级协调、对外协调等；内部协调又有领导班子成员之间的协调、部门之间的协调和内部成员之间的协调等；协调的内容也非常广泛，有人与人之间的关系协调、利益协调、思想协调、行为协调等。一个有效的管理过程，就是领导者通过协调沟通，理顺各方面关系的过程。这一过程中，充满艰辛，充满智慧，充满艺术，充满辩证法。

（一）内部协调讲风格

内部协调是班子成员之间、同级之间和单位内部的人与人之间的协调，这是协调关系中最大量、最经常发生的。

领导班子成员之间的协调具有举足轻重的地位。如果领导班子不团结，所在单位的建设肯定是搞不好的。我国古人强调，要想成就一番事业，必须具备"天时""地利""人和"三个条件，其中"人和"是最为重要的。有一个形象的比喻，叫作"上面一条缝，下面一道沟"，指的是领导班子是否团结对下面影响很大。俗话说："互相补台，好戏连台；互相拆台，一起垮台。""珠联璧合，相得益彰；明争暗斗，两败俱伤。"领导班子成员之间要善于团结合作，相互配合，要唱"将相合"，不搞"龙虎斗"。团结是一种品德、一种责任、一种觉悟、一种能力、一种心态、一种境界、一种胸怀，既是一个集体的命根子和生命线，也是班子建设的永恒主题。一个单位把团结搞好了，就容易出政绩，出干部，出经验，出形象；反之，就可能出问题，出矛盾，出乱子。一个团结和谐的集体，才能使大家同心协力，优势互补，更好地完成各项工作任务，也会更好地促进个人成长进步。

班子成员之间应做到：有事没事常来往，大事小事多商量，急事难事争着上，好事喜事要谦让。

在我国历史上，反映领导者之间互相配合取得事业成功的例子有很多，如战国时期脍炙人口的"将相合"，至今仍有教育意义。

内部团结是最强大的武器

蔺相如是战国时期赵国的大臣，很有见识和才能，在"完璧归赵""渑池相会"两次外交斗争中，捍卫了赵国的尊严，因此地位跃升于名将廉颇之上。这使廉颇很不服气，他对别人说："我廉颇攻无不克，战无不胜，为赵国立下了赫赫战功。蔺相如不过是凭一张嘴巴，说说而已，有什么了不起，反而爬到我的头上。我一定要侮辱他一番。"

蔺相如听说后，尽量不跟廉颇会面，每次出门，尽量避开廉颇，有时甚至装病不去上朝。有一次蔺相如外出，远远看见廉颇的车马迎面而来，连忙叫车夫绕小路而行。

蔺相如手下的人对他这样卑躬让步的做法感到委屈，纷纷要求告辞还乡。蔺相如执意挽留，并耐心地向他们解释："诸位认为廉将军和秦王相比，哪个厉害？"众人都说："当然廉将军不及秦王了。"蔺相如说："对啦，天下的诸侯个个都怕秦王，可是为了赵国，我敢在秦国的朝廷上斥责他，怎么会见到廉将军倒反而害怕了呢？你们的心情我是理解的，可是，你们想过没有，强大的秦国之所以不敢攻打赵国，就是因为赵国有我和廉将军两人的缘故。如果两虎相斗，势必两败俱伤。我不计个人恩怨，处处让着廉将军，是从国家的利益着想啊。"听了这番话，大家都消了气，打消了告辞

还乡的念头，更加尊敬蔺相如了。

后来，有人把蔺相如的话告诉了廉颇，廉颇大受感动，惭愧万分，觉得自己心胸竟然如此狭窄，实在对不起蔺相如，决心当面请罪。一天，他脱下战袍，赤身背着荆条，来到蔺相如的府第，"扑通"一声跪在地上，老泪纵横，泣不成声地对蔺相如说："我是一鄙陋的粗人，见识浅薄，气量短小，没想到您对我竟这么宽容大量，我实在无脸见您，请您用力责打我吧！就是把我打死了，也心甘情愿。"蔺相如见到这情景，急忙扶起廉颇，两人紧抱在一起，从此消除了隔阂，使强大的秦国更加不敢轻易地侵犯赵国了。

优秀的领导者，应如蔺相如一般，有宽广的胸怀，采用巧妙的办法，协调员工之间的不和谐因素，整个团队才能勠力同心。

在现代史上也有不少好的范例。如我军历史上堪称搭档楷模的刘伯承和邓小平同志。从抗日战争初期开辟太行山根据地到解放大西南，刘邓前后共事13年。这两位惊天动地的伟人，结成了兄弟般的战友情谊。刘伯承比邓小平年纪大一轮，两个人的气质、风格也不尽相同。刘伯承的特点是"举轻若重"，邓小平的特点是"举重若轻"。但他们却合作得非常好，成为密不可分的搭档、军政团结的榜样。在刘邓大军中，"刘邓不可分""刘邓之间加不进一个逗号、加不进一个顿号"的说法广为流传，成为佳话。1986年，走完94年人生旅程的刘伯承去世后，邓小平率领全家人来到灵堂，深深地三鞠躬，然后他长久地站立在遗像前，凝视着，沉思着，泪水无声地顺着脸颊流下来。后来，邓小平又亲自主持了刘伯承的追悼会。直到晚年，邓小平还深情地回忆说，他与刘伯承之间感情非常融洽、心情非常舒畅、工作非常协调。他还说："我比他小十多岁，性格爱好也不尽相同，但合作得很好。人们习惯把'刘邓'连在一起，在我们两个心里，也觉得彼此难以分开。"

（二）对上协调讲艺术

上下级之间的关系具有多种层面和性质，是一个立体的概念，主要表现为隶属关系、依存关系、职能关系。陈云同志曾经指出："领导方式的中心问题，是正确处理上下级关系。"作为下级，处理好与上级的关系，可以争取上级对事业的支持和信任，争取较宽松、有利的政策扶持，乃至获得相对优厚的物质条件，从而改善自身的工作环境。因此，良好的上下级关系是生产力和战斗力，是资源和财富。

对上协调的艺术就是领导力。

对上协调要做到以下几点。

（1）尊重而不奉迎。

在向上沟通时，要充分尊重上级领导，如果让领导感到你心中有他，你说的话他就会听得进去，他会觉得你的所作所为都是为他着想的。相反，他会怀疑你的动机，也就不容易接受你的意见。

（2）服从而不盲从。

领导者的权威不容挑战。邓小平同志曾特别强调："我们的组织原则中有一条，就是下级服从上级。"要时刻牢记，下属只是参谋，不要指望领导会采纳你的一切建议，也不要以为自己的意见就是正确的，领导才是决策者。下属与上级领导的意见发生分歧时，下属应该合理地坚持，才能树立信用，否则，领导一说"不"，下属就见风使舵，只会给上级留下不可靠的印象。

（3）主动而不主观。

一般来说，上级的很多时间并不能为自己主动控制，因此会忽视与下属的沟通。更重要一点，上级在下达命令让下级去执行后，总认

为不会出现什么差错，导致缺少主动与下级沟通。作为下级必须有主动与上级沟通的精神，这样可以弥补上级因为工作繁忙或没有具体参与执行工作而忽视的沟通，才能更及时准确地理解上级领导指示精神的实质，同时也能让领导了解你的工作情况。汇报工作前，要全面弄清情况，汇报时实事求是，客观公正，不搬弄是非，为领导决策提供全面、真实、可靠的信息。

（4）领会而不领先。

作为下属应善于理解上级领导的意图，做到思维同步，并及时准确地向他传递相关的信息和资料。日常工作中要做到心细，注意观察和发现上级领导正在关注的问题，比如领导在正式场合中的讲话对哪些问题进行了强调，程序怎样；与自己的谈话中对哪些问题发表过看法，褒贬如何；在文件批阅中做过哪些删节、改动和批示等，跟上领导的思维步伐。当下属关注有些问题而领导还未关注时，可以及时开展相关工作，有些敏感性问题，领导没叫你说时千万不要擅提意见，更不要当领导发表意见后说"我一直也是这么想的"，表现得思维领先，高明于领导。

（5）充分而不匆忙。

向上级领导汇报时，要进行充分的准备，把问题想清楚，汇报会更加成熟，心中有数。同时，提供重大情况、汇报重大消息时，最好有书面材料；提出问题的时候，同时拿出自己的解决方案，不要只提问题而不管问题如何解决；发生十万火急的事情，应在第一时间向领导汇报；切忌越级汇报、报喜不报忧、假公济私和汇报时机不当。

（三）对下协调讲方法

对下协调涉及本级领导与下级领导的关系问题，但更重要的是

第四章 | 领导力十二度奇胜

解决下属各部门之间、部门与部门领导之间，以及各部门员工之间的配合问题，以便拧成一股绳，为实现组织目标真正做到合心、合力、合拍。

打通部门墙

Valena 科学公司是美国一家生产医疗产品的大型企业。1983 年夏天，公司接受了一项特殊任务，在 6 个月内与另外一家公司共同研制具有抗癌作用的白细胞干扰素。由于时间紧迫，两家公司分别派出研究人员组成三个小组，在各自的领域内，从各自的专业背景出发，寻找他们认为可行的技术。到了 9 月，三位小组领导者碰面，发现三个小组在完全不同的三个方向上进行研究。每个小组都坚信自己的方法是最好的，每位非正式领导者都激烈地为自己的方法辩论，没有人同意其他人的方法。接下来的每次会面都是冲突，问题一直没有得到解决。管理层终于意识到了危机的存在。于是，他们邀请了斯坦福大学的教授，一位 DNA 重组技术专家，作为这个项目的领导者。他的头衔是生物技术研究项目首席生物学家，在项目研究期间，所有成员都要向他汇报。

这位首席生物学家立刻要求 9 位科学家下属将项目停下来两天。他把他们安排到 3 张讨论桌上，每张桌上坐着来自不同小组的一名成员，这样他们就必须跨越自己的领域进行讨论。他从大家共同的科学背景开始引导讨论，叙述他们对项目的希望和愿景。在大家对愿景达成共识后，小组开始讨论科学问题，并在新的小组里讨论之前的方案。逐渐地，一个有较大成功可能性的方案浮出水面。科学家们达成共识，首席生物学家宣布了干扰素项目将采用的基本研究方法。回到公司后，技术人员被召集到一起，科学家们向他们解释了研究方法。与此同时，每个小组都接受了整个研究计划中的

一些指示。根据小组之间的互动制定了严格的项目截止时间。各小组的领导者必须每周向首席生物学家汇报项目进展情况。

在这两天的停顿之后，科学家们的行为发生了很大变化。小组之间的交流变得很频繁。当一个小组发现问题后，立刻把信息转达给其他小组，减少不必要的精力浪费。各小组领导者不断给出很多解决方案。不同小组成员共进午餐和一起喝咖啡的情况越来越多。小组领导者和成员经常要每天进行讨论，并根据研究需要进行合作。成员对部门和干扰素项目都表现出极大的热情，凝聚力空前高涨。后来，研究项目顺利如期完成。

Valena 科学公司的案例，说明了协调团队内部各个部分和每位成员的重要性，这是领导团队的重要组成部分。优秀的领导者应该在组织内部起到"润滑"作用，使得组织内部各个成员的合作更加顺利，使组织能够成为一个有机的整体高效运行。

同样，对直接下属沟通也要讲究方法。例如，一位员工已经连续三天都迟到了，而且迟到时间都超过三十分钟。作为主管怎么与这位员工沟通呢？沟通的目的是要让这种情况不再发生。有的主管可能霸气十足，会把这个员工叫来，也不听任何的说明，就开始用一种斥责式的方式说："你怎么老迟到呀，你这样迟到对公司的业绩、进度都产生影响。"这样的沟通方式不会产生好的效果。而比较成熟的主管会做支持性的沟通，即理性的沟通。他会请这个员工进他的办公室，然后问他："你最近家里有些什么事情发生吗？为什么你昨天也迟到，前天也迟到？已经迟到三次了。有没有什么地方我们可以帮你忙的？或者请同事帮你？"用这种善意的方式来跟下属沟通，尊重了解他，而且坦诚沟通，下属会从内心产生一种感激之情。他会觉得这是一个好主管，那么他愿意很快地改善。

第四章 领导力十二度奇胜

领导者对下协调要做到以下几点。

（1）既要放下架子，也要拉下脸子。

平等、坦诚是沟通的基础。领导与下属沟通，首先要明白一点，下属与你在人格上是平等的，要说真心话，待人真诚，绝对不能说那些言不由衷的空话、大话和假话，更不能用不冷不热、矫揉造作的假感情对待下属；要在坚持原则的基础上，放下架子，去掉偏见，与下属交朋友，在和风细雨中打动下属的心，增强沟通效果。

（2）既要雅的，也要俗的。

沟通不仅要准确把握时机，而且要语言谦和，针对不同的沟通对象使用不同的语言。对性格内向的，语言要柔和一些，如春风化雨那样句句入心；对直爽开朗的，要一针见血地指出问题；对文化层次高一点的，语言可以文雅一点，太俗气了他会觉得你不尊重他；对文化层次不那么高的，语言应该平实一点，太文雅了他会觉得你装腔作势耍弄他；对工龄长、资历深的，谈话时说理可以深一点，以理说事；对年轻识浅、思想单纯的，可以多用朴实通俗的语言，深入浅出，以事明理。

（3）既要明示，也要暗示。

把什么事都说得透亮，并非最高明的谈话。有时候，领导对下属不能直来直去，要懂得迂回、暗示，和下属之间的谈话，有时不能说破、说穿，要点到为止。巧妙地利用暗示，可使下属积极地接受领导的意志和指示，迅速行动。

（4）既要表扬，也要批评。

表扬和批评不仅仅是一种行为，也是一种沟通方式。表扬先进，正是为了激励和促进下属的工作积极性和主动性，而下属经常听到真诚的表扬，会感到自身工作的价值得到了领导的肯定，对领导的敬意会油然而生。同样，工作中如果没有批评，往往会出现无人负责、各

行其是的局面，最终难以实现目标。表扬和批评在沟通中必不可少，最重要的是要坚持原则、实事求是，同时更要讲究策略，让其发挥积极的作用。

（5）既要表态，也要兑现。

领导要多下基层、多全面了解情况，学会掌握工作的主动权。要多听工作汇报，少信小道消息，更不要偏听偏信。对于下级请示的问题，要全面分析，认真研究，对不合理要求要严词拒绝，对合理化建议要大力支持，做到积极慎重表态。对答应解决的问题，要言而有信，加以兑现，假若一时无法办到，则应当诚恳地说明原因，不要不了了之或干脆丢到脑后。言而无信，与下属的关系就只能是疏远或恶化。

（四）同级协调讲姿态

同级关系是指在领导活动过程中的一种平行横向关系，大致有三种类型：一是同一组织内党务领导与行政领导之间的关系；二是同一领导班子内副职与副职之间的关系；三是同一组织内同一层次上的不同单位、部门及其领导成员之间的关系。良好的同级关系能够创造有利的工作环境，使单位、部门之间，领导成员之间彼此配合，相互帮助，共同进步。

在平行沟通方面要做到以下几点。

（1）各司其职，不越权行事。

同级领导之间应该从整体工作出发，按照"优势互补"原则，进行科学分工，明确彼此责权。主要领导放手让其他成员大胆工作，成员都要尽心尽职地为整体目标的实现努力，为其他同事提供方便，相互支持补充，力戒拆台。

（2）胸怀坦荡，不斤斤计较。

"治人"先"治己"，多看自己的不足，寻找自身的原因；对待同事、同级，要多看长处，少看短处，真诚相待、将心比心、以理服人、以情感人。只有这样，才能在同级之间形成相互信任、友好、宽容的和谐气氛，赢得同级的称赞。

（3）减少误会，不制造矛盾。

同级之间是平等、合作的特殊关系，日常工作中应经常保持联系，及时沟通情况，相互了解信任。出现矛盾要相互协调、自我解决，不到必要时不要上交矛盾，减少一些不必要的误会和摩擦，形成较强合力，保证共同目标的实现。

（4）整体把握，不绝对平衡。

领导者应站在宏观角度，冷静分析各自位置与他们之间的依存关系，然后分清主次，权衡利弊，掂量轻重，把对自己影响比较大、接触颇多的同级作为重点交往对象。既可确保自己将有限的时间、精力集中起来考虑更多的事情，又协调了与各个同级领导之间的关系。

（5）实事求是，不说长道短。

对同级领导的评价，要站在有利于单位建设的大局的高度，出于公心，一视同仁，实事求是，不说长道短，不私下评价。在工作中产生磕磕碰碰在所难免，不能把这种情绪带到评价中去，要做到不偏不倚，切不可因个人感情好坏而影响评价的标准。

（五）对外协调讲策略

对于一个组织的主要领导来说，对外协调能力远比其他能力重要。任何组织都是在社会中生存的，需要与各种各样的人员和组织打交道，这种沟通既可能是一对一的私下沟通，如洽谈某项事宜，也可能是一对多的、公开的沟通，如新闻发布会、媒体上的访谈活动等。在企业遇到问题或危机的时候，领导者的沟通协调能力、危机化解能力显得尤为重要。沟通协调能力强的领导可以帮助企业解决问题、化

解危机，获得新的发展机会，叫作"化危为机"；对于庸庸碌碌不善协调的领导，当危机发生时，可能束手无策，或者因协调不当让危机扩散，叫作"变危为险"，企业可能从此一蹶不振。

外部的范围很广，包括同类型的组织机构、竞争对手、地方政府、监管部门等。协调好这些关系能最大限度地保障组织的顺利发展。

（1）对外协调应把握以下几项原则。

1）着眼大局，平等协商。

首先，要解决好认识和思想上的问题，坚持平等性原则，以大局为重，互利互让，多交换立场，多考虑对方的实际情况和具体困难，做到相互沟通，相互理解，相互支持。其次，领导者本身要不断提高知识水平和能力，努力使自己成为"通才型"领导。要对自己系统以外的单位、部门的业务和情况有所了解，对相关的知识有所知晓。这样，才能从根本上做到着眼大局，适应领导工作时代发展的需要。

2）求同存异，善于疏导和平衡。

求同存异，关键是求同，要客观全面地分析各方面的情况，找准各方都认可、事关全局的共同点，促使各方统一思想，达成共识。疏导和平衡，就是找准冲突的关键所在，进行正确的估量与分析，采取恰当的方式，有的放矢地进行疏导融通。

3）刚柔相济，灵活统一。

要适时有效地运用"协商调解"与"指令制约"这两种职能，发挥它们的功效。一方面，在困难与复杂的情况下，领导者要坚持原则，坚强刚毅，果断坚定；另一方面，要辅以柔和，进行思想疏导，竭尽协商调解之能事，动之以情，晓之以理，明之以义，做到刚柔相济。刚与柔的综合运用，也就是领导者权力影响力和非权力影响力综合作用的统一。领导者要善于审时度势，把握时机，适时应变；具体运用要适度适量，适可而止，恰到好处。

4）注意协调的语言艺术。

领导协调的成败及功效，取决于语言艺术水准：要在协调过程中注意表扬激励、情感打动；要对协调客体多做正面启迪，不断用巧妙的语言引导；要注意语言温和，语气婉转；要让协调对象畅所欲言，耐心倾听；用幽默的语言缓解尴尬紧张的气氛，调节引导情绪；适当地自责，以平衡各协调客体的心理。

5）坚持协调的超前性、持续性和信息化。

为防止协调问题的复杂化，减少处理的难度，领导者要以敏锐的洞察力和超前意识，及时地发现可能出现的问题和矛盾，及时做好预防性的协调，把问题解决在萌芽状态，防患于未然。许多问题不是一两次就能够解决的，旧的矛盾解决了，新的矛盾又会随着事物的发展而产生，因此，领导者必须注意协调的连续性和持续性。

领导者还要十分重视和利用信息，经常广泛地进行信息沟通，使之贯穿于领导行为的全过程。在协调具体问题前，要充分调查、收集和分析有关情况，熟悉协调问题的发生原因、现状和发展趋势，形成协调方案。在协调过程中，也要及时沟通情况、反馈信息，使整个协调过程建立在可靠的事实基础之上，确保协调的正确性，取得良好的协调效果。

（2）对外协调中需注意和避免的问题有以下几点。

1）摆不正自己的位置，不能明确自己在不同协调环境中的地位和作用。

主要表现为：在协调同级关系时，违背平行关系的横向协调需遵循平等协商的重要原则，仍以领导者自居，总想起主导作用；在作为协调主体与上级机关、上级领导进行协调时，存在三种错位——不能明确自己在协调中的主导地位，对上级被动听命，唯上是从，不

能把本单位的具体情况如实地反映给上级，对是非比较明确、确实应该坚持的意见，不能反复地向上级陈述利害，取得上级的理解和支持；不能明确自己在隶属关系上被领导、被制约的地位，不能以请示、汇报、协商的态度进行协调，对众说纷纭、难以定论的问题固执己见，而对协调后形成的与协调初衷不一致的意见不愿执行；在对下协调中，方法不当。领导者的协调具有协商调解与指令制约双重职能。领导在对下协调中，常处于组织领导、调度指挥之中，对协调客体具有制约作用，但有的领导过分强调指令性，往往采取简单命令式的做法，不能立足于说明情况、讲清道理，以协商的姿态进行协调，下级也就不能心悦诚服地配合行事。在权力协调中，在克服无人负责、推诿扯皮的弊端时，或者在原则问题上，又过度陷入"协商"之中，缺乏协调力度，体现不出制约功能，显得软弱无力，达不到协调目的。

2）不顾大局和整体，存在"职能偏见"。

有的领导者在协调中往往不能着眼于全局，不顾整体，而是以"我"为中心，站在本单位、本部门的立场上去协调和处理问题。这样就会产生一种"职能偏见"，认为本单位、本部门是最重要的，一切都应该从此出发，而没有考虑其他单位、部门的利益和情况。久而久之，就形成了一种偏狭的本位主义，使各单位、各部门自立山头，互不配合，难以协调，造成目标不一致、行动不统一，破坏了团结，影响了整体目标的实现。

3）不顾协调客体的差异和特点，方法不当。

这方面的偏颇主要有：不顾协调对象的阅历、学识、能力、性格等个体差异，方法不当，收不到良好的协调效果；不顾协调对象、协调问题的具体状态，采用不适时、不恰当的方法；不能根据被协调问题的性质采取适宜的协调场合和协调方法，处理不当。

4）语言不妥，缺少艺术。

主要表现在：对上协调时，不能做到谦虚谨慎，言语不够委婉，不留余地；对下协调时言语强硬，不容协商；协调具体问题时不能切中要害，开导说服不着边际，不得要领；不分析客体心理，不能针对不同的心理素质和心理活动运用不同的语言，而是千篇一律；不分场合和对象，滥用批评，言辞过激，使人难以接受；对错误的观点和不同的意见挖苦讽刺，挫伤协调对象的自尊心和积极性，破坏畅所欲言的气氛，影响协调效果。

协调力是在遇到各种复杂情况时巧妙周旋、正确应对、以变制变、循势借势、借力打力的一种能力。协调力是另一种指挥能力，即变被动为主动、变不利为有利、变不可能为可能、变不合理为合理的权变过程。

趋近公理的定律：沟通协调是领导者的首要职能。

——沃伦·本尼斯

字节跳动"跳"得精彩

越是在复杂的环境，越能考验一个领导者的协调力。张一鸣作为字节跳动的创始人，以能征善战、善于协调各方关系著称。字节跳动以其快速迭代和多元化发展的策略，覆盖了短视频、社交、新闻、教育等多个领域。由于业务线广泛且竞争激烈，这种跨领域的扩张和快速迭代增加了其经营的复杂性。

字节跳动在全球范围内开拓市场，其产品如抖音国际版（TikTok）等在全球范围内广受欢迎。他们不断拓展商业边界，形成一个良性循环的生态系统。从广告业务的精准投放，到对电商、游戏、教育等领域的探索，其能够灵活应对市场变化，制定多元化的战略。

字节跳动在海外遇到了许多意想不到的难题，多在张一鸣巧妙协调与努力抗争中得到解决。

TikTok美国业务危机应对

面对监管压力：TikTok在美国曾面临美国外国投资委员会（CFIUS）的审查，甚至有被强制要求出售或封禁的风险。张一鸣在此情况下没有放弃，而是积极寻求解决方案，包括提起诉讼以争取合法权益，同时与美方进行沟通和协商，最终在一定程度上缓解了监管压力。

融资与资本运作：在TikTok美国业务面临困境时，张一鸣成功协调了欧洲资本的加入，为字节跳动提供了充足的资金支持，帮助其在美国市场扳回一局。

全球化战略与团队协调

张一鸣在全球化战略中注重团队建设，通过引入国际化人才和建立全球化团队，提高了字节跳动在全球市场的竞争力。他亲自参与团队协调，确保不同国家和地区的团队能够协同工作，共同推动公司的全球化进程。在全球化过程中，字节跳动面临着不同文化背景和价值观的冲突。张一鸣通过加强内部沟通和培训，促进员工之间的理解和尊重，有效解决了跨文化冲突，增强了团队的凝聚力和执行力。

应对市场竞争与舆论压力

在TikTok面临全球问题时，张一鸣迅速采取行动，为TikTok面临的全球问题找到解决方案，特别是在美国和印度等关键市场。他亲自参与制定解决方案，确保方案符合用户、创作者、合作伙伴和员工利益，同时积极回应舆论关切，维护公司形象和声誉。

针对外界对TikTok数据安全的担忧，张一鸣加强了公司的安全保障措施，包括加强数据加密、提高用户隐私保护水平等。这些措施有效增强了用户对 TikTok 的信任度，为公司赢得了更多用户的支持。

张一鸣在海外协调解决难题的过程中展现出了卓越的领导力和协调能力。他通过积极应对监管压力、融资与资本运作、全球化战略与团队协调，以及应对市场竞争与舆论压力等方面做出的努力，成功推动字节跳动在全球市场的快速发展。

> **Tips**
>
> **十二度制胜法则之十：**
> 以迂为直，借力制胜。
>
> **解码：**
> 领导者不一定最有资源，但一定要最能整合资源。
>
> **结论：**
> 协调力——应变的灵度。
> 体现领导者循势借势的灵活度。
> （标识性领导品格：外圆）
> 协调力来自领导者权变意识的觉醒。

———————— 终极挑战辩题，你支持哪一种观点？————————

41. **正方**：领导者高效的协调力是团队合作成功的关键，能够确保各成员间无缝衔接，共同完成任务。协调是领导者的重要工作。

反方：共同目标和利益是团队合作成功的根本，利益背离的情况下，任何协调都是苍白的。把握利益平衡是领导者的重要任务。

42. **正方**：在面对紧急或复杂任务时，协调力的快速响应和灵活调整是团队成功的关键，越是在紧急情况下越需要协调。

反方：过度强调协调力可能影响效率，越是在紧急复杂的情况下越需要明确的决策和执行力。

第十一节

导向力——领航的精度，信胜

尽管人们对领导力的表述千人千面，但有一个事实不可否认，即领导者必须带领众人去完成共同的使命，不是一个人完成。带领众人前行就像众人共同乘坐一条航船，这个航船就是一个组织，领导者是掌舵的人，追随者是划桨的人，只有双方密切配合，掌舵的人坚定目标，始终坚持正确的方向，划桨的人全力以赴，始终保持高昂的斗志，不畏艰险，齐心协力，航船才有可能到达胜利的彼岸，实现既定的目标。

旅行者经常有这样的体验：有时知道自己要到哪里去（有明确的目标），但不知道怎么走，所以要"问路"，让别人指明方向；有时自己不知道要去哪里（没有明确的目标），所以要请导游介绍并引导前往；有时知道自己要去哪里，也知道大体方向，就是不知道自己现在所处的位置，不知道眼下怎么走，这时，突然发现路边有一块指路牌，上面标注你现在所处的位置，你会有如获至宝的感觉。以上"问路""请导游""指路牌"都是解决一件事——导向。

领导者在组织中，经常要充当"指路人""导游""指路牌"的角色。

①当组织成员没有明确的目标时，领导者要及时将组织目标告诉

大家，引导大家向着组织希望的目的地前进。马克思在研究了人类社会发展规律后，知道共产主义社会是人类最美好的社会形态，因而发出《共产党宣言》，为共产党人指明奋斗的目标。

②当组织成员对既定目标产生怀疑，动摇信念，或者存在不正确思想，有碍组织目标实现时，要及时对错误思想倾向进行纠正，引导人们建立正确的思想和信念。

③当组织成员遇到困难，对要到达的目的地产生畏难情绪，停滞不前时，要及时帮他们解决困难，鼓励他们充满信心，坚持到底。电视剧《士兵突击》中，列兵许三多作为一个农村入伍的孩子，军事训练样样成绩落在后面，连队领导不放弃、不抛弃，引导他成为一名优秀士兵。

④当组织成员遇到复杂情况，迷失方向时，要及时为他们指明方向，纠正偏差。改革开放初期，资本主义国家一些思想观念、生活理念、文化习俗随着经济发展方式的引入大举进入国门，一时间国内全盘西化的呼声很高，中国及时纠正了一些错误观念，有力地把握住了改革开放的正确方向。

可见，导向力主要解决的就是一个"迷"字：一是迷失，不知往哪儿走；二是迷向，走错方向；三是迷疑，害怕、动摇，没有信心；四是迷茫，不知该不该走；五是迷惑，辨不清是非，摸不着头脑；六是迷乱，乱了阵脚；七是迷信，走错了方向还执迷不悟。

针对这些"迷"，领导者既要有GPS（全球定位系统）的导航功能，让下属找准方向、找到目标；还要有"唐僧"的引导功能，让下属为实现目标坚定信念，充满信心，遇到困难不退缩，遇到诱惑不迷茫，引导团队向正确的方向义无反顾地前行。领导者最重要的功能就是引导人，引导组织成员去努力实现组织使命。

导向是组织发展的客观需要，是维护组织有序运转的必然要求，是推动组织目标实现的前提条件。领导者的导向力体现在政治导向、思想导向、政策导向、制度导向、用人导向、文化导向等多个方面。

导向犹如河之两岸，目的是让河水按规定路线行走。一个组织有怎样的风气、作风、文化全在于领导者的正确导向。

一、政治导向

政治导向是领导者的灵魂，任何国家、民族和团体都有自己的政治主张，这个主张要通过新闻媒体宣传出去，它反映着国家、民族的政治主张。没有一个国家的媒体没有自己的政治倾向，没有一个国家的媒体不在传播本国的价值观，没有一个国家的媒体不在维护自己的舆论导向。宣传自己的政治主张，是每一个领导者不能不重视的问题。

1925年毛泽东在《〈政治周报〉发刊理由》中，首先明确提出了创办《政治周报》的目的："为什么出版《政治周报》？为了革命。为什么要革命？为了使中华民族得到解放，为了实现人民的统治，为了使人民得到经济的幸福。"1929年12月，他在《红军宣传工作问题》一文中强调："红军宣传工作的任务，就是扩大政治影响争取广大群众。由这个宣传任务之实现，才可以实现组织群众，武装群众，建立政权，消灭反动势力，促进革命高潮等红军的总任务。所以红军的宣传工作是红军第一个重大的工作。若忽视了这个工作就是放弃了红军的主要任务，实际上就等于帮助统治阶级削弱红军的势力。"

二、思想导向

领导者的一项重要任务是对被领导者进行思想引导，以思想政治教育为主要手段，鼓励人们坚定理想信念，明确奋斗目标，规范行为方式。

（一）树立坚定的理想信念

通过思想政治教育帮助人们形成正确的理想信念，并通过理想信念来凝聚人心，激发动力，指导行为。理想信念具有指向性、确信性、稳定性的特点。人们总是根据自己的理想信念所遵循的价值观准则来分析问题，评价事物，选择态度和行为。对符合自己理想信念的各种事物和思想行为给予肯定性评价和选择，对有悖于自己理想信念的，则取否定的态度。因此，理想信念对人们的认识和实践活动具有明确的指向性或导向性。同时，理想信念作为人们确信不疑的思想，比一般思考对人们行为的驱动更坚定、持久、有力，理想越远大，所产生的精神动力越是强烈而持久。

理想信念的确立，不是在短时间内一两次教育就可以实现的，需要长时间的反复教育才能确立。已经形成了的理想信念，也需要通过教育、实践不断丰富和巩固，否则，在一定外在因素的影响冲击下，也可能动摇和改变。因此，思想政治教育既作为一个目标来导向，也作为一个过程来实现。

理想信念有正确与错误之分。错误的、非科学的理想信念由于具有不正确的指向性、确信性和稳定性，导致了不正确行为的顽固性，改变起来比较困难。这种理想信念一般都不是真理性追求，而是一种盲目的甚至错误的价值取向。例如迷信，不是以科学性为前提，而是以某种虚幻的、错误的价值满足为特征。确立正确的理想信念，必须进行科学性与价值性相统一的教育。科学性就是真理性，崇尚科学、坚信真理，这是确立正确理想信念的前提和基础。同时，科学的理论、思想正确地指导实践、付诸实践，必定显示价值，创造价值，促进社会和人的发展。但是，如果科学的理论、思想脱离实际，不仅不能成为人们的理想信念，而且无法体现其价值性。价值性的缺失或价值性在实现上的困难，又会反过来影响人们对科学理论的认识和对真理的追求。因此，理想信念教育实质上是科学性与价值性相统一的教育。

（二）明确远大的奋斗目标

远大目标，如实现共产主义、社会主义现代化建设，实际上也是理想信念。阶段目标、中心任务、具体目标等，是体现理想信念的象征，是在理想信念支配下用以达到目标的具体瞄准对象。

以目标作为导向的思想政治教育，是把组织目标向组织成员导入的过程。只有成为组织全体成员共同的奋斗目标，组织目标才有意义。领导者要善于把握、分解组织目标，并且提出实现目标的独到见解和策略。比如，"中国特色社会主义"是中国共产党提出的伟大目标，邓小平同志把这一目标分解成"三步走"发展战略，同时提出一系列实现这一战略的方针政策，使组织目标得以逐步实现。

把组织目标转化为组织成员的奋斗目标，或者说把社会目标转化为全体公民的奋斗目标，是思想政治教育的重要任务，这既要根据人们的思想实际和个性特点，确立转化的目标层次，不可盲目求高求全，从而使目标的确立具有层次性和个性；又要根据人们向往的意向，引导高层次目标的转化和追求，并尽可能缩短其过程，使目标的转化和追求具有超越性。

（三）确立合理的行为规范

把人的行为规范到道德、法纪准则下，就是行为规范导向。道德和法纪是实现理想信念、奋斗目标的保证，具有规范性和方向性特性。随着社会复杂性增大，变更性加快，民主性加强，必须采取依法治国和加强思想道德建设相结合的方式规范各个领域，规范必须明确具体。否则，一些人在取向、选择的过程中，将出现随意性，导致扰

乱社会秩序和社会发展的目标取向。因而，进行行为规范导向既是现代社会的客观需要，也是理想信念、奋斗目标导向的保证。

行为规范导向主要有两个方面，一是道德规范导向，二是法纪规范导向。道德规范导向是通过道德原则、道德规范的教育，道德习惯的养成，以社会舆论、自教自律的方式进行行为导向。这种行为导向体现在人们社会生活的各个方面，是一种经常性、广泛性导向。法纪规范导向是通过法律制度，如具体法规、章程、条例的教育和执行，以监督检查、强化管理方式进行行为导向。这种行为导向重在培养人们的法制意识，增强依法办事的自觉性，预防、抑制违法违纪行为，保证社会行为的一致性。

（四）为他人指点迷津

引路，是一种智慧，更是一种心地坦荡的大爱！领导者对员工的爱，不仅要体现在给员工经济上的收益，更要体现在对思想上的帮助，为员工引路是一种更高境界的关心。

用正确的方法帮助人

美国有一个亿万富翁积德行善的事例。一天，亿万富翁丹尼尔在散步时，发现一个小男孩蹲在路边，手里拿着一根草茎在地上摆动着。丹尼尔好奇地俯下身子，抚摸着小男孩的头，问道："小朋友，你在干什么呢？"小男孩头也不抬地回答道："我在为一只蚂蚁引路。"丹尼尔听了，忍俊不禁地笑道："一只蚂蚁需要引什么路？"小男孩认真地回答道："这只蚂蚁和同伴走散了，正惊慌失措地四处寻找它的同伴，我要把它引到它们的队伍中去，这样它才有生存下去的机会。"丹尼尔这才看到，原来小男孩在用草茎将一只走散的蚂蚁慢慢地引到蚁群中去。在小男孩的努力下，那只走散

第四章 | 领导力十二度奇胜

了的蚂蚁终于回到了蚂蚁群中。见到了同伴，它立刻欢快地和大家碰着触角，显得十分亲热和兴奋。丹尼尔不禁对小男孩这种心地善良的做法很是欣赏，他说道："谢谢你，为那只走散了的蚂蚁找到了同伴，也找到了生存下去的机会。"小男孩这才抬起头来望着丹尼尔，他眨着一双聪慧的眼睛，露出甜美的笑容。

这次经历给丹尼尔的心灵带来很大的震撼。他想，小男孩给迷失方向的蚂蚁引路，使它不再迷惘、惊慌，真的是一种聪明的做法。行善从某种意义上讲也是这个道理。一天，丹尼尔刚走到公司门口，忽然被一个中年妇女挡住了去路。中年妇女带着一个七八岁的小女孩，一把鼻涕一把眼泪地向丹尼尔泣诉道："丹尼尔先生，您可怜可怜我们母女吧。我男人得了重病去世了，我也失业了，我们母女俩的生活陷入了困境。"说罢，女人从包里拿出相关证明，央求丹尼尔救济下她们母女。

丹尼尔听了，心里溢满了同情。如果这事发生在从前，他会马上掏钱或叫财务部门拿出一些钱给这对母女救急。但今天他没有这样做，而是亲切地询问那位女人以前是做什么工作的。女人泪流满面地回答道："我以前是做财务工作的。"丹尼尔听了，眼睛一亮，他对女人说道，我马上安排人事部门对你进行考核，如果没有什么问题，你就在这家超市财务部门工作，并预支给你 3 个月的工资。女人听了，脸上露出欣喜的表情，对丹尼尔连连称谢。一年后，在这家超市担任财务主管的苏姗女士很受老板丹尼尔的赏识和器重。在圣诞节超市举办的晚会上，苏姗女士对前来参加晚会的丹尼尔说道："谢谢您，丹尼尔先生，是您为我引上了一条自食其力的路，同时，也给了我人格的尊严。"丹尼尔笑道："尊敬的苏姗女士，不用谢我，是您的才华和努力，在生活中得到了回报。"

还有一次，丹尼尔收到一封名叫雅各布的青年给他写的信。

信中说，他今年刚考入麻省理工学院，由于父母早逝，生活十分困难，上大学的费用到现在还没有着落，希望丹尼尔先生能资助他一下。丹尼尔看了这封信，给他回了一封信，信中写道："你进入大学后，可以到我公司开在麻省理工学院校外的那家连锁超市分店打工，我将预支你一年的工钱。我会把你的相关情况向那家超市说明的，届时你去办理相关手续就行了。"几年后，已是一家软件开发公司老板的雅各布在公司成立仪式上说道："当初，我是一个穷困潦倒的大学生，我向丹尼尔先生求助，丹尼尔先生独辟蹊径，把我引上一条自食其力的道路。如果当初他只给我一些钱，只能解决一时之急，甚至让我养成懒惰、不劳而获的习惯。可以说，如果当初没有丹尼尔的高瞻远瞩，也就没有我今天创业的成功。"

丹尼尔的行善，充满着一种智慧和远谋，使被救助的人得到了一种人格的尊严和力量。在出席得克萨斯州举办的大型慈善活动时，丹尼尔对来宾们说了这么一句话：为一只蚂蚁引路，就是一种最大的行善。行善的根本宗旨，是要给被行善的人找到一条光明、灿烂的路，还要给人以人格尊严。这是一种道德底线，更是一种人格力量的升华。得克萨斯州发行量最大的报纸《休斯敦纪事报》在评论中指出：为一只蚂蚁引路，是行善的一种最高境界。

三、政策导向

运用政策引导团队成员向着指定目标前进是领导者的一项重要手段，无论党和国家还是地区、部门，或者单位、团体都可以运用，如运用产业政策、分配政策、就业政策等。

政策导向相比思想、政治教育导向而言，具有更及时、更见效等特点，比如信贷政策作为宏观经济政策的重要组成部分，对金融机构信贷总量和投向实施引导、调控和监督，促使信贷投向不断科学合理，实现信贷资金优化配置并促进经济结构调整。换言之，国家的产业政策通过鼓励、限制或禁止某些产业、产品和技术的发展，合理配置、利用资源，优化产业结构。而信贷政策作为实现产业政策的重要手段和途径，着重解决信贷结构问题。通过引导信贷投向，调整信贷结构，促进产业结构调整和区域经济协调发展。信贷政策成效如何，主要体现在信贷结构的科学优化与信贷资源的合理配置上，而判断标准就是信贷资金的投量和投向是否符合国家产业政策的要求。

又比如，新能源是一个战略型新兴产业，不少国家把发展新能源视为金融危机后经济发展的制高点。我国政府推出的一系列政策，有力促进了新能源的发展。为了鼓励人们多使用新能源汽车，国家采取减税、补贴、不限购等多种利好政策助推，增加了人们对新能源汽车的关注度，更直接的效果是营造了一种社会舆论氛围，向全社会发出了明确的导向信号。新能源汽车真正走进市场仍有许多工作要做，但不可否认，新能源汽车的优惠政策对刺激各地政府加快推进电动汽车运行环境的完善工作，以及间接地影响一些企业的上市计划起到了重要的作用。

四、制度导向

制度具有根本性、全局性、稳定性和长期性的特点。邓小平同志指出："制度好可以使坏人无法任意横行，制度不好可以使好人无法充分做好事，甚至走向反面。"制度是效率和公平的保证，以制度为导向就是运用有效的制度来确保组织目标的实现。制度有优劣之分，有的制度尽管是经过大家充分酝酿的，大家都认可的，但执行起来不一定有效，要经过不断的修正，才能产生良规。以下的"分粥"故事充分说明了这个道理。

制度的力量

有七个人组成了一个小团体共同生活,其中每个人都是平等的且能力大体相当。他们想通过制定一项"制度"来解决每天的吃饭问题——分食一锅粥。第一种方法,指定一个人分粥。很快大家就发现,这个人为自己分的粥最多,于是换了一个人分粥,结果总是主持分粥的人碗里的粥最多。第二种方法,大家轮流主持分粥,每人一天。虽然看起来平等了,但是每周下来,他们只有一天是吃饱的——就是自己分粥的那一天。第三种方法,推选出一个人来分粥。开始这位品德尚属上乘的人还能公平分粥,但没多久,他开始为自己和溜须拍马的人多分一些粥,搞得整个小团体乌烟瘴气。第四种方法,选举出一个分粥委员会和一个监督委员会,形成监督和制约机制,公平基本上做到了,可是等互相扯皮下来,粥吃到嘴里全是凉的,大家也很不满意。第五种方法,轮流分粥,而分粥的人要等到其他人都挑完后才能取剩下的最后一碗。令人惊奇的是,采用此办法后,七只碗里的粥每次都几乎一样多,即便偶有不均,各人也认了,大家快快乐乐,和和气气,日子越过越好。可见,第五种方法是最好的,它的制度优于有效率而无公平的第一种和第三种制度,也胜于有公平而无效率的第四种制度,更强于既无公平也无效率的第二种制度。它既方便快捷地实现了分粥的目的,又有效地解决了公平和效率问题。制度导向就是要在制定合理的制度上下功夫。

制度的导向作用很重要,好的制度可以产生公平、产生效率、产生和谐,而不好的制度却适得其反。领导者的重要职责就是发动群众发明创造优良的制度。

五、用人导向

为政之要，唯在用人；用人得当，事业兴旺。领导者树立什么样的用人导向，决定着该组织将源源不断地涌现出什么样的人。古有"楚王喜细腰"的故事，楚王喜欢细腰的人，于是他的国人都不吃不喝，以使自己变成细腰。结果秦国来攻打，那些楚人都弱不禁风，一下就被秦国打败了。可见领导者的用人倾向直接关系到组织成员的价值判断，也关系到组织的成败存亡。

选人是前提。领导者在选人时要旗帜鲜明地公开自己的主张，根据组织的使命与职责，明确提出自己的用人标准，比如，把政治坚定、品德高尚、业务精湛、作风朴实的人安排到重要岗位上，人们就会向这样的标准看齐。

公开是关键。用人导向不仅仅体现在用什么人的问题上，还要公开化地选拔人才。如果公开选拔，过程透明，人们对被选上的人就会拥护和服气；如果少数人说了算，过程不公开、不透明，即使选拔过程是很严格和公正的，群众也不一定满意，因为暗箱操作必产生腐败，"阳光"是最好的"防腐剂"。在很多情况下，公开是公平和公正的保证，所以公开选拔干部是用人导向的关键。

评价是核心。一个人做得好不好，要有一个公正的评价体系，要以对组织达成使命所做的贡献度作为评判标准，不能片面地强调某一方面，更不能以某一个领导者的个人好恶为评价标准。对那些真正贡献大、能力强、完成任务出色的人要给予重奖；对缺乏大局意识、本位主义严重、对完成任务起阻碍作用的要予以惩罚；对善于做表面文章、好大喜功、作风浮夸的，要给予应有的告诫，整个组织才有正气。

总之，用人导向就是通过用人来弘扬正气，打击歪风邪气。通常情况下，用人要坚持以德为先、忠诚为要、创新为源、拼搏为上、奉

献为荣、自律为本，看民意选人才、凭实绩用干部，量才适用，发挥特长的正确导向。

六、文化导向

组织文化是组织的灵魂，是推动组织发展的不竭动力。以企业为例，企业文化是全体员工在长期的创业和发展过程中培育而成并共同遵守的最高目标、价值标准、基本信念及行为规范。它包含着非常丰富的内容，包括经营哲学、价值观念、企业精神、企业道德、团体意识、企业形象、企业制度等，其核心是企业的精神和价值观。

所谓文化导向功能，就是通过文化对企业的领导者和职工起引导作用，对企业整体和每个成员的价值取向及行为取向起导向作用。这种导向与传统管理中单纯强调硬性的纪律或制度不同，它强调通过企业文化的塑造来引导企业成员的行为，使人们在一种文化的潜移默化中接受共同的价值观念。企业文化的导向功能主要体现在以下两个方面。

一是经营哲学和价值观念的指导。经营哲学决定了企业经营的思维方式和处理问题的法则，这些方式和法则指导经营者进行正确的决策，指导员工采用科学的方法从事生产经营活动。企业共同的价值观念决定了企业的价值取向，使员工对事物的评判达成共识，有着共同的价值目标，企业的领导和员工为他们认定的价值目标行动。美国学者托马斯·彼得斯和小罗伯特·沃特曼在《追求卓越》一书中指出："我们研究的所有优秀公司都很清楚他们的主张是什么，并认真建立和形成了公司的价值准则。事实上，一个公司缺乏明确的价值准则或价值观念不正确，我们则怀疑它是否有可能获得经营上的成功。"

二是企业目标的指引。企业目标代表着企业发展的方向，没有正确的目标就等于迷失了方向。完美的企业文化会从实际出发，以科学的态度去建立企业的发展目标,这种目标一定具有可行性和科学性。企业员工在这一目标的指导下从事生产经营活动。

趋近公理的定律:领导者是那些把人们带到他们从未去过的地方的人。

——约翰·C·麦克斯韦尔

> **Tips**
>
> **十二度制胜法则之十一:**
> 引领方向,凝魂制胜。
> **解码:**
> 领导者不一定最会划船,但一定要最会把舵。
> **结论:**
> 导向力——领航的精度。
> 体现领导者引领方向的精准度。
> (标识性领导品格:坚定)
> 导向力来自领导者头雁意识的觉醒。

―――――● 终极挑战辩题，你支持哪一种观点？ ●―――――

43. **正方**：在快速变化的市场环境中，引导力能够帮助组织灵活应对挑战，抓住机遇，实现创新突破，领导者应强化引导作用。

    反方：在快速变化的市场环境中，过度依赖引导力可能削弱团队成员的自主应变能力，限制创新思维，领导者应弱化引导作用。

44. **正方**：领导者强有力的导向力可以拨乱反正、指点迷津、纠正错误，帮助团队走出困境。领导者应及时纠正团队的偏差。

    反方：过度依赖领导者强有力的导向力可能限制团队自我反省与成长，抑制团队创新与试错精神。领导者适度容忍团队偏离。

第十二节

激发力——激励的效度，志胜

人有共性，又有个性，其中，心理需求是共性的。如果能把握住人的共性心理，最大限度地满足人的不同需求，就能最大限度地激发人的积极性和创造性。

一个人的需求总体上可分为物质需求和精神需求两大类。物质需求是人类生存和享受的基本需求，是有形的；精神需求则是人们在物质享受的基础上，要求心理上达到的某种满足，是无形的。精神需求包括以下多个方面。

首先是情感上的需求，需要有亲情、友情、爱情，需要他人的关心和照顾等。情感需求包括宗教和信仰，是一种精神的归属感。

其次是尊严上的需求，包括内部尊重和外部尊重两种，内部尊重是"自尊"，指一个人希望在各种不同情境中有实力、能胜任、充满信心、能独立自主。外部尊重是"他尊"，指一个人希望有地位、有威信，受到别人的尊重、信赖和高度评价。著名心理学家马斯洛的层次需求理论认为，尊重需要得到满足，能使人对自己充满信心，对社会满腔热情，体验到自己活着的用处和价值。

最后是自我实现的需求，指实现个人理想、抱负，发挥个人的能力到最大程度。自我实现是人的最高需求。

人的动力往往产生于内心。如果把一列火车上的每节车厢比作一个人，那么火车头就是领导者。过去火车跑得快，全靠车头带。现在火车速度提高到一定程度时，光靠车头带不行了，于是发明了磁悬浮列车、动车组，让每节车厢都有动力。人就像动车组的每节车厢一样，心里都装着一台"心灵发动机"，只有把每台"心灵发动机"都启动起来，才能带来无限的力量。

一、读懂人心

（一）需求层次理论

千百年来，人类对自身的心理特征进行了不断的探索，对人性的认识越来越深刻，形成了一系列理论成果。美国人本主义心理学家马斯洛在1943年出版的《调动人的积极性的理论》一书中，提出著名的"需求层次理论"。他把人的需求分成生理需求、安全需求、归属与爱的需求、尊重需求和自我实现需求五类，依次由较低层次到较高层次排列。他指出，一个人个体成长发展的内在力量是动机。动机是由多种不同性质的需求所组成，各种需求之间有先后顺序与高低层次之分；每个层次的需求与满足，将决定个体人格发展的境界或程度。他认为，人人都有需求，在多种需求未获满足前，首先满足迫切需求；该需求满足后，后面的需求才显示出其激励作用。一般来说，某一层次的需求相对满足后，就会向高一层次发展，追求更高层次的需求成为驱使行为的动力。相应的，获得基本满足的需求就不再是一股激励力量。五种需求可以分为两级，其中生理上的需求、安全上的需求和感情上的需求都属于低一级的需求，这些需求通过外部条件就可以满足；而尊重的需求和自我实现的需求是高级需求，它们是通过内部因素才能满足的，而且一个人对尊重和自我实现的需求是无止境的。同一时期，一个人可能有几种需求，但每一时期总有一种需求占支配地位，对行为起决定作用。任何一种需求都不会因为更高层次需求的发展而消失。各层次的需求相互依赖和重叠，高层次的需求发展后，低层次的需求仍然存在，只是对行为影响的程度大大减小。

马斯洛和其他行为心理学家都认为，一个国家多数人的需求层次结构，是和这个国家的经济发展水平、科技发展水平、文化和人民受教育的程度直接相关的。在不发达国家，生理需求和安全需求占主导的人数比例较大，而高级需求占主导的人数比例较小；在发达国家则刚好相反。

（二）双因素理论

美国犹他大学的特级管理教授弗雷德里克·赫茨伯格通过对人的满意程度进行研究，提出"双因素理论"。20世纪50年代末期，赫茨伯格和他的助手们在美国匹兹堡地区对200名工程师和会计师进行了调查访问。访问主要围绕两个问题：在工作中，哪些事项是让他们感到满意的，并估计这种积极情绪持续多长时间；又有哪些事项是让他们感到不满意的，并估计这种消极情绪持续多长时间。赫茨伯格以对这些问题的回答为材料，着手去研究哪些事情使人们在工作中获得快乐和满足，哪些事情造成不愉快和不满足。结果他发现，使职工感到满意的都是属于工作本身或工作内容方面的；使职工感到不满的，都是属于工作环境或工作关系方面的。他把前者叫作激励因素，后者叫作保健因素。

那些能带来积极态度、满意和激励作用的因素叫作"激励因素"，是那些能满足个人自我实现需要的因素，包括成就、赏识、挑战性的工作、增加的工作责任，以及成长和发展的机会。如果这些因素具备了，就能对人们产生更大的激励。从这个意义出发，赫茨伯格认为传

统的激励假设，如工资刺激、人际关系的改善、提供良好的工作条件等，都不会产生更大的激励。它们能消除不满意，防止产生问题，但这些传统的"激励因素"即使达到最佳程度，也不会产生积极的激励。按照赫茨伯格的意见，领导者应该认识到"保健因素"是必需的，不过它一旦使"不满意"中和以后，就不能产生更积极的效果了。只有"激励因素"才能使人们有更好的工作成绩。

同时，赫茨伯格注意到，激励因素和保健因素都有若干重叠现象，如赏识属于激励因素，基本上起积极作用；但当没有受到赏识时，又可能起消极作用，这时表现为保健因素。工资是保健因素，但有时也能产生使职工满意的结果。

（三）期望理论

美国行为心理学家维克托·弗鲁姆提出期望理论，又称"效价期望理论"，他认为激励（Motivation）取决于行动结果的价值评价（即"效价"Valence）和其对应的期望值（Expectancy）的乘积。用公式表示如下。

$$M = V \times E$$

M 表示激发力量，指调动一个人的积极性、激发人内部潜力的强度。

V 表示目标价值（效价），指达到目标对于满足他个人需要的价值。

E 表示期望值，指达到某种目标的可能性，即能够达到目标的概率。

同一目标，由于各人所处的环境不同、需求不同，其需要的目标价值也就不同。同一个目标对每个人可能有三种效价：正、零、负。效价越高，激励力量就越大。举个简单的例子，幼儿对糖果的目标效价就要大于对金钱的目标效价。目标价值大小直接反映人的需要动机强弱。期望概率则反映人实现需要和动机的信心强弱。如果个体相信通过努力肯定会取得优秀成绩，期望值就高。这个公式说明：假如一个人把某种目标的价值看得很高，估计能实现的概率也很高，那么这个目标激发动机的力量就越强烈。

期望理论对于有效地调动人的积极性和做好人的思想政治工作具有一定的启发和借鉴意义。因为期望理论是在目标尚未实现的情况下研究目标对人的动机影响，所以一个好的管理者，应当研究在什么情况下使期望大于现实，在什么情况下使期望等于现实，以更好地调动人的积极性。

根据以上公式，为了使激发力量达到最佳效果，首先应当注意目标的设置。心理学认为，恰当的目标能给人以期望，使人产生心理动力，从而激发起热情产生积极行为。为此，在设置目标时，必须考虑以下两个原则：第一，目标必须与员工的物质需要和精神需要相联系，使他们能从组织的目标中看到自己的利益，这样效价就大。第二，要让员工看到目标实现的可能性很大，这样期望概率就高。

二、俘获人心

根据上述理论可知，对人的激励中，关键是要让人满足某种需求，而需求有物质需求和精神需求之分，因而激励又可分为物质激励和精神激励。从长远看，精神激励的作用要大于物质激励，即精神激励的效价大于物质激励的效价。不少优秀的企业和领导者正是抓住了人的这一特性，获得了极大的成功。

某晚韩国一家大型公司保险箱遭窃，而与盗贼展开殊死搏斗的竟是一名清洁工。作为公司最不起眼的角色，作为可以置身事外或可以采取其他更为安全的措施的人，为了维护公司利益，却愿意拿生命去

冒险。这家公司的凝聚力成为其他大公司羡慕和猜测的谜。在给该清洁工举办的庆功宴上，有人问他动机何在，他回答道："总经理每次走过我身边的时候，总会说，'你的地扫得真干净'。"答案没有想象中那么复杂，但是就这"俘获"人心的一句话，有多少日理万机、位高权重的管理者想不到或不屑于去说？以人相许易，以心相许难。尊重与赏识是人们无论何时何地都会需要和应予珍视的东西。不要吝惜赞美和微笑，带着真诚和尊重，你会发现，回馈你的是付出的数倍甚至更多。

英国莱切斯特大学的研究小组在对2295家公司的22451名雇员的问卷调查结果详细分析后发现，激发员工动机的最有效力量是"内在动力"和"利益推力"。内在动力是指员工在实现组织目标过程中，由于自身所做贡献不断得到组织承认所迸发的自豪感、成就感和满足感，这种感觉进一步强化了员工对实现自身价值的追求，从而努力提高各项技能，增强对组织的归属感和岗位敬业精神。这是员工工作积极性的决定因素，有了足够的内在动力，就能保持持久的、高昂的士气和稳定的工作干劲。利益推力是指员工在实现组织目标过程中，能够不断获得利益，包括自身素质的提高、能力的提高、报酬的获得（如工资、奖金等），同时随着组织目标的实现，员工可以分享到与组织相同的利益与荣耀，从而进一步提升自豪感和荣誉感。这也是更多人愿意为好公司效劳的原因。

沃尔玛的倒金字塔

美国的沃尔玛百货有限公司（以下简称沃尔玛），是一家有60多年历史的老公司。它之所以能够在如此长的时间里仍然立于不败之地，不仅是因为管理方法得当，有很大一部分原因是沃尔玛懂得如何激发员工的积极性和创造性。沃尔玛主要通过尊重员工和与员工分享成果来提高对方的积极性。

沃尔玛提倡"尊重个人"的人文精神,并不是单单强调尊重顾客,为顾客提供一流的服务,更加强调的是尊重公司的每位员工,把员工当作企业的主人公。沃尔玛把员工当作"合伙人"或"同事",而不是看作"雇员"。公司明文规定,即使对下属也要一律称呼"同事"而不是"雇员"。

沃尔玛的所有职员分工都很明确,绝无歧视现象存在。领导和员工以及顾客之间是倒金字塔的关系,顾客在首位,员工居中间,领导则是在最底层。员工为顾客服务,领导为员工服务。

沃尔玛认为,接触顾客并为顾客服务的是第一线的员工,而不是坐在办公室里的高层,第一线员工的工作质量才是至关重要的。领导的工作就是做好员工的后盾,给予足够的指导、关心和支援,以便员工能够更好地服务于顾客。在沃尔玛,所有员工,包括总裁在内,佩戴的工牌都注明"我们的同事创造非凡",除了名字外,并没有任何职务。公司内部没有上下级之分,下属对上司也直呼其名,营造出一种上下平等、随意亲切的气氛。这让员工大受感动,对工作的积极性也更高,当然会在做事的时候全力以赴,从而全心全意地投入工作,为公司也为自己谋求更大利益。

沃尔玛在尊重员工的同时也十分关心员工利益,并且有一套详细的实施方案保证员工能够和公司一起分享成功的果实。公司将"员工是合伙人"这一概念具体化去实现。公司内部实施利润分享计划、员工购股计划和损耗奖励计划。在沃尔玛工作一年以上或每年能够工作1000小时以上的员工都有资格分享公司利润。随着公司利润的增长,每个达到要求的员工的工资按一定百分比合成股份,员工离开公司的时候可以取走相应的现金。沃尔玛的员工通过工资可以以低于市值15%的价格购买公司的股票,沃尔玛80%以上的员工都拥有沃尔玛公司的股票。

三、激励人心

对人的激励，可以采取多种多样的方法，有精神激励、物质激励、目标激励等，但最根本、最持久、最有效的激励是制度的安排、机制的激励，它可以超越一切。这种制度叫激励相融机制。

从秦朝统一中国的历史可以看到机制激励的威力。公元前230年到公元前221年，历时10年，秦国相继灭掉了北方的燕、赵，中原的韩、魏，东方的齐和南方的楚这六个国家，结束了春秋以来长达500余年的诸侯割据纷争的战乱局面，建立了中国历史上第一个中央集权王朝。秦国统一六国的战争，既是战国末期最后一场诸侯兼并战争，又是中国历史上最早的一场封建统一战争。

为何在七国之中，最终是秦统一其他六国呢？这与秦孝公时期采用商鞅变法的策略激励秦国官吏、将领和百姓有很大关联。秦孝公依照商鞅建议，进行变法，主要内容是针对军队的改革。最重要的两条就是：制定连坐法，轻罪用重刑；奖励军功，禁止私斗，按军功赏赐爵位，爵位被细分为20个等级。依照秦律，如果一个士兵在战场上斩获两个敌人首级，他做囚犯的父母就可以立即成为自由人。如果他的妻子是奴隶，也可以转为平民。同样，对于重视家族传承的中国人来说，军功爵位是可以传子的。如果父亲战死疆场，他的功劳可以记在儿子头上。一人获得军功，全家都可以受益。

这些都决定了秦国的士兵能够在战场上英勇杀敌，一旦在战场上立了军功，就可以加封爵位。秦律规定：秦国的士兵只要斩获一个敌人首级，就可以获得爵位一级、田宅一处和仆人数个。斩杀的首级越多，获得的爵位就越高，这与魏国一个首级赏八两铜的制度相差甚远。而军官在战斗中不得首者，斩！可谓法无偏颇，上下一体，大大提高了军官的积极性。战场上没有官阶之分，无论将军还是小兵，只

第四章 | 领导力十二度奇胜

要仗打得好就可以授爵,一旦授爵就有了房屋、田产,立功越多就意味着财富荣誉越多。这样,秦国人的整个生活都跟打仗挂钩了。秦人的日常生活里,除了耕作便是打仗。

所以十年之间,秦军以摧枯拉朽之势,使得"战国何纷纷,兵戈乱浮云"的混乱局面归于结束。代之而来的是秦的统一,中国的政治版图得以改写,从漠北到江南,全部纳入了统一的中央王朝大秦的版图。可以说,秦孝公改革的激励机制,是秦国统一天下的首要因素。

机制激励不仅体现在物质、精神奖励上,还体现在授权、用人等方面。

刘邦为什么成功?关键是善于激励。革命成功以后,刘邦在洛阳南宫召开中层以上干部大会,总结经验。刘邦说:我取得成功靠四个字,一奖、二赏、三封、四用。奖——精神激励;赏——物质激励;封——授权激励;用——用人激励。刘邦说:"运筹帷幄之中,决胜千里之外。我不如张良,让张良当军师,给他职务,让他出主意,我做决策。"刘邦还说:"连百万辎重,攻必克,战必胜。带兵打仗,我不如韩信,于是拜韩信为大将,让他带兵打仗。第三个人是萧何。镇国家,抚百姓,不绝钱粮。行政后勤管理,办公室管理,那是萧何的强项,让萧何搞管理,三人杰,我能用之,所以得天下。"刘邦善于将将,就是善用干部、抓骨干。

领导者要善于激励,而且要采取多种激励措施:物质的、精神的、情感的、权力的、信任的等。激励的手段要多,激励要及时,而且激励要与决策的目标一致。更重要的,要建立好的制度。邓小平同志曾说过:"制度好可以让坏人无法任意横行,制度不好可以使好人无法充分做好事,甚至会走向反面。"这个制度首先是用人制度,用人制度的实质就是激励机制。

激励相融机制是把个人目标与组织目标统一起来的制度安排。变"要我干"为"我要干"、把"我的事"变成"他的事"是激励相融机制的核心。

趋近公理的定律：你的意愿是强大的火焰，你只需一根火柴。
——玛雅·安吉洛

华为公司持久不衰的战斗精神来自哪里？

华为公司为了保持团队持久不衰的战斗精神，采取了多种激励措施。

股权激励

华为秉持普遍持股原则，员工持股比例超过全员的一半，让员工与公司形成命运共同体。配股向高绩效者、贡献者倾斜，拉开人才之间的差距，给"火车头"加满油。

华为采取低价发行虚拟股票的方式，让员工以尽量低的成本成为公司的股东。低价入股提高了员工的投资收益率，激发了员工的工作热情和积极性。饱和配股制度限制员工在知识贡献一定的情况下虚拟股票数量无止境上升，同时设立奖励配股制度，给达到饱和配股线却仍然非常优秀和努力的员工一些合理的回报。

华为每年增发新股，确保奋斗者的知识和贡献能够及时资本化。增发新股不仅激励了员工，还为华为筹集了发展资金。

薪酬与奖金激励

华为的薪酬水平吸引了行业内大量优秀人才加入，奖金制度与员工的绩效紧密挂钩，员工只要努力工作、做出成绩，就能获得丰厚的奖金回报。

文化与精神激励

新员工入职时，华为会为他们安排一系列的文化培训课程，让他们了解公司的历史、文化和价值观。华为经常举办各种文化活动，如员工大会、团队建设等，增强了员工的凝聚力和归属感。

华为为每一位员工都提供了清晰的职业发展路径，让员工可以根据兴趣和能力规划自己的职业生涯。同时，华为投入大量资源为员工提供各种培训机会，帮助他们提升技能和素质，实现个人成长。

华为设立了多种荣誉奖项来表彰优秀员工和团队，这些奖项不仅是对员工工作的肯定和鼓励，更是对他们精神的鼓舞和激励。

职权与责任相融

华为对表现优秀的员工给予更多的职权和责任，提高了他们的工作积极性，并培养了他们的领导力和管理能力；注重培养员工的团队协作精神，通过组织各种团队活动和项目合作，增强员工之间的默契和协作能力。

虚拟股票保留退出机制允许45岁的员工保留股票并申请退休，兼顾了新老员工和公司的长远利益。这种机制保障了股东都是员工，杜绝了没有贡献的资本。年度分红机制是指华为每年根据盈利情况给员工分红，让员工直接分享公司成长的果实。

华为公司通过股权激励、薪酬与奖金激励、文化与精神激励以及其他激励措施等多种方式，成功激发了团队持久不衰的战斗精神。这些激励措施不仅让员工在物质上得到了实实在在的回报，还在精神上得到了满足和激励，从而推动了华为的持续发展和壮大。

> **Tips**
>
> 十二度制胜法则之十二：
>
> 激活内力，聚气制胜。
>
> **解码：**
>
> 领导者不一定最有激情，但一定要最能点燃别人的激情。
>
> **结论：**
>
> 激发力——激励的效度。
>
> 体现领导者激活内力的有效度。
>
> （标识性领导品格：自信）
>
> 激发力来自领导者人本意识的觉醒。

―――― **终极挑战辩题，你支持哪一种观点？** ――――

45. **正方：** 内在动机是激发个人潜能和创造力的关键，比外在奖励更为持久有效。领导者应多在挖掘内在潜力上下功夫。

    反方： 外在奖励（如奖金、晋升机会）是激发员工积极性和工作效率的直接动力，比内在动机更为实际有效。领导者应多在挖掘经济效益上下功夫。

46. **正方：** 个性化的激励措施能够更好地满足员工的不同需求，从而更有效地激发他们的工作动力。

    反方： 统一的激励政策和标准能够确保公平性和一致性，避免个人偏好导致的偏见和不公平。

本章小结

1. 领导力由十二支柱组成。
2. 十二种力都是制胜法宝。

自制力——战胜自我,律己制胜;

亲和力——亲和友善,安人制胜;

学习力——广博积学,聚能制胜;

创造力——勇于突破,出奇制胜;

洞察力——敏锐洞察,知微制胜;

谋划力——超前谋划,见远制胜;

决策力——果敢抉择,胆略制胜;

号召力——凝聚共识,感召制胜;

组织力——总揽全局,统筹制胜;

协调力——以迂为直,借力制胜;

导向力——引领方向,凝魂制胜;

激发力——激活内力,聚气制胜。

第五章

奇正相生

导读

领导者的核心价值是"把握组织使命，带领人们坚决地完成使命"。完成组织使命是领导者全部工作的出发点和落脚点，把事做成是关键，至于怎么做更好，要根据实际情况而定，因为实际情况是千变万化的，是动态的。如何把事做成、做好，早在 2000 多年前的孙子有一个万能公式，就是"以正合，以奇胜"。也就是说，无论做什么事，首先要按规则办，按客观规律办，要正规、正面、正直，所做事情要符合情理，符合大多数人的利益，符合道德法则，符合公序良俗。做事的人要心地善良，忠心耿耿，与人为善，不能心怀叵测、口是心非、助纣为虐，这都是"正"的表现。然而，怎么把事办好、办完美，要有独到之处，要创新，要有过人之处，有时并非一般人所能预见到，非一般人所能做到，要出其不意。唯有奇，才可胜。守正是基础，是本分，没有正，无所谓奇。在正的基础上，越创新，越奇思妙想，越能取得意想不到的效果。以正为本，以奇取胜，守正创新，无往不胜。"把握组织使命"就是"把控事"；"带领人们为实现组织使命而努力奋斗"就是"把控人"。而"人"和"事"是动态变化的，世界上没有完全一样的两个人，也没有一成不变的两件事。组织与组织之间也有许多不同之处，如不同的使命、不同的文化、不同的内外环境、不同的目标任务等，作为领导者，只有根据外部条件变化采用不同的思维方式、不同的决策思路、不同的组织方法、不同的协调手段等，才能充分发挥领导效能。

所谓领导力的奇正之道，就是领导者以变制变提高领导效能的过程。

第一节

以正为本

世界每时每刻都在变,领导者如何可以不变呢?其实,变与不变是相对的,既然外界在变,领导者可以用自己的真诚、真爱、真善影响周围、带动世人,让其向好的方向发展,这是领导者最大的贡献。

长期以来,权力、控制、职位、提拔经常与领导力的概念混为一谈。时下,某些领导行为脱离群众基础、脱离群众利益,已经成为众人担忧的社会疾病。一些领导的工作效率被内部权力之争大大削弱,争权夺利成为亚文化。

领导不等于领导力,权力更不意味着领导力,领导力的核心是影响力。唯一可以让下属心甘情愿追随的领导者身上渗透出的吸引人魅力就是影响力。领导力是让下属做你期望实现、他又愿意并高兴去做事的一项艺术,即"率众乐行"。古今中外,从刘邦战胜项羽,建立汉朝,一统天下,到刘备桃园三结义,建立蜀汉政权,再到圣雄甘地非暴力主义的魅力,优秀领导者身上总是具有一种让追随者难以抗拒的影响力。这种影响力的源泉,排在第一位的是领导者自身的"正"。领导者自身的卓越能够带动群体的非凡。领导者要以自己优秀的品、思、行,带动群体卓越的品、思、行。

领导者的以身作则应该体现在方方面面,而排在首位的又是什

么呢？《论语·子路》说："其身正，不令而行；其身不正，虽令不从。"《论语·颜渊》说："季康子问政于孔子，孔子对曰：政者，正也。子帅以正，孰敢不正？"这也许是对领导力的又一种哲学诠译。

在孔子看来，领导者修养好自己，就可以安定好身边的士大夫（中层干部），继而安定好天下百姓（全体员工），这就是"修己以敬，修己以安人，修己以安百姓"的道理。仔细领会一下先哲的教导，不难发现，这里暗含着一个"道德自觉→道德示范→道德感染→道德辐射"的内在逻辑，领导者的人格力量会产生一呼百应的效果，也就是说，品质力是最重要的领导力！

一个成功的领导者，要花50%以上的精力管理好自己。

一个管理不好自己的人，如何管理别人？一个嘴上说一套，行动做一套，说到做不到的领导，他的下属会信守承诺吗？一个自己不爱学习，每天沉溺于吃喝玩乐的领导，他的下属会热爱学习、追求进步吗？一个背后说客户坏话、算计客户的人，能要求下属心正意诚、以客为先吗？一个刮风下雨、雷打不动准时上班的上司，他的下属很少敢迟到早退！一个天天学习、不断进取的上司，他的下属如果不更努力，很快就会被淘汰！一个严于律己的上司，他的下属也不敢造次！一个对客户毕恭毕敬、真诚服务的上司，他的下属如何敢傲慢滑头？管理好自己的管理者，他的部门不用怎么管理，下属都很自觉。管理不好自己的管理者，他的部门怎么管也管不好，因为"上梁不正下梁歪"！

在现实生活中不难发现，领导者的责任心、事业心很强，会带动下属人人都很敬业；领导者特别严于律己、公道正派，组织的风气就好，正气就浓；领导者对下级越关心、越体贴，下级对领导就越敬重、越体谅；领导者越爱学习，整个组织的学习氛围就越浓；领导者越有创新精神，群众的创新智慧就越能被激发。

领导力的基础来源于领导者本身的品格和素养。强调领导者的品格魅力实际上强调的是"要做事，先做人"。孙子早在2000多年前就把领军人物的品格视为衡量领导能力的重要条件——智、信、仁、勇、严。智者不惑、无信不立、仁者不忧、勇者无惧、严于律己，这五个方面体现的都是领导者的品质。有品格和素质的人，不论有权无权，是领导者还是非领导者，他们的影响力都是永恒的、不可磨灭的。

对领导者而言，自身正确的思维模式和执行力，也会对被领导者起到映射作用：领导者有思考会带动下属多思考，领导者执行力强也会带动下属执行力强，所以领导者自身"正"是关键，自身"正"能带动整个组织"正"。领导力就像润物无声的水，以自己的高贵清洁荡涤一切污秽，以自己的辛勤付出养育一切生灵，以自己的静静流淌磨圆一切顽石，默默地改变世界。

中国革命之所以能取得胜利，首先取决于中国共产党这个优秀组织的"正"，这个组织以世界上最先进的政治理论马克思主义作为指导，与中国实际紧密结合，以人民的根本利益为出发点，以解放全中国为己任，把全心全意为中国人民服务作为党的唯一宗旨，一代又一代中国共产党的领导集体，坚定地实行这一宗旨，领导中国革命取得了伟大的胜利，这是对"正合"的完美诠释。

相反，其心不正，难以成事。

———— 终极挑战辩题，你支持哪一种观点？ ————

47. **正方**：守正并不限制创新的自由度，反而为创新提供了明确的方向和边界，使创新在有序和可控的范围内进行，避免盲目和混乱。

    反方：守正往往以传统和规则为名义，限制了创新的自由度和想象力。真正的创新需要打破常规，挑战权威，不受任何束缚。

48. **正方**：守正为本，出奇方能制胜，在战略规划和执行上，必须坚守稳定性和可预测性。

    反方：出奇制胜的核心在于出其不意，如果一味追求守正，可能会让对手摸清套路，失去出奇的效果。

第二节

以奇取胜

上一节所讲的是领导者如何以自己的优秀和卓越带动下属的优秀和卓越，这实际上是解决如何"引导人"的问题。从领导力的核心定义可知，领导者还有一项重要功能，就是"把控事"，也就是如何带领下属实现组织使命，这里体现的是领导效率问题。

领导者面对的是众多的追随者，而追随者的情况是千变万化的。根据追随者的实际情况调整自己的领导方法正是本节研究的重点。

我们将这种领导者领导行为随被领导者的变化而变化的理论称为"领导力奇正应变理论"。

"奇正应变理论"的核心是领导者要想方设法获得最好的领导效能。追随者能做的，领导者就可以"不为"。

一、"奇正应变理论"与"情境领导力理论"

美国行为学家保罗·赫塞在20世纪60年代提出"情境领导力理论"，"奇正应变理论"与其有异曲同工之妙。

传统人力资源理论认为，一名员工要么胜任工作，要么不胜任工作。然而情境领导力模型扬弃了这种"非此即彼"的二元认识论的陈旧思维模式。保罗·赫塞博士经过大量的实证研究，发现按能力和意愿

的高低程度，同一人常常表现出四种不同的准备度水平。他认为，领导者的行为要与被领导者的准备度相适应，才能取得有效的领导效果。他将员工在工作中的表现分为四种可能性（即四种准备度水平）。

第一种是"没能力、没信心"；第二种是"没能力、有信心"；第三种是"有能力、没信心"；第四种是"有能力、有信心"。

针对员工的四种准备度水平，领导者要采取不同的管理模式。当员工在第一种水平时，领导者要采取"告知式"来引导和指示员工；当员工在第二种水平时，领导者要采取"推销式"来解释工作从而劝服员工；当员工在第三种水平时，领导者要采取"参与式"来激励员工并帮助其解决问题；如果员工到了第四种水平，领导者则要采取"授权式"来将工作交付给员工，领导者只需做监控和考察的工作。情境领导力对照如表5-1所示。

表5-1 情境领导力对照

准备度水平	领导风格	领导风格的特点	领导风格的具体内容
没能力，没信心	告知型	指导性行为多，支持性行为少	领导者对被领导者给予明确的指导并近距离监督
没能力，有信心	推销型	指导性行为多，支持性行为多	领导者对被领导者进行监督、指导、倾听、鼓励和允许试错，并鼓励对方参与决策
有能力，没信心	参与型	指导性行为少，支持性行为多	领导者鼓励被领导者自主决策，鼓励他们按照自己的方式做事情
有能力，有信心	授权型	指导性行为少，支持性行为少	由被领导者自己决策并执行

保罗·赫塞博士的情境管理理论无疑开创了西方"以人为本"管理的先河。考虑到员工阶段差异是一个进步，但是把员工成长阶段模式化则又是一个局限。这四种领导风格是针对被领导者"准备度"这

样一个参数的变化而演变的,但实际上被领导者的变量远远不止一个参数。根据三维十二度领导力模型可知,领导者的品、思、行三个维度都对被领导者有深刻的影响,其中品质力是相互兼容的,而思想力和行动力则是互补关系。领导者为了获得最大领导效能,要对追随者的各种力进行综合考虑,传递最恰当的信息。

二、因情境变化而变

领导者对被领导者实施领导,必须是双向互动的,不能"剃头挑子一头热""一个方子治百病"。被领导者是一个变量,而且变化无常,领导者只有根据被领导者的能量变化确定自己施放的能量,才是最经济、最合适、最有效的。"奇正应变理论"就是根据领导者与被领导者的能量变化关系,找到最恰当的领导方式。

下面以决策行权为例,模拟几种情境来详细说明"奇正应变理论"。

(一)过于专权型

以领导者的主见为绝对主导,领导者独断专行。这种情境又可分为两种情况。

(1)令如山倒,不容置疑。

领导者有了完整的解决问题方案,于是就下达命令,让下属直接执行。这样决策的好处是简捷、不啰唆,缺点是虽然领导者获得了充分的决策权和发布命令权,但下属在执行此命令时只是为了完成任务,因而不可能给领导者带来"意外的惊喜"。这种方法一般适用于军事领域,尤其是紧急的作战状况或绝密军事行动,没有时间或不便于征求群众意见。在企业中实施,其效果就会大打折扣,因为这种决策没有完全满足下属的舞台感、成就感等心理需要。

（2）表现自我，忽视下属。

领导者因控制不住自己的表现欲，与下属争风吃醋，而忘记了自己是领导者。当看到下属的意见和自己完全一致时，他会平淡甚至不屑一顾地说："英雄所见略同，你和我想到一块儿去了。"如果发现下属的方案和自己有不一样的地方，尽管大部分都一致，但为了显示自己的高见，会抓住下属方案中的不妥之处，先批评一通，然后提出自己的看法，并命令下属照此执行。如果发现下属的方案中有很多错误或不完善之处，就会大为光火，毫不客气地批评下属，驳得下属体无完肤之后，再让下属执行自己的命令。这种领导者为了表现自己而忽略了下属的感受，极大地伤害了下属的自尊心，使对方产生抵抗情绪。下属以此心态来执行任务，结果可想而知。

（二）合理行权型

领导者根据下属的能力行使适当的权力，即引而不发，在实际的操作中，有的领导者虽然自己有了完整且完善的方案，但放在心里不说，而问计于下属，当认真听取下属陈述完解决问题的方案后，会根据下属方案与自己方案的差异程度采取不同的处理方法。

（1）下属与自己完全一致。

当下属拿出的方案和自己的一致时，领导者会以欣赏的心态和语气说："好！这主意好！就照你的意见办。"如此一来，领导者就在表扬下属的过程中"轻松"完成了自己的决策。而下属在得到领导的欣赏和肯定后，则会全力以赴地、创造性地执行决策方案。因为下属的心中充满着成就感、自豪感：自己不仅是直接的操作者，而且也是设计者。当人们在干自己愿意干的事情时，思想肯定是积极的，思维的方向会全部指向成功，集中于成功。下属在这种状态下执行任务，其结果肯定是出色的。这是赞许式决策，下属成就感得到充分满足，积极性极高。

（2）下属和自己大体一致。

当下属的方案和自己的大体一致时，也就是说下属的意见和领导者的虽不完全一致，但重叠的部分很多。其方案虽有一些不妥之处，但领导者会鼓励地说："你的意见很好，照此做就行了，但有一点需要注意……"于是领导者就把自己的意见以商讨的口气提出来，下属就会很容易理解，并按修改后的方案执行。这样做的效果会很好，因为领导者首先肯定了下属的意见，即使修改也是在肯定的基础上修改的，于是修改的过程也是下属领会上级意图的过程。这样做，下属同样会带着自豪感和成就感完成任务，同样会在执行任务的过程中积极地把思维打开，朝着成功的方向努力。这是肯定式决策，下属自尊心得到充分满足，积极性高。

（3）下属和自己出入很大。

当下属的方案和自己的重叠性很小，而且下属的方案有明显的不可行性时，尽管领导者认为下属的方案中正确的程度只是很少一部分，哪怕只有百分之一，但也会说："好！你的方案中有一点很好，就是应该这样做。"然后针对方案中的不足之处与下属平等地展开研讨，最后双方在研讨中取得一致意见。这不仅是下属和上级意见沟通的过程，也是上级听取下属意见的过程，是上级不断完善方案的过程。这样的方案出台是在肯定下属方案某一部分的基础上而来的，下属在执行此方案的过程中，会认为该方案有自己的智慧，自己就是这个方案的最初设计者，同时还是方案的操作者，而且在讨论过程中，领导也听取或采纳了自己的意见，满足了自尊心。这样，下属在执行方案的过程中，同样会尽心尽力、尽职尽责，出色地完成任务，奔向成功。这是商讨式决策，下属自尊心得到满足，积极性高。

（4）下属和自己完全相左。

当下属方案和自己的完全不一致时，即使下属提出的方案毫无值得欣赏肯定之处，有的领导者也不会张嘴否定，而会以商量的口气说："你看这样行不行……"在双方平等友好的协商过程中，新的可行方案也就产生了。下属首先是理解了这个方案，另外也参与了方案的制定过程，方案中有自己的智慧，同时也感觉受到了领导对自己的尊重，有一种自尊上的满足感。因此，下属在执行方案的过程中自然会积极地打开思维，朝着成功的方向前进。这是研究式决策，下属自尊心不受打击，积极性高。

（5）自己举棋不定、没有主意。

当领导者确实没有成熟的思路时，会主动礼贤下士，广泛收集意见，走民主集中的道路，从而做出正确决策。无论如何贤能的领导，也不可能事事时时都是智多星，领导者也有没主意的时候。好的领导者此时会通过各种方式认真征求下属意见，下属看到领导者如此下问和民主，也会竭尽全力来为领导者出谋划策，从而使领导者产生一个民主的、完整的优质方案。下属在执行此方案时，会认为领导者采纳了自己的意见，感到自豪和光荣，从而积极、创造性地完成任务。这是讨教式决策，下属创造性受到激励，积极性高。

（三）任意放权型

这是一种不负责任的随意放权。在特定条件下，决策权力下放也不是不可以，但是有的领导者在自己没有主意时，随意下放决策权，因自己一时没主见，时间又有限，于是不管事情大小及重要程度如何，领导往往随口说出："你看着办吧。"面对这种不负责任的决策，负责任的、正直的下属此时会很为难，因为如果自己真的办了，等于越权。本来这个决策权力在上级领导，结果领导把球踢给了自己，怎么办？

面对此种情况，有的下属会暗自高兴，得此"令箭"，朝着有利于自己私利的方向努力奋斗——真的"自己看着办"了。所以，领导者一般不要随意下放自己的决策权，因为决策是领导者本应有的职责，怎能把本职工作甩给下属去干呢！

（四）充分授权型

在战略方向明确、管理体系有效、总体思路确定之后，领导者要做的事情是授权。如何有效地授权，如何保障授权之后不乱，也是高层领导要认真研究的课题之一。什么权力该授，什么权力不该授？授权之后如何监控进程，确保管理者按照权限履行职责？这里有一个原则问题。授权不是领导者在没有主见情况下的无奈之举，不是上下级矛盾之中的权宜退让，也不是毫不负责的甩手不管，而是一种严密制度和流程下的委托。授权者仍然有无可置疑的决定权，仍然是整个事件的第一责任人。所以，权可以授，但风险不可能授，责任不可能授，授权不等于放权，更不等于弃权。授权就像放风筝，虽然风筝飞向了天空，但放风筝的人始终不能放开手中的线，哪怕线一点力也不受，风筝在空中非常自如地飘着，放风筝的人也绝不能将手中的线放开。

领导者要做到真正授权，应该摆正自己的心态。

（1）用人不疑，充分信任下属。

信任决定授权的成败。作为管理者，一旦选好下属，就应该果断授权，不要点点滴滴地授权，能一次授权就一次完成，要让下属感到充分的信任感。授权之后不要干预，只要在职权范围内，就让下属说了算。如果领导者总是干预，让下属左右为难，长此以往，下属就不可能再去积极主动地做事。美国内陆银行总裁拜伦说过："授权他人

后，就完全忘掉这回事，绝不要去干涉。"当然，不干涉不等于不管不问。

（2）充分做好领导该做的事，不做下属能做的事。

领导者的主要职责是做决策、定策略、找方法、选择合适的下属去做具体事，要像军队的统帅那样坐镇指挥，不轻易离开指挥岗位，更不能像士兵那样去冲锋陷阵。不能被琐碎的小事缠身，而是要腾出时间去考虑和处理重要的事情。

（3）不怕自己的下属功高盖主。

作为一个优秀管理者，要充分发掘和发挥下属的才能，来完成所要完成的工作，而不是害怕下属与自己争名夺利，害怕下属权力做大、不听指挥而不敢授权、限制使用，这些都是领导者无能的表现。作为领导者，不但要有统领全局的能力，还要有激励下属超越自己的胸怀，做到知人善任，而不是惧怕下属超越自己。

（4）对下属有信心，不担心下属犯错。

美国管理学家艾德·布里斯说："当你授权的时候，要把整个事情托付给对方，同时交付足够的权力让他做必要的决定。"作为管理者，不要因为怕下属犯错而不敢授权，要有承担风险的思想准备。要明白授权是激励下属的良策，这会让下属因为你的授权和信任而全力以赴。当然，作为一个优秀的领导者不仅要善于授权，而且要在授权的过程中学会给予适当的监督和指导，不要让下属偏离方向，从而提高工作效率。

有人根据领导者行权风格，将领导者分成四个等级。

一流领导：自己不干，下属拼命干。这相当于充分授权型领导，领导者早已把领导该干的事全部干好了，下属只需要干好具体事务就行了。这样的领导效率高，最受人尊重。

二流领导：自己干，带领下属一起干。这相当于合理行权型领导,自己冲锋在前,以身作则,指导和带领下属一起干。这样的领导也算称职,但有一种可能,如果自己不干,下属也可能不干,或者干不好。

三流领导:自己干,下属没事干。这相当于过于专权型领导,总认为别人都不行,对任何人都不放心,更不放手。这样的领导很累,只有自己是"运动员",别人都是"裁判员",干得不好就会受到众人的讥讽。

四流领导:自己干,下属和你对着干。这相当于任意放权型领导,自己干的事得不到别人的认可,甚至受到反对。这样的领导,也许在单位以权谋私,不得人心;也许过于贬低别人,遭人记恨;也许不按客观规律办事,决策明显错误。

三、因环境变化而变

领导者要根据环境变化与对环境的适应程度不断调整自己的施策方法,以最大限度地获得与环境的匹配度。

以用人艺术为例,中国人的用人讲究"方圆结合",什么时候宜"方",什么时候宜"圆"?

"方"指用人的原则性,包括用人的规范和范围;"圆"指用人的灵活性,包括用人的技艺和策略。前者是用人的内在要求,后者是用人的艺术形式。领导用人的方圆艺术是"方"与"圆"的辩证统一,即原则性与灵活性的有机结合。过于求"方",可能有"迂腐"之嫌,会导致下级和群众对领导者敬而远之;过于求"圆",则会有"圆滑"之嫌,会引起下级和群众对领导者能力的猜忌。两者的结果都是没有用好人,没有发挥人才的最大效益,都是领导不称职的表现。有研究表明,现代领导要想做到"方"与"圆"的辩证统一,应遵循以下几点。

（1）开局先圆后方。

开局即领导刚开始走马上任。这时即使自己有不少抱负，也要经过熟悉情况、进入角色以后才能付诸实施。正确的开局用人艺术应是先圆后方，着眼于人际沟通，着力于调查研究，增进相互了解，逐步在领导活动中扩大对用人权的使用，由圆而方。

（2）进局外圆内方。

进局是指开局过后，领导者要改变或发展前任领导留下的局面，形成自己用人风格的领导过程。这时的用人艺术是：在模仿和继承中融入己见，在容忍中纠错，对于前任领导的用人弊端既要有宽宏的肚量，又不能循旧而求稳定；要继承和发扬前任领导的成功用人之道，通过兴利除弊来形成自己的用人之道，这就叫作外圆内方。"关系型"的领导迁就现在的局面，安于现状，不求进取，缺乏原则和个性，属于外圆内圆的用人方式；"急功型"的领导过分地突出自己，急功近利，立足未稳便对人一味地"从原则到原则"，属于外方内方的用人方式。两者均不可取。

（3）中局人圆我方。

中局是指进局过后，领导者应该站在源头，以开拓和创新的用人气概做出自己贡献的时期。这个时期要讲究人圆我方的用人艺术，即在别人眼里是随和的、随意的，但在自己心中却是原则性极强的，坚决推行既定的用人标准，逐渐形成自己的用人风格。这种用人艺术的关键之处在于不知不觉地将自己的用人理念巧妙地传播给周围的人，充分调动人的积极性。这一时期是真正开始出主意、用干部的时期。主意出得好，用人用得好，就可以让别人按照自己的意图主动去开拓和创新。中局也是领导者出成果、建功业的关键时期。

（4）定局上圆下方。

领导者一旦通过中局形成自己的格局，领导活动就相对稳定了，这时候应以维持自己的领导格局与开拓创新兼顾为宜，以把握总体局面，这就是定局时期。这个时期的用人艺术为上圆下方。因为在我国的领导体制中，垂直的领导活动一般多于横向的协同工作，任务和目标向下逐层分解，所以领导者用人也要考虑上级的要求和意图，不能完全自行其是。除了对上级安排或提名的人选积极考虑之外，还要把自己在用人方面的开拓与创新巧妙地向上级渗透，以求得对方的理解和支持，这叫"上圆"。所谓"下方"，是指领导在这一时期的用人必须坚持原则，在所辖范围内要力排众议，排除各种制约因素，只要是自己认准了的，就应当坚持到底。

（5）选才腹圆背方。

大凡领导者都有选才用才之权，这种权力的运用与领导的其他权力运用相比，具有使用次数少、周期长的特点。这一特点要求领导者选人要准、用人要慎，应该疑人不用、用人不疑。其艺术在于腹圆背方。所谓"腹圆"，是指领导在行使用人权时应该有开放的心态和容才的海量，善于接纳各种类型的人才，知人善任，不仅用人之长，更要容人之短。所谓"背方"是指领导者用人时要坚持标准，严格要求，不因是人才就降低标准，不因是能人就迁就照顾，甚至犯了错也不敢批评。腹圆背方的艺术在于：内心宽容，表面严厉，任用时容得下缺点，派用时提高标准，让人才又爱又怕。

（6）立威近圆远方。

领导者运用一系列手段建立起威信的行为叫作立威。对领导者来说，有两种"威"是需要立的，一是在本单位中的威信，二是在社会上的威信。前者可使领导者有效地实现领导目的，后者能使领导者及其单位在社会上树立良好形象，吸引各种人才的关注与兴趣。用人立威的艺术在于近圆远方。所谓"近圆"，是指领导在单位中要充分尊重各类人才，善于听取他们的意见，尊重他们的意愿，多为他们排忧

解难，多为他们办好事、办实事。所谓"远方"，是指领导在上级面前或参与各种社会事务的过程中，要坚持站在本单位的立场上代表本单位的利益，这"方"是维护本单位及本单位人才的合法权益的重要方式。

（7）激励形圆神方。

激励的目的在于调动人的积极因素，团结和谐，形成群体合力。"形圆"是指激励时要注意手段和方法，并灵活应用。"神方"是指激励必须坚持正确的原则，即针对不同需要，注重工作和人才本身，努力做到公正、公平。

（8）处事方圆兼顾。

单位是一个复杂的群体，人与人之间的各种争端与矛盾不可避免。处理争端与矛盾一定要做到方圆兼顾，既要通情达理，又要合情合理，不能失之偏颇。只有方圆兼顾，才能公正；只有公正，才能平衡，才能减少人才的内耗与矛盾。

（9）协调小圆大方。

沟通协调，是领导处理人才之间相互关系常用的方式，其艺术在于小圆大方，即在整体上和方向上坚持原则，在细节与局部上宽宏大量。小圆大方的要旨在于把握好原则与细节、整体与局部的关系：其一，求大同存小异，求"大方"存"小圆"；其二，善于"委曲求全"，舍小我之圆，求大家之方，增加人与人之间的相互依赖与信任。

总之，领导者要根据客观环境的变化，以最快速度调整自己的领导方式，以获得最佳领导效能。

四、因人员变化而变

领导者面对的主体是人，而人的情况是千变万化的，领导者只有根据人的变化及时调整自己的思维方式和行为方式，才能最大限度地获得被领导者的认可、支持、拥护和赞许。

以沟通为例，不同类型的人有不同的特点和不同的需求，只有充分照顾到这些特点和需求，沟通才有效果。人们常说："与老人沟通，不要忘了他的自尊；与男人沟通，不要忘了他的面子；与妇人沟通，不要忘了她的情绪；与上级沟通，不要忘了他的尊严；与年轻人沟通，不要忘了他的直接；与儿童沟通，不要忘了他的天真。"用一种态度、一种模式走天下，是一定会四处碰壁的。与普通人沟通尚且如此复杂，更何况领导者所面对的是各种各样的利益相关人呢？

有一位军事指挥员，在前线打仗的时候是一位英勇善战、指挥有方的领导者，指挥部队打过很多胜仗。战争结束后，组织上把他调到某研究武器装备的研究所当领导。他从一个正规部队领导变成一名研究所的领导，一开始很不适应。到了研究所之后，他还是按照带兵打仗的做法要求研究人员，要求他们每天出早操，每天都要按时上下班，被子也要叠得方方正正。研究人员很快就开始抱怨，有的研究人员甚至与这位领导发生冲突，研究所的工作效率也因此受到了很大的影响。后来，组织上给该研究所配了一位政委，军政主官一起担负领导工作。新上任的政委很会做人的工作，他根据研究所的任务和人员特点，拟订了一套管理计划，在开始执行前又反复与所长进行沟通，以期获得共识。政委语重心长地对所长说："你原来在作战部队，面对的是执行力很强的士兵，他们集体荣誉感强，战斗热情高涨，领导者只要谋划好，告诉战士怎么干就行了，考验的是领导者的谋划力和组织力。研究所却不一样，要靠研究人员的智慧去研究，所以不能用指挥命令的方法管理，而要挖掘他们的潜力，激发他们的研究热情和

创新精神，考验的是领导者的导向力和激发力。所以，带兵打仗和带研究人员搞科研应该是两种风格。只要分配任务，战士就会去落实。比如让战士把石头从这个山头搬到另一个山头去，骨干们领受任务后会想尽一切办法完成任务，如下达指标、组织竞赛等，他们会搬得热火朝天，不需要领导去督促。但是如果让学者去搬石头，他们就会问'为什么要搬''搬过去有什么意义'，执行力是完全不一样的。如果按战士的执行力去要求科研人员，对方可能不会积极响应，甚至抵制。如果换一种方式，比如对科研人员说'看谁能够研究出一种装置，把这个山头的石头搬到另一个山头去，谁最快、最省力，我就奖励谁'，研究人员马上就开始工作了，他们可能不再关心搬石头干什么，而关心自己能不能想出最好的搬石头方案，因而会很投入地去研究这些方案，最后达到把石头从这个山头搬到另一个山头的目的。同样是搬石头，由于被领导的对象不同，领导者要运用不同的方法，采取不同的手段，发挥不同的领导力。"政委的话正契合了"奇正应变理论"的内核，领导者要因变而变。

终极挑战辩题，你支持哪一种观点？

49. **正方**：守正是为了保持社会稳定和秩序，为创新提供一个安全、稳定的环境，使创新能够在有序的基础上进行。

    反方：创新往往伴随着风险和挑战，过分强调守正可能会抑制人们的冒险精神和探索欲望，从而阻碍创新的产生和发展。

50. **正方**：在科技创新与伦理道德的平衡中，坚守伦理道德底线是确保科技创新不偏离人类福祉的关键。

    反方：科技创新可能会带来一些未知的伦理道德问题，需要靠更多的创新去解决，过分强调伦理道德可能会限制科技创新的步伐，阻碍社会的进步和发展。

第五章 | 奇正相生

第三节

守正出奇

衡量一个领导者的领导力强弱，关键看他能否把握住组织的使命。任何组织都有其独特的使命，如军队要打胜仗，企业要盈利，政府部门要履行好职能等。所有组织要实现组织使命都会遇到很多困难，都会面临许多复杂情况，如何应对各种复杂情况的变化是每位领导者需要反复思考的问题。

古代兵圣孙武根据战争发展变化规律，总结出闪烁着科学思想光芒的兵家圣经《孙子兵法》，两千多年过去了，仍然为现代人所用，虽然是针对战争写的，但各行各业都可借鉴；虽然是从中国国情出发写的，但全世界都在学习。据说，在1990年海湾战争爆发时，美国总统布什的桌子上摆着两本书，一本是《恺撒传》，一本是《孙子兵法》。媒体报道说，在这次战争中，译成英文版的《孙子兵法》被大批运往沙特阿拉伯，供参战人员阅读。美国记者从战云密布的海湾战场发回的消息称："尽管中国在这里没有派驻一兵一卒，但有一个神秘的中国人却亲临前线，操纵着作战行动，他就是两千多年前的孙子。"

近些年来，许多政治学家、经济学家、管理学家都纷纷拿起《孙子兵法》这一"武器"，在各自的领域里运用。作为领导者更应该熟

记《孙子兵法》，并将其原理与思想运用于领导实践之中。

孙子用兵作战的精髓是"奇正"。奇正是诡道思想的一种表现，或者说，诡是本、奇是表。关于"诡道"，不能将其片面地理解为"用兵打仗的一种诡诈之术"，其核心内容讲的是权变之术，意思是用兵没有一成不变的法则，要以非常规的灵活机动为原则，达到以变制变的目的。

一、领导者要善于奇正之变

孙子说：管理大部队如同管理小部队一样，这属于军队的组织编制问题；指挥大部队如同指挥小部队，这是指挥号令的问题；统率全军能够使它在遭到敌人的进攻时不致失败，这是"奇正"的战术变化问题；军队打击敌人应如以石击卵，这是"避实就虚"的正确运用问题。领导者管理一个组织，无论大小，都要注重这四个方面，即组织编制、指挥号令、奇正之变、避实就虚，只有这样才能使所领导的组织从容迎接各种挑战。在具体问题的解决上要善于运用奇正之术，以变制变；要善于找到解决问题的突破口，避实就虚，像以石击卵一样，击中要害；不可采取硬碰硬的态度，以石击石，双方受损；更不可以自己的短处迎击别人的长处，以卵击石，粉身碎骨。

孙子说：战势不过奇正，奇正之变，不可胜穷也。作战的方式方法不过"奇""正"两种，"奇"指军队作战的特殊方法，"正"指作战的常用战法，但是"奇""正"的变化，却永远未可穷尽。孙子一直强调奇正战术变化异常重要，用现在的理解就是强调创新思想运用的重要。在现今社会，商场就是战场，买卖就是用兵，竞争就是战争，《孙子兵法》中的奇正谋略思想无疑给人们在这方面提供了有益的借鉴。在商业竞争领域也要采用特殊的经营手段，这种手段往往是出人意料和变幻莫测的。《孙子兵法》运用于商业和市场竞争，讲

第五章 | 奇正相生

究方式方法，而且不断变化，最高明的莫过于采取别人没有预料到的行动。用孙子的话说，即"动莫神于不意，谋莫善于不识"，这便是"出其不意，攻其不备，乃取胜之道也"。

孙子说：乐音不过五个音阶，可是五音的变化，就听不胜听；颜色不过五种色素，可是五色的变化，就看不胜看；滋味不过五样味道，可是五味的变化，就尝不胜尝；战术不过奇、正，可是奇正的变化，就无穷无尽。奇正相互转化，就像圆环旋绕不绝，无始无终，谁能穷尽它呢？借用孙子的话说，领导力不过三维，可是三维的变化奥妙无穷。品、思、行相互融合、转化，就会变成无往不胜的领导艺术、领导道术。

孙子说：善于作战的人，总是设法造成有利的态势，而不苛求下属，所以他能不强求人力去利用和创造有利的态势。善于创造有利态势的将帅指挥部队作战，就像滚动木头、石头一般。木头、石头的特性是：放在安稳平坦的地方就静止，放在险陡倾斜的地方就滚动。所以，善于指挥作战的人所造成的有利态势，就像转动圆石从万丈高山上滚下来那样，这就是所谓的"势"！造势是领导者重要的基本功之一，在任何时候、任何情况下，领导者都要善于发动群众，把领导者的意图灌输给群众，尤其是各级骨干力量要思想高度统一，行动高度自觉，就会造成圆石从万丈高山上滚下来一样的态势，势不可当。

孙子说："兵无常势，水无常形，能因敌变化取胜者，谓之神。"在《九变篇》中提出的"涂有所不由，军有所不击，城有所不攻，地有所不争，君命有所不受"，既是讲述权变之法，也是奇正艺术运用的完美体现。唐太宗在注解奇正时说："以奇为正，使敌视以为正，则吾以奇击之；以正为奇，使敌视以为奇，则吾以正击之。混为一法，使敌莫测。"这就明显地把奇正的精髓和实质归于权变。总而言之，正可以生奇，奇可以生正；正亦为奇，奇亦为正，或者说，对正

的变通性运用就是奇。善于出奇制胜的将帅，其战法变化就像天地那样不可穷尽，像江河那样不可枯竭。周而复始，如同日月的运行；去而又来，就像四季的更迭。出奇制胜之法如宇宙万物之变，无穷无尽，领导艺术的变化也像日月运行，无穷无尽。孙子强调的奇正之变有两个要点：一是变化的数量大，不可穷尽；二是变化的周期长，不可穷尽。这两点都可以用"三维十二度领导力模型"来求证，可见，领导者只要学会了奇正之变，就可以牢牢把握主动权。

二、企业经营离不开奇正之变

奇正如同"形、势""虚、实"等一样，是《孙子兵法》中一对高度抽象和概括的基本范畴，是孙子对其用兵艺术的高度概括，因此他一语中的地说："战势不过奇正。"他认为奇正的运用是克敌制胜的根本法则。孙子正是从用兵作战基本指导原则的高度，把奇正作为兵法战术推导的起点，一切攻守、进退、动静、分合的法则都源于奇正之理。在上述各个方面运用常法就是正，反"常"变异就是奇。在商业经营中，奇正之变无穷，以市场营销为例，可把在原有的现实的市场进行常规的营销活动视为正，新开辟的潜在的市场从事非常规的、与众不同的营销活动视为奇。

随着市场竞争加剧，产品、营销手段、服务手段同质化现象越发严重。怎样做出特色、怎样在竞争中以奇制胜成了众多商家寻求新出路的突破点。于是，实施差异化经营、寻找营销中的"蓝海"一时成为热门话题。然而一些企业对营销差异化战略的理解仍驻留在为奇而奇的层面，以为一个小创意、一种短期行为就是奇，想不到又掉落到别人设立的"红海"之中。只有深刻领会孙子的奇、正辩证关系，才能跳出非"红（红海）"即"蓝（蓝海）"的简单化思维。为奇而奇，盲目追逐奇术、怪招、妙点子绝非"善出奇"。事实上，在营销组合的各个方面，在产品组合、定价策略的各个环节，都有奇有正，都能导演奇正相变，达到"运用之妙，存乎一心"的效果。

进一步来说，所谓的"常规"营销手段不一定总为正，关键在于自己如何运用，竞争对手如何解读；自己所谓的"创新"不一定必然导致奇的效果，还要看竞争对手的反应和策略。所谓兵者诡道，方法和手段的运用其实无所谓奇正，可以依势而行，亦可逆势而动。孙子兵法中的奇正，要从其核心的意思去理解。有时从某个角度来看，重要的是结果，不是过程；但有时从另一个角度来说，重要的是进行的过程，结果反而次之，也就是说结果反不成结果，过程不只是过程那么简单。一旦下了定义，归纳出了范畴，也就无正可正、无奇可奇了。

现实是瞬息万变的，领导者应依据现实变化灵活采取对策。"夫兵形象水，水之形避高而趋下，兵之形避实而击虚。"这种思想已成为企业的重要战略思想。许多企业避开市场竞争主战场，独辟蹊径，开辟无人涉足的细分市场，一举获得成功，达到了扬长避短、避实击虚的效果。

在这方面，日本的任天堂公司就是一个成功的例子。它原是一家生产扑克牌的小公司，1980年独辟蹊径开发出普及型家庭游戏机，打开日本市场，1986年推出适合美国家庭的游戏机，又开辟了美国市场，后来又席卷欧洲市场。

我国著名企业家张瑞敏对《孙子兵法》有深入的研究。他认为，抢占市场要有速度，这就是孙子所说的"激水之疾，至于漂石者，势也"，而这个"石"就是顾客。他运用《孙子兵法》的战略思想，在激烈的商场竞争中获得巨大成功，使中国的海尔走向世界。

三、管理创新需要奇正之变

（1）"因敌制胜"创造未来。

孙子说："水因地而制流，兵因敌而制胜。故兵无常势，水无常形，能因敌变化而取胜者，谓之神。"将这一思想应用在企业经营管理上，就是要依据国际环境的变化，特别是市场和竞争环境的变化策划未来和创造未来。而创造未来的最佳途径就是求变创新。

在快速变化的现代社会，管理几乎是策划变动的同义词。对于变动，完全放任或过激干涉都不是处变的良策。开放的企业经营之道，应该是策划变动，主动求变。没有一种敢于创新的精神，改革就难以成功。但通常情况下，人们会安于旧习，滞后于变，因为改变带来的新情况，需要花许多时间和精力来适应，因此，很多人都认为创新有风险。事实上抗拒创新是一种长久的风险。经营怪杰艾科卡在第一次全球能源危机时，设计出一种多用途且省油的汽车，当时他在福特汽车公司担任总经理，却遭到总裁福特二世的反对。原因是与传统不大相同，风险太大而不愿尝试。1983年，艾科卡到了克莱斯勒汽车公司正式推出此车型，立即轰动全美。1984年一年销售量超过28万辆，1985年，福特汽车公司和通用汽车公司不得不模仿制造。

（2）"奇正之变"创新产品。

孙子说："善出奇者，无穷如天地……奇正之变，不可胜穷也。"这段奇文形象地告诉人们，新奇的东西来源于一般物质。在企业经营管理中，善出奇者，也在于他能为众人之所不能，别人没能做到的，他能做到，就是奇招。只要不墨守成规，有创新的心态，随时随地都可以找到创新对象。而且，只要企业肯动脑筋，有创新的意志和毅力，就可以达成创新目标。

日本的索尼公司一向以创新设计闻名于世。20世纪40年代末，美国的贝尔公司发明出晶体管，但由于造价昂贵，只用于高级军工产品。索尼公司买下了这一专利,把它用于收音机,并先后设计出世界上第一部便携式收音机和袖珍收音机,突破了原来电子管收音机只有台式和落地式的单调状况。并且,这部袖珍收音机又设计得小巧简便,精美华丽,在布鲁塞尔万国博览会上获得设计金奖。这两个创新产品使索尼公司在世界同行中处于遥遥领先地位。

出奇制胜不仅是奇正互变,更是奇正组合,即运用特殊的组合方式,以出人意料、变幻莫测的招法来满足或诱发消费者的需要。所谓组合,是借用人类已有的发明成果或创新设想,以新奇的构思将相关的或经过改进可以利用的若干项组合起来,使之以崭新的面貌、全新的功能、清新的内涵成为创新组合的新成果。这是一种充分利用和开掘人类已有文明成果的聪明之举,是对多项创新成果的巧妙应用,是一种把多项貌似不相关的事物相连接,从而使之变成彼此不可分割的新实体的一种创造性思维。

(3)"势能之变"提升能力。

奇正变化和组合是为了造势。那么,何为"势"?何为"造势"?孙子在《势篇》中三次用比喻法说明了"势"的含义。一次说:"激水之疾,至于漂石者,势也。"二次说:"势如彍弩。""勇怯,势也。"三次说:"如转圆石于千仞之山者,势也。"石块能在湍急的流水中漂着,是巨大落差的冲击力;张满的弯弓是勇猛的拉力,其反弹是推射力;把圆形巨石放在高山上并推滚而下是滚砸力。由于这种"势"来源于实体位置的提高和折射,所以它可以通过人工来创造,可以通过将帅的主观能动性而得到。军事作战需要"造势",企业经营管理中更需要"造势",即建立一种机制,营造一种氛围,创造一种文化,以开发职工的潜能、发挥职工的创造性为核心,让职工紧紧围绕企业发展目标,积极发挥聪明才智,主动献计献策。"造势"还要努力为职工提升"创造能力"提供条件,要采取多种措施,让职工

想学、愿学、乐学，不断提升技能；想干、愿干、乐干，不断提升动力。

四、风险管理巧用奇正之变

领导者每天都在与各种风险打交道。

所谓风险，就是未来的不确定性。不确定有三种含义。

①是否发生。

②何时发生。

③发生之后会造成何种后果。

对于一件具体的事情，只要三者之中有任何一个不确定存在，即为风险。

对于①，例如车祸，我是否会遭遇车祸呢？可能会，可能不会。"是否发生"不确定，这就是车祸的风险。

对于②，例如死亡，人人都会死，"是否发生"确定，但是"何时发生"不确定，这就是死亡的风险。

重点是对于③，发生之后的后果，分三种情况。

第一种，不论何时发生，是否发生，其任何后果均为损失，称为"自然风险"或"纯粹风险"。例如天气预报明天下午4点钟台风登陆（假设天气预报准确），那么"是否发生"确定（台风会来），"何时发生"确定（明天下午4点）。这种情况下，"不确定"的是"发生的后果"，台风可能只是轻微影响出行，有可能会造成财产损失，有可能危及人生命，这就是台风的风险。

同样，疾病、地震、死亡、年迈、洪水、火灾、车祸、合同违约（对于被违约方）、恶劣天气均为自然风险。该种风险一旦发生，必定是"坏的"后果。该种风险是自然存在的，并不是人为创造的。

第二种，根据事故发生的情况不同，既有可能是损失也有可能是收益，称为"投机风险"。例如买彩票，下周二开奖，那么"是否发生"确定（彩票一定会开奖），"何时发生"确定（下周二开奖）。这种情况下，"不确定"的是"发生的后果"，有可能中了500万元大奖，有可能没中，这就是彩票的风险。

同样，股票、债券、投资等，均为投机风险。

该种风险，如果发生，有可能是"好的"后果，也有可能是"坏的"后果。该种风险是人为创造的。

第三种，对于发生之后会造成何种后果是确定的，但会不会发生以及何时发生不确定。例如领导干部违法乱纪，一旦被查实，要给予什么处分，纪律处分条例写得很清楚，但会不会被查、什么时候被查不确定。有的人就是以侥幸心理博永远不会被查处这个"彩"。

因此，对于三种不同的风险，应当区别对待。

对于第一种风险，即自然风险，应当做的是"完全规避（消除）、减轻"。这种风险在人类出现之前就一直存在，举个简单的例子，恶劣天气可能对人类财产甚至生命造成威胁，例如雷电，著名的沈阳故宫就曾毁于雷击。因此人类做出了"规避风险"的措施——避雷针，这就是一种"风险防范措施"。又例如车辆往往会对其他车辆或行人产生隐患，因此人类为了"规避风险"，设计了红绿灯、斑马线、交通规则。但是由于这种"风险回避措施"无法完全回避风险，因此人类又设计了"法律"，要求肇事者赔偿受害者，严重者遭受刑罚，来"降低风险"。该种风险是人人厌恶的风险，人们会想尽一切办法去消除、减轻它。

墨菲定律

某工厂的锻造车间，每年都有很多工人的手被冲床砸断，每

一次工伤事故发生后，厂长都要车间全体人员认真学习操作规程，进行安全教育和整顿，并采取给车间主任处分、工长罚款等惩罚措施，但没过多久又会发生事故，工厂的医疗费不堪重负。后来，一位刚从空军部队转业到工厂的军人看到这种情况，主动向厂长提建议，他说：我在部队是从事飞机维护工作的，部队首长要求我们要按照"墨菲定律"防止维护中的误操作。"墨菲定律"的核心是，要想让某一种错误不发生，必须消除发生这个错误的可能性。他说，咱们车间每次发生砸手的事故，都是由于工人的双手没有配合好，一只手没有撤出来，另一只手去按了电钮，由于电的速度比人手移动的速度快得多，所以手被砸断了。人只有两只手，如果设计成两个按钮，必须两个按钮同时按下去，冲床才工作，这样，工人的手永远就不会被砸了。厂长采纳了这位军转干部的建议，组织技术人员对所有冲床进行改造，将一个按钮变成两个按钮，从此，该厂这类工伤事故再也没有发生。这就是事故防范中的"奇"。

对于第二种风险，投机风险。应当做的是"控制"，只有自然风险可以消除，投机风险不可消除。由于该种风险是风险承受主体主观创造出来的，简单来说，投资有风险，是因为投资了，不投资就没有风险。股市有风险，是因为去炒股了，不去炒股就没有风险。对于主观创造出的风险的应对方式，不能称为"消除、规避"（例如，想消除股票的风险就是不买股票，公司想消除风险就是不建立公司、银行想消除财务风险就是不经营银行），而是"控制风险，将创造出的风险控制在合理范围内"。如果想彻底规避这类风险，正确的做法是"不做"，而这个行为违背了主观意愿，因为风险承受主体（买入者）想要的不是"消除风险"，而是"从风险中获得更大利益"。在经济学中风险越大，可能获得的最大收益就越大，也可能获得的最大损失越大。这就需要投机者根据自己的风险偏好和最大风险承受能力决定投资行为。所以,投资界也创造出许多避险工具,如风险基金、对冲基金、期货等,尽可能让风险震荡值平缓一些。这就是在风险投资中的"奇"。

对于第三种风险,违法乱纪分子的"博彩"风险,必须按自然风险的方法处置。这里,有的违法分子是完全清楚自己的违法行为应该承担的后果,如一些法官、领导干部等,他们经常给别人搞普法教育,对后果是清楚的;有的尽管对后果的严重程度不是很清楚,但总体对自身不利的后果是清楚的。对于这种主观违纪的人员,一是不能让其有"博彩"赢利的预期,让违规违纪获得利益的概率大幅降低,即严查、严打、严罚。二是从制度上制造违法障碍,让不法分子不能轻易得手。三是以"正"压"邪",加大正面教育、正面引导、正面宣传的力度,让正气上升,邪气下降。四是以"奇"取胜,要在防"违"、查"违"、惩"违"上出奇招,见奇效。

管理之道在于治心,运筹之法在于权变,风险处理之术则在于奇正。

正者,指风险规律与风险防范常理;奇者,指在特殊风险问题下,风险规律与风险防范的悖逆运用。风险存在一定规律,风险防范有常用之技,但风险具有突变、多样、难防等特征,故必须奇正结合。运用奇正之术的主导思想是"顺势巧胜",即出其不意,攻其不备,速其不及,顺应事理,巧妙解脱,即兵法所云"兵之情主速,乘人之不及。由不虞之道,攻其所不戒也"。奇正之术最宜用于市场风险、财务风险、技术风险的防范。

权变与奇正相因,顺势与巧胜互果。善权变以知风险,善奇正以控风险。在风险管理中,权变与奇正二者不可偏废,需兼而用之。知正者未必能用其奇,而不知正者必不能用其奇。也就是说,不能把握

风险规律、洞悉风险因果过程的决策者,必定不能有效地防范风险;而即使明白风险规律、知晓风险机制的决策者,也不一定能灵活运用出奇制胜之术化解风险。风险防范的常规技巧,在实际运用过程中有拙用、有巧用,拙者败,巧者胜。虽知风险防范之术,但墨守成规,机械运用,则风险一变,必败无疑,此为拙用;避实就虚,灵活机动,预卜风险,预先控之,此为巧用。巧胜在实用,在实践中不断探索,不断总结,不断积累经验。经营风险瞬息万变,企业风险管理不能墨守成规、拘于常理、盲目效仿,而应静动结合,以静制动,以动制动,依势而用,出奇制胜。

企业风险防范之奇,表现在风险管理过程中出奇招,在风险谋略上用奇计,在风险处理方法上用奇术。在新产品开发风险、技术开发风险、财务结算风险、营销风险诸方面,无所不用其奇。如遇市场风险时,以迂为直、机巧随变、暗度陈仓等方法,便是奇策、奇法。如一个新产品问世,趁其他企业没有此产品之"虚",尽快打入市场,树立自己的品牌,同时储备下一代产品,待产品渐入佳境,竞争对手云起之时,急流勇退,及时推出更新的产品,如此往复,不断出新,使自己在市场竞争中独领风骚,市场风险也就因之而化解。

奇术无常规,制胜之妙在于运用之变化。下面举几个小例子来进一步说明。

奇术一:欲取先予。

小酒厂日子难过,亏损严重,而湖南某县一酒厂却能做到产品畅销不衰,利润日增,特别是在本地区和周边市场相当稳固,其中一个很重要的经营奥秘是以礼品做广告。每逢本地区举行重大活动、四方嘉宾云集之时,该厂都会免费赠送几大箱酒以示庆贺,只要求操办者在宴请时说一声这是本地某厂生产的传统名酒就行了。客人在频频举杯中都称赞酒的味道纯正,有的还在宴后与厂家签订了购买合同。

第五章 | 奇正相生

"若要取之,必先予之",此奇术应用于防范经营风险往往能收到奇效。如有些商品要进入一个陌生的市场,若单刀直入,则会遭遇较大的市场风险,而若以礼品推销、免费试用、低价推销等半送半卖的方式,则易于启动市场,为产品大规模进入该地扫除风险障碍。

奇术二:暗度陈仓。

日本卡西欧公司成立初期,仅是一个街道小厂,产品也仅仅在国内有限的市场销售。为了打开销路,使自己的产品不仅畅销国内,而且走向世界,他们白天为别人加工零件,借以维持经营,夜间便进行当时国际上还没有的继电器、计算器的研制工作,经过8年的努力,终于取得了成功,产品不仅畅销日本,而且走向了世界。第一批产品进入国际市场后,就以小巧方便、价廉物美的优势赢得了消费者的青睐。

卡西欧公司明面上为别人加工零部件,背后却默默开发新品,趁竞争者不备,再将产品推向市场,做到人无我有,从而迅速扩展市场,待其他企业醒悟过来时,已望尘莫及。

奇术三:避实就虚。

在营销决策中,"实"指热门商品,"虚"指市场空隙。避实就虚可避开竞争对手,有效地回避竞争风险。即使十分成熟的市场,也存在许多空隙,企业若能进行全方位思考,发挥自己所长,善钻缝隙,则在夹缝中生存会更安全,更可能在市场的占领和开发方面取得主动。

澳门南光集团和国内七家口岸公司准备将产品打入葡萄牙市场,想通过葡萄牙窗口进一步走向世界。许多企业生产双面绣裙、高档家具,投放葡萄牙市场。尽管产品质量水平很高,但由于市场货源充足,顾客可选余地大,且与葡萄牙一般市民消费水平和消费习惯有一定差异,因而收效不大。南光集团出口分公司在对葡萄牙市场进行分

析后，发现农机具、五金矿产工具生产不足，葡萄牙当地生产者、经营者对此没有涉足，是个市场空隙。于是，他们抓住这个市场空隙，投其所需，大力生产农机具、五金矿产工具投放葡萄牙市场，获得成功。

奇术四：反其道而行之。

浙江余姚市百货公司鞋帽皮件商店，是一家仅有几名职工和万元流动资金的小店，市场被周围实力雄厚的大店挤占，营业额每况愈下。经一番思索后，商店决定采取"反其道而行之"的策略：人弃我取。他们了解到童鞋价低利薄、不受大商场青睐时，就专开了一个童鞋柜台，经销十余种各式童鞋，竟每月售出一千多双。商店后来又了解到老人买鞋难的信息，于是专门请杭州两家鞋厂定做各式平跟猪皮鞋、布鞋、保暖鞋，又招徕了许多顾客。一般商店通常喜欢进最新款式的鞋，而该店却又一反常理，专门购进两千余双式样过时但质量较好的廉价鞋，吸引了不少农村顾客，不到一个月便销售一空。

"反其道而行之"的策略，虽逆风而行，但用在巧妙处可取得意想不到的效果。例如，目前企业流行多样化经营，以适应不断变化的市场需求，从而使风险得到分散，而有些企业却反其道而行之，缩短战线，集中财力物力，毕其功于一役，由于重点产品选得准，财力物力投入集中，因而树立了产品优势。

第五章 | 奇正相生

———•终极挑战辩题，你支持哪一种观点？•———

51. **正方**：在快速发展的社会中，坚守正道是创新的基石，只有坚守核心价值观和道德准则，创新才能沿着正确的方向前进。

    反方：创新是推动社会进步的关键，过分强调守正可能会限制思维的开放性和灵活性，阻碍创新的步伐。

52. **正方**：成功的创新必然需要守正的支撑。守正为创新提供了稳定的社会环境、公众信任和文化底蕴，是创新成功的关键因素之一。

    反方：成功的创新不一定需要守正的支撑。许多颠覆性的创新都来自对传统观念的挑战和突破，而非守正的延续和扩展。

本章小结

奇正领导力的核心在于变，在于随变、巧变、奇变，支撑奇正领导力的理论是：榜样映射理论、魔方应变理论和奇正之变理论。奇正领导力完美演绎了领导艺术。

第六章

"黄金分割"与领导力

导读

"黄金分割"或"黄金分割率"通常指的是黄金比例，这是一个数学上的比例关系，其值约为0.61803398875。黄金比例具有一种特殊的性质，即当一条线段被分割为两部分，使较长部分与整体的比值等于较短部分与较长部分的比值时，就形成了黄金比例。黄金比例在艺术中特别受欢迎，因为它被认为具有美学上的吸引力。许多古代和现代的艺术家和建筑师都使用黄金比例来设计他们的作品，因为它可以创造出一种和谐、平衡和美感。此外，黄金比例也在自然界中广泛存在，如植物的叶子排列、动物的体型和螺旋形的贝壳等。除了艺术和设计领域外，黄金比例在其他领域也有应用。例如，在金融领域，一些投资者使用黄金比例来帮助判断股票和市场走势；在计算机图形学和工程学中，黄金比例也被用于优化算法和设计结构。

第六章 | "黄金分割"与领导力

第一节

"黄金分割"的哲学价值

在自然界中，有许多现象人们已经感知了，但不一定完全掌握其规律，有的已经掌握了的规律也不一定完全自觉地运用好，"黄金分割"定律就是这样一种让许多人痴迷但又不甚了解的定律。

黄金分割是指事物各部分间一定的数学比例关系，即将整体一分为二，较小部分与较大部分之比等于较大部分与整体之比，其比值为0.618，这种比例关系最能适应人的感受，适合地球上多数动植物的生长要求，因此被称为黄金分割。在以下 AB 线段中，C 和 E 点就是黄金分割点，黄金分割如图 6-1 所示。

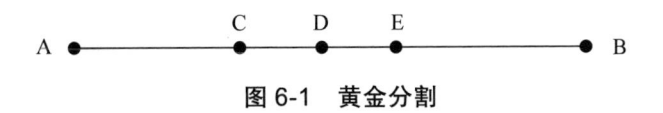

```
A ●————————● ● ●————————● B
            C  D  E
```

图 6-1 黄金分割

人们在几千年前就无意识地发现，存在这种比例关系的事物能引起人的特别美感。例如，一个短边与长边之比等于 0.618 的长方形，看上去特别美；房子的高度与宽度之比等于 0.618 时，看上去特别协调；人的肚脐的高度与身高之比等于 0.618 时，看上去身材最匀称；环境温度与体温之比等于 0.618 时，人感觉最舒服。后来，人们发现很多现象都与 0.618 有关。如植物的叶子，尽管叶子形状随种而异，

但它在茎上的排列顺序（称为叶序），却是极有规律的。从植物茎的顶端向下看，会发现上下层中相邻的两片叶子之间约成137.5°角。植物学家经过计算表明：这个角度对叶子的采光、通风都是最佳的。叶子间的137.5°角中，藏有什么"密码"呢？我们知道，一周是360°，360°－137.5°＝222.5°，137.5°：222.5°≈0.618。这自然生长的树叶，竟然也隐藏着0.618。有些植物的花瓣及主干上枝条的生长，也是符合这个规律的。

古希腊数学家、哲学家毕达哥拉斯最早发现了这个"密码"，并用数学公式把这个数字计算了出来。这个计算公式是($\sqrt{5}$ －1)／2≈0.618。后来，黄金分割被广泛运用于建筑、美学、艺术、生物等各个领域，其神奇作用越来越不可思议。古希腊帕特农神庙高和宽的比是0.618，成了举世闻名的完美建筑。神庙大殿中央的女神雕像体态轻柔优美，引人入胜，雕像从脚跟到肚脐间的距离与整个身高的比值恰好是0.618。现实中的女性，腰身以下的长度一般很难完全达到身高的0.618，难怪现代许多姑娘都愿意穿上高跟鞋，而芭蕾舞演员则在翩翩起舞时不时地踮起脚尖，目的就是展示优美的身材。著名画家达·芬奇是精通黄金分割的，人们发现他的许多著名作品都有黄金分割比例。达·芬奇说过："没有什么能不通过人类的探求而称为科学的，除非它是通过数学的解释和证明的。"所以达·芬奇能留下蒙娜丽莎的完美微笑也就不奇怪了。黄金分割这个古老的数学方法，其作用一直延续了几千年，至今还在发挥着意想不到的作用。

千百年来，人们虽发现了黄金分割这个现象，但不知道根源在哪里，为什么会有这个现象。2004年，《自然》杂志刊登了一篇题为《黄金分割形成之源探秘》的文章，揭示了黄金分割形成的原因，其结论很简单，黄金分割源于地球与太阳的运行关系，并断定南北回归线就是地球的两条黄金分割线。这个发现具有划时代的意义，诠释了

第六章 | "黄金分割"与领导力

为什么人类会对 0.618 这个数字如此情有独钟。

值得注意的是,最适宜点不在 0.5 这个位置,那是因为 0.5 虽然在中间,但如果取一半,那 0.5 又成了极端。只有 0.618 是一个整体中最恰当的点,如果取 1 为一个整体,那么 1 的 0.618 倍是一个局部整体,对这个局部整体来说,它的黄金分割点在 0.382 处(0.618 × 0.618 ≈ 0.382),这一点正好是 1 这个大整体的另一个"黄金分割"点。所以人们对最美好事物的感受并不是简单地"折中",而是偏离又不远离中心的一个"适中"值,这个"适中"值就是 0.618,它不是凭空想象出来的,而是千百万年来,大自然对人类本能的造就。人类不仅能强烈地感知它,而且会最大限度地适应它,这就是黄金分割的奥妙所在。人们已经在许多领域应用了黄金分割这个法宝,收到了极好的效果。

例如用黄金分割比例来描述人生哲学。它代表了一种中庸之道,即在事物的两个极端之间找到最佳的平衡点。这种思想反映了人类对和谐、平衡和完美的追求。在人生旅程中,黄金分割比例可以作为一种指导原则,帮助人们在事业、生活和交友等方面找到最佳的平衡点。在事业上,人们应该既不过于冒进又不过于保守,找到最适合自己的发展道路;在生活中,人们应该既不过于奢侈又不过于节俭,保持一种适度的生活方式;在交友时,人们应该既不过于亲密又不过于疏远,保持一种适度的距离。

古巴比伦人和古埃及人把黄金分割用在大金字塔的建造上。米开朗琪罗、达·芬奇把黄金分割融入他们的绘画雕塑。贝多芬、莫扎特、巴赫的音乐里流淌着黄金分割的完美和谐。

中国的古人虽不知这个神奇的数字,却给我们留下不少至理名言:善画者留白,善乐者希声,善言者忘语,善书者缺笔,大贤者若痴,大智者若愚。这些古代哲理,都隐喻着黄金分割的精髓。白居易

的千古绝唱《琵琶行》，从"弦弦掩抑声声思，似诉平生不得志"，到"大弦嘈嘈如急雨，小弦切切如私语"，"大珠小珠落玉盘"，突然间，"冰泉冷涩弦凝绝，凝绝不通声暂歇。别有忧愁暗恨生，此时无声胜有声。"这种沉寂，给聆听者带来的惆怅感比激烈的和弦更强烈。乐曲里的幽怨悲苍，非空明无以渲染，非静穆无以烘托。此诗不仅道出了"善乐者希声"的真谛，细细品来，你还会发现从有声到无声，又从无声到有声，恰恰转折在黄金分割的那段期间。

　　根据人类对自然认知水平的不断提高，黄金分割将会运用到更多的领域。

第六章 | "黄金分割"与领导力

第二节

"黄金分割"的领导力价值

领导力是一个变量，不同领导者之间的领导力强弱不一样，同一个领导者在不同时期的领导力强弱也不一样。领导力由弱到强之间的过渡是一个渐进的过程，其中有一个最佳点，这个最佳点就是"黄金分割点"。

一、"黄金分割"为领导力找到了最佳值

祖先给人们留下了灿烂的文化，我认为其中最有智慧的一个字是"度"，即事物保持自己质的数量界限。过度就是超过一定界限，事物将发生质的变化。有很多词句是反映度的关系的，如物极必反、乐极生悲、否极泰来、真理再往前一步就是谬误、适可而止等，反映的是 0 到 1 之间的灰度有一个极值，超越这个极值就会走向反面。古代文化中反映为人处世方面的词句就更多了，如不可不圆，不可太圆；不可不察，不可太察；不可不防，不可太防；不可不傲，不可太傲；不可不从，不可太从等。从这些词句不难看出，"度"是一个区间，而且是围绕 0.5 的区间。

领导力的强与弱也是一个度，根据"黄金分割"理论，度的最佳值应该在 0.382 ~ 0.618 之间，由此可以推出，最佳领导力值就是

0.618。如果将所有领导者的平均领导力水平定为 0.5，那么，最佳领导力只比平均领导力水平多 0.118（即 23.6%）。

也许有人会提出疑问：对领导者而言，取 0.618 为最佳值是不是要求太低了？对职位越高的领导者而言是不是要求应该更高一些？其实，这是一个误解。

（1）0.618 是一个很高的要求。

0.618 是普通领导者能够达到的上限值，一般人没有特殊的毅力是很难达到的，领导干部职位越高，受外界因素干扰越多，各项指标要达到 0.618 就越困难。现在有的领导干部犯错误，不是因为对他们的要求太低，而是因为他们在某一方面连普通人的标准（0.5）都达不到。比如，有的领导者洞察力不强，用人失察，用了一个不该用的人，导致对党和人民的事业造成损失；又比如，有的领导者自制力达不到普通人的标准，在权力小的时候显现不出来，一旦位高权重，外界制约的力量减弱、自身获取私利的能量增大的时候，丑陋的一面就表现得淋漓尽致。

（2）好的领导力是能够把握好度。

任何事物都有限度，0.382 和 0.618 就是度的分界线，超过了度就是极端，也可能极好，也可能极差，还可能由极好变为极差：真理再往前走一步就是谬误，乐极生悲。通常情况下极端都不是好事，不是大喜就是大悲。领导力讲究的是综合平衡，并非某一方面越强越好，有时候要适当控制，把握一定的度。例如协调能力，就领导者个人来看，协调力越强，表示领导者处理问题的能力越强。但就整体而言，领导者在一个组织中展示的不仅是个人的力量，更重要的是集体的力量，所以发挥下属的积极性、能动性，多发挥下属的长处，才是领导者需要做的。有时领导者在某一方面能力强，反而抑制了下属的能力施展。

第六章 "黄金分割"与领导力

美国某科研机构曾做过一项研究,认为小布什总统的幕僚比克林顿总统的幕僚成就感强。原因是小布什的智商比克林顿的智商低,口才也没有克林顿好,工作思路更没有克林顿清晰,所以,克林顿的幕僚在开会时主要听克林顿说,把克林顿的话记下来去办就行了,不需要动太多的脑筋,更没有发挥才能的机会;而小布什却不同,开会时主要是幕僚在说,小布什还不时地请教幕僚一些问题,最后他只要同意幕僚的建议就行了,所以幕僚的积极性、主动性极高,开会前要做充分的准备,压力很大,但事后成就感都很强。

再比如道德方面,人们希望一个人道德品质高尚,"德"越好越值得信赖,这是在正常范围内的,即 0.382 ~ 0.618 之间。如果"德"高出正常范围,就不真实了,有的可能成为"道德洁癖",有的可能成为"形左实右",还有的可能被"德"所困,成为人们攻击的弱点。《孙子兵法》有云:"故将有五危,必死可杀,必生可虏,忿速可侮,廉洁可辱,爱民可烦。凡此五者,将之过也,用兵之灾也。覆军杀将,必以五危,不可不察也。"孙子认为:将帅有五个性格方面的偏执是危险的:勇而无谋,一味硬拼,可以诱杀;贪生怕死,畏惧不前,可以俘获;浮躁易怒,刚忿偏急,可以凌侮;清廉自好,矜于名节,可以侮辱;宽仁爱民,过于仁慈,可以烦扰。大凡这五个方面都是将帅素质上的缺陷,是用兵的灾害。军队败没和将帅被杀,都由上述"五危"引起,是不可不予充分重视的。

可见,即使廉洁、爱民这样的好品德都不能太过,过了就会被敌人利用。这里的"必死可杀"表示过于刚烈,抱着必死的决心,就容易陷入敌人的圈套,成为敌人的猎杀对象。"必生可虏"则是过于贪生怕死,那么在面临困境时,可能会选择投降或被俘虏。"忿速可侮"指的是如果过于急躁易怒,一触即跳,就可能受敌凌辱而妄动。"廉洁可辱"并非说廉洁本身有错,而是指将领如果过于注重个人名

誉和廉洁，在面对敌人的侮辱和挑衅时，可能会因为无法忍受而选择冒险行动。"爱民可烦"的意思是如果过于仁爱，过分关心士兵的安危，那么可能会因为过于烦琐的关心和照顾而分散精力，无法专注于战争本身。优秀的品质表现过分了，即超过一定的"度"，也将是一种灾难。

（3）提升领导力是一项长期的任务。

领导者必须要在某些方面有过人之处。正如医生给病人输液，一定要让输液瓶比病人的心脏高，否则血液就会倒流，发生危险。领导者也一样，各方面素养都要比被领导者高，对方才会心悦诚服地接受领导。然而，就个体而言，领导者与普通人并没有什么本质的区别，知识水平、认知能力、行动能力都与普通人差不多，也有普通人一样的缺点和弱点。所以，领导者要获得比普通人更高的领导力，必须比普通人付出更大的努力，做出更大的牺牲。时代在不断发展，人类在不断进步，每个人的知识水平和认知能力都在不断提高，即平均值（0.5）的基准在提高，领导者只有不断提升自己，让船与水一起涨，才能高出平均水平，不致于被时代的潮水所淹没。

要达到和保持 0.618 是一个艰难的过程。打江山不容易，守江山更不容易。

二、黄金分割为领导者提供了科学的思维模式

古希腊智者毕达哥拉斯说："一切思想都可以用数来表达。"这确实是一句至理名言。如前所述，一条 1 米长的线段，有 5 个重要的点，分别是 0、1、0.5、0.618、0.382。这 5 个点分别表达不同的世界观和方法论，上升到意识形态来说，就是不同的哲学思想。

第一，"0、1"哲学。"0"和"1"位于线段的两个端点，体现的是"极端哲学"，表示思想激进、办事极端、非白即黑，是一种极具战斗性的哲学思想。

第二,"0.5"哲学。"0.5"位于线段的正中间,体现的是"半半哲学",表示思想保守、胆怯懦弱、左右摇摆,黑白不分,好坏不辨,没有原则,绝对平均主义。

第三,"0.618"哲学。"0.618"和"0.382"是两个"黄金分割点",体现的是"适中",这一哲学思想表达了两个方面的含义:其一,价值取向明确。0.382偏向"0"一端,0.618偏向"1"一端,表示敢于亮出自己的思想,爱憎分明,观点明确,敢于负责,决策果断,不模棱两可,不争论不休。其二,分寸把握恰当。0.382和0.618这两个点既不是中点,又不远离中点,表示办事把握分寸,不离谱,不偏激,不极端,一切都在掌控之中,留有余地,进退自如。

这三种哲学思想对领导者最有参考价值的是"0.618"哲学,即"黄金分割"哲学,它告诉领导者:第一,要光明磊落,旗帜鲜明,决策果断,敢于负责,不左右摇摆,不优柔寡断;第二,要保持清醒的头脑,说话留有分寸,办事留有余地,具体情况具体分析,不搞运动,不走极端,遵循自然规律,防止大起大落;第三,统筹兼顾,争取双赢,一方面要让有利的一面达到期望的阈值,另一方面又要让不利的一面控制在一定的范围内。

"0.618"哲学在领导实践中用处极大。例如,在处理经济发展速度问题时,既要肯定发展是硬道理,尽可能加快速度,又要防止不顾客观条件盲目加快发展速度,造成不可持续发展;在处理改革开放问题时,既要肯定"改革开放是国策",勇于打开国门,又要防止无条件的开放、照搬照抄西方文明的开放、全盘西化的开放,把握好开放的尺度。

领导者在领导实践中,巧妙运用"0.618"哲学获得良好绩效的范例俯拾皆是。

三峡工程决策体现"0.618"

三峡工程建设是一项关系国计民生的重大决策，从20世纪50年代开始，老一辈中国领导人几乎都关注过三峡工程，但由于这项工程太复杂，涉及的问题太多，所以，中国领导人没有头脑发热，极端冒进，而是放慢脚步，反复论证，多听取反对者的意见，但又不是一味地拖，而是论证清楚就上马。三峡工程决策是一项两难的决策，因为没有绝对的好与绝对的差之分。建大坝的好处自不待言，可以解决人民群众用电日益紧张的问题、减少火力发电带来的污染问题、起到防洪的作用等；但建大坝后所带来的负面影响也是不能忽视的，如移民安置问题、生态保护问题、地质防害问题等。

建设三峡工程的"0.618"哲学体现在两个方面。

首先是果断决策。如果用"0"表示毫不犹豫坚决不建，用"1"表示毫不犹豫坚决建，那么，"0.5"则是永不停止的争论，议而不决，空谈误国，这三者都不可取。"0"和"1"虽然很果断，但无限夸大建的好处或不建的好处，以某种情绪代替决策，不是好的决策。中国领导者选择了"0.618"，建但不盲目上马，积极但不激进。

其次是力争双赢。从决定建设三峡工程的那一天开始，中国领导人就同步考虑了因建大坝带来的所有负面影响，一项一项地采取措施，尽可能将损失降到最低。这是最优的选择，既享受了做这件事的好处，同时又避免了做这件事的坏处，只有"0.618"能达到这一境界。

"0.618"哲学在企业领导者的日常工作中用处也很大。比如对下属的管理，既要严格，又要严之有度，把握到下属可以承受的范围内，同时，又要尽可能消除因严格管理所带来的负面影响，这样才能达到"双赢"。

三、黄金分割为领导者提供了实用的判断标准

领导者在领导实践中经常要处理一些具体事情，有的事情好坏难以界定，有的原则不易把握，如果运用"黄金分割"理论，处理起来就会简单得多，准确得多。

任用干部是领导者的一项重要职责，什么样的人该用，什么样的人不该用，处理起来比较复杂。如果以"德"为横坐标、"才"为纵坐标组成一个坐标系，用 0.5 表示平均水平，那么 0.382 和 0.618 是平均水平的边界值，正向达到或超越 0.618 的为"优"，负向达到或低于 0.382 的为"劣"。那么，对于领导干部来说，德才均达到或超越 0.618 的为优秀干部，这样的干部应提拔使用或破格重用；对德高（超过 0.618）才浅（低于 0.5）者，可以培养使用；对才高（超越 0.618）德浅（低于 0.5）者，要限制使用；对德才俱欠者（均达不到 0.382），坚决不用。干部任用中的黄金分割原则如图 6-2 所示。有德有才，优先使用；有德无才，培养使用；有才无德，限制使用；无德无才，不予使用。这里，0.382 和 0.618 是重要的参照值，相当于 38.2% 的反对票和 61.8% 的赞成票。

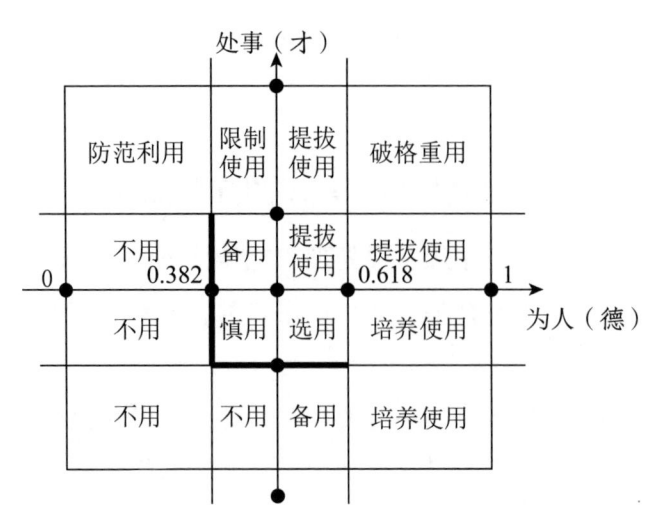

图 6-2　干部任用中的黄金分割原则

　　对于普通员工的使用又可以运用另一个评价体系，将工作能力和工作态度作为评价标准，对能力极强、工作态度极好的奇才，要重点使用；对能力极强但工作态度中等的优才、专才，要尽可能多用；对能力极强但工作态度极差的，要谨慎使用，因为责任心不强可能酿成大祸；对能力中等但工作态度极佳的，要宣扬表彰，树为正面典型；对于能力一般、工作态度极差的，要批评教育，正确引导；对工作能力和工作态度都差的要惩戒、诫勉。人才评价的黄金分割原则如图 6-3 所示。

　　黄金分割点为人们提供了参考的依据，这里的 0.382 和 0.618 是一个程度的概念，不是绝对的数量关系。这种方法可以推广至各个领域、各个方面。

第六章 | "黄金分割"与领导力

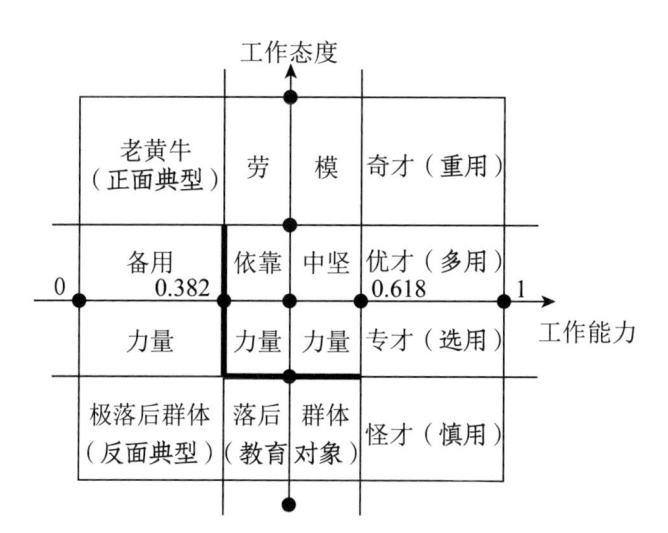

	工作态度		
老黄牛 （正面典型）	劳　模	奇才（重用）	
备用 0.382	依靠	中坚	优才（多用） 0.618
力量	力量	力量	专才（选用）
极落后群体 （反面典型）	落后 （教育	群体 对象）	怪才（慎用）

图 6-3　人才评价的黄金分割原则

第三节

"黄金分割"与灰度理论

"灰度"一词来源于图像的显示色度,以黑色为基准色,用不同饱和度的黑色来显示图像,每个灰度对象都具有从0%(白色)到100%(黑色)的亮度值。所谓灰度色,就是指纯白、纯黑及两者中的一系列从白到黑的过渡色。我们在自然界中看到的物体,大多不是纯白,也不是纯黑,而是介于白色与黑色之间。所以灰色是一个广阔的地带。

管理学上借用"灰度"这个词,是指管理的各个环节,如决策、计划、组织、指导、实施、控制等,其优劣不是绝对的,应该从"过渡色"即灰色中找到一个最佳值。

一、清晰的方向来自灰度

领导者一个重要的素质是方向感,即辨别方向和把握方向的能力。坚定不移的正确方向来自灰度。清晰的方向是在混沌中产生的,是从不清晰渐渐走向清晰的,即从灰色中脱颖而出。正确的方向确定之后,如何沿着正确的方向前进,也是一个渐进的过程。合理地掌握合适的灰度,可使各种影响发展的要素在一段时间内达到和谐,这种和谐的过程叫妥协,这种和谐的结果叫灰度。

二、领导者的宽容就是灰度

任何管理者都必须同人打交道。有人把管理定义为"通过别人做好工作的技能"。一旦同人打交道，宽容的重要性立即就会显示出来。人与人的差异是客观存在的，这里所指的灰度就是宽容，不刻板，本质就是容忍人与人之间的差异。不同性格、不同特长、不同偏好的人凝聚在组织目标和愿景下，靠的就是管理者的宽容。

宽容是一种坚强，而不是软弱。宽容所体现出的退让是有目的、有计划的，主动权掌握在自己的手中。无奈和迫不得已不能算宽容。

只有勇敢的人才懂得如何宽容，懦夫绝不会宽容，这不是他的本性。宽容是一种美德。只有宽容才会团结大多数人与你一起认清方向，只有宽容才会使坚定不移的正确方向减少对抗，达到正确目标。

三、妥协就是灰度

坚持正确的方向，与妥协并不矛盾，相反，妥协是对坚定不移方向的坚持。当然，方向是不可以妥协的，原则也是不可妥协的。但是，实现目标过程中的一切都可以妥协，只要它有利于目标的实现。

在一些人的眼中，妥协似乎是软弱和不坚定的表现，似乎只有毫不妥协方能显示出英雄本色。但是，这种非此即彼的思维方式，实际上是认定人与人之间是征服与被征服的关系，没有任何妥协的余地。

妥协并不意味着放弃原则，一味地让步。明智的妥协是一种适当的交换。为了达到主要目标，可以在次要的目标上做适当的让步。这种妥协并不是完全放弃原则，而是以退为进，通过适当的交换来确保目标的实现。许多谈判都是在妥协中获胜的。相反，不明智的妥协就是缺乏适当的权衡，或是坚持了次要目标而放弃了主要目标，或是妥协的代价过高而遭受不必要的损失。

明智的妥协是一种让步的艺术，妥协也是一种美德，而掌握这种高超的艺术是领导者的必备素质。只有妥协才能实现双赢和多赢，因为妥协能够消除冲突，拒绝妥协必然是对抗的前奏。领导者真正领悟了妥协的艺术，学会了宽容，保持开放的心态，就会真正达到灰度的境界，在正确的道路上走得更远，走得更扎实。

趋近公理的定律：机器用一段时间后性能会更好。

新组装的机器通过一段时间的使用，把摩擦面上的加工痕迹磨光而变得更加密合。说明要想达到完整的契合，需要双方都做出必要的割舍。

四、因地制宜、实事求是就是灰度

西方的职业化是从一百多年的市场变革中总结出来的，说明如何做最有效率。改革开放几十年来，中国有自己成功的东西，我们要善于将其总结出来，比如为什么成功、以后如何坚持、如何持续获得成功等，再借鉴西方的方法规范将这些好的理念标准化，有利于广泛传播与掌握，并善用之。只有这样才不是僵化地照搬，而是一个有灵魂的管理。一个企业的灵魂就是坚持因地制宜、实事求是。世界上没有绝对的好，适合的就是最好的。灰度就是因地制宜、实事求是。

第六章 | "黄金分割"与领导力

———— 终极挑战辩题,你支持哪一种观点? ————

53. 正方: 黄金分割是一种普遍规律,任何事物都有一个度,超过了度则必然走向反面。

   反方: 黄金分割不具有普遍性,比如在遵守社会公德、廉洁奉公等问题上无上限,不会因为做好了就必然走向反面。

54. 正方: 领导者应追求长期目标,短期利益应服从长远规划。

   反方: 领导者应重视短期目标,所有长期目标都是一个个短期成果积累的。

本章小结

一切理想化的东西都是不存在的，一切完美都是从不完美而来的。人们只能把完美当作一种追求，而现实面对的、接触的都是不完美。能够坦然面对不完美，从不完美向完美接近，是一种正确的选择，是一种大智慧。不要追求绝对完美，有时人们往往会追求极致，但极致或许是另一个不完美。"适合""适中"才是比较完美的，那就是"黄金分割点"，即0.618。所谓"0.618哲学"，就是比平均水平好一点点，方方面面都比平均水平好一点点，综合就是最佳点。黄金分割理论不仅为领导者找到了把握领导力的"平衡点"，也为领导者找到了正确的思维方式。

第七章

领导力效能评估与提升

导读

　　领导力是一种非自然力，不像物理学中的"力"那样容易度量，但是作为反映领导者行为效能的抽象力，也有一定的规律可循。研究发现，"三维十二度领导力"的十二项分力与反映人类智慧的六大商数有着内在的联系，这六大商数分别是德商、智商、灵商、胆商、逆商、情商。通过测评六大商数可以比较客观地反映领导者的领导效能，而六大商数又可以通过学习、训练、修炼、锻炼等方式进行提升，说明领导力不是天生的，可以通过后天的努力进行增强。本章从十二种力与六大商数的对照关系揭示领导力评价与提升的正确路径。

第一节

领导力商数

领导力是一个反映领导者能力素质的综合性指标，不同的领域、不同的组织对领导者的要求不同，其能力素质的表现形式也不同。如何衡量不同领域领导者的领导力强弱？领导力商数就是这样一个通用性标准。

领导力商数（Leadership Quotient，简称LQ），指领导者把握组织使命，领导、动员、激发团队相互协作以实现共同目标的能力。

根据本书前面的分析可知，领导力主要由3个维度区12种力构成，简称"三维十二度领导力"。其中，领导力由品质力、思想力、行动力合成，品质力由自制力、亲和力、学习力、创造力合成，思想力由洞察力、谋划力、决策力、号召力合成，行动力由组织力、协调力、导向力、激发力合成。

以上12种力可以组成6个组合，每个组合由两种力组成。由于每个组合的两种力之间有着密切的联系，为了便于研究，将每个组合用一个商数表示，可以得到以下6个商数：德商、智商、灵商、胆商、逆商、情商。

将以上6个商数进行整合，就可以得到总的领导力商数如图7-1所示。我们将6个商数统称为领导力分商数。这里需要指出的是，虽

然 6 个领导力分商数与通常说的各种商数名称相同，但意思不完全吻合，这里特指与领导力有关的部分，外延要小一些。

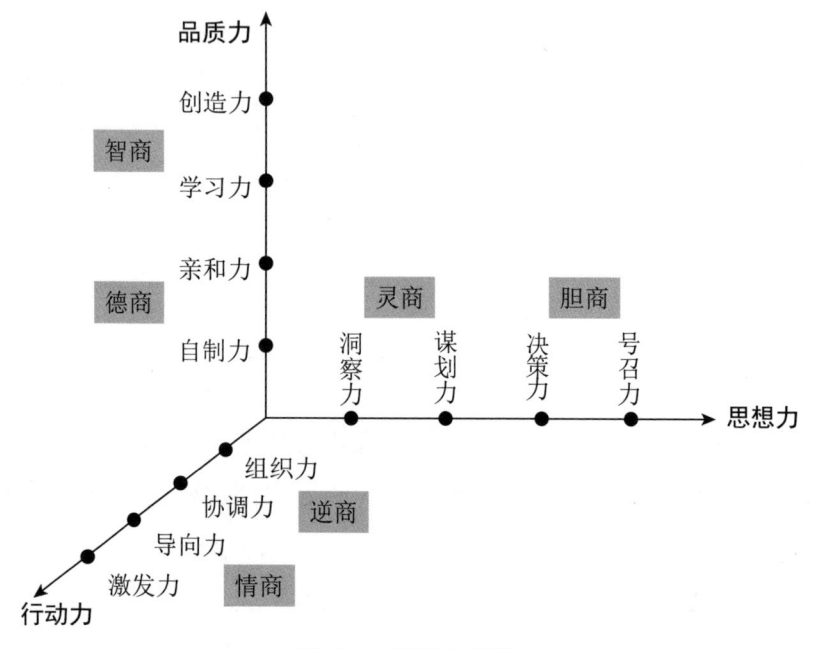

图 7-1　领导力商数

（1）德商——领导者威望的基石。

德商（Moral Intelligence Quotient，简称 MQ）通常指一个人的道德人格品质。德商的内容包括体贴、尊重、容忍、宽容、诚实、负责、平和、忠心、礼貌、幽默等各种美德。作为领导者，德商重点指的是诚实、守信等对社会规范遵守的品质，集中体现于两个方面：对自己的坚定、坚守和严格要求；对他人的尊重、宽容和体贴。前者即自制力，后者即亲和力。这两种力都是领导者必须具备的素质，它们构成了一个领导者完整的思想品德、职业道德、社会公德和家庭美德。德商所反映的是一个人对自我责任行为的掌控能力，即应该做什么和怎么做，明确自己的道德底线。

（2）智商——领导者腾飞的翅膀。

智商（Intelligence Quotient，简称IQ）是衡量一个人在其特定年龄阶段的认知能力和智力发展水平的商数，也是衡量其认识客观事物并利用所掌握的知识解决实际问题的能力。智商越高，表明人的智力水平越高，正常人的智商大多在85～115之间。智商量表通常会测验七种能力，分别是观察力、注意力、记忆力、思维力、想象力、分析判断能力和应变能力。智商所测量的七种能力，对于人的生存和发展是至关重要的，对于领导者来说更是如此。优秀的领导者需要具备较高的智商水平。因为领导者手中把握的是企业（组织）生存、发展的命脉，如果没有过人的智慧，那么他所带领的企业必将前景暗淡。俗话说"知识就是力量"，这句话里包含着"知"与"能"的转换，"智"正是正确地把知识运用到实践之中，并使之转化为力量，发挥出能量的重要保证。具体到领导力层面，智商特指一个领导者的学习力和创造力。学习力是对新生事物的接受程度，包括学习的兴趣、投入、专注、方法、效率和效果等；创造力是对学习成果的运用程度，包括总结概括能力、知识转化能力和知识整合能力，也可以表现为一个人对已有知识的掌握和运用程度。智商所测量的观察力、注意力和记忆力的合力，其实就是学习力，而思维力、想象力、分析判断能力和应变能力的合力就是创造力。

（3）灵商——领导者心灵的极光。

灵商（Spiritual Intelligence Quotient，简称SQ）是一个反映人的灵感和灵性的商数。人类力大不如牛、奔跑不如鹿、灵敏不如猫、嗅觉不及狗，但是凭借发达的大脑，成为主宰地球的"万物之灵"。如今，灵性早已成为社会生活中引人关注的概念之一。人的大脑由左脑和右脑两部分组成，其中左脑被称为"科学脑"，侧重于抽象思维表达；右脑被称为"艺术脑"，侧重于形象思维的表达。右脑在形象

识别、空间判断、顿悟思维、直觉思维和情绪表达等方面的能力远远高于左脑，它与灵商直接相关。在领导力领域，灵商具有特定的含义。领导者的灵商包括对已发生事物的感知和对未发生事物的预判，集中表现为两种能力，即洞察力和谋划力。对已发生事物的感知就是洞察力，包括直接以"五官"为端口输入信号的感悟和间接以"第六感觉"感应信号的感悟；对未发生事物的预判就是谋划力，包括对未来前景的规划、谋划和计划。洞察力主要体现敏锐性，谋划力主要体现超前性。

（4）胆商——领导者决胜的关键。

胆商（Daring Intelligence Quotient，简称 DQ）是一个人胆量、胆识、胆略的度量，体现的是一种冒险精神和勇敢气质。胆商高的人能够把握机会，有胆有识，其中"胆"是决策力，"识"是号召力。"胆"体现的是一个人的意志品质水平，包括坚韧性、目的性、果断性；"识"体现的是一个人影响他人的策略，包括说服、教育、动员、感召等各种手段，目的是让人认同、认可、服从、拥护自己的决策。胆商高的人在机会面前不瞻前顾后，能够毫不迟疑地抓住机遇。无论在什么年代，没有敢于承担风险的胆略，任何时候都成不了气候。领导者只有具备博大的胸襟，才能面向现代化、面向世界、面向未来，也才能直面人生，成就事业。作为创业者、企业家或任何一个想要在事业上有所成就的人，都离不开超人的胆商。在现代社会中，竞争不仅包含实力、产品的比试，也包括领导者胆商的较量。面对同样的环境，有的组织能够高奏凯歌，而有的却仓皇落败。狭路相逢勇者胜。领导者必须具有超越常人的胆略和魄力，准确把握稍纵即逝的机遇，该出手时就出手，以最快的速度应对环境的变化。

（5）逆商——领导者成功的密钥。

逆商（Adversity Quotient，简称 AQ）是衡量一个人身处逆境时的自信心和坚忍不拔的奋斗意志力的指标。人生和事业的高度都是由逆商决定的。常言道："人生如意事十之有一，不如意事十之八九。"保罗·史托兹教授曾对惠普、朗讯等 100 多家世界知名的大型企业共 10 多万人进行调查，他在所著的《逆商 2》一书中提道：我们所处的时代，每人每天平均要面对 23 个逆境时刻。因此，研究人的逆境商数就更加重要了。逆商不只是衡量一个人超越工作挫折的能力，它还是衡量一个人超越任何挫折的能力。同样的打击，逆商高的人产生的挫败感低，而逆商低的人就会产生强烈的挫败感。对领导者而言，逆商在组织和协调方面表现最为突出。组织力贯穿领导者落实决策的行动，以及对组织中的人、财、物及各种资源进行优化配置的过程。在这个过程中会遇到大量意想不到的矛盾，需要领导者去处理。协调力，是指领导者在完成组织使命过程中遇到的一系列来自内部的和外部的困难、矛盾和阻力，需要领导者通过内外、左右、上下进行协调，使各种利益关系和矛盾趋于平衡，让不可调配的资源转化为可调配的，不可能实现的事情变通为可实现的，让不合理的成为合理，让各种阻力、难题、突发事件、人际关系有惊无险、化险为夷的能力。逆商是考验一个领导者优化资源配置、临机处置问题的重要商数。逆商所反映的是领导者对组织使命实现过程中的一种掌控能力和变通能力，可将其比喻为"催化剂"和"润滑剂"，可以使组织和团队顺利地执行决策，高效率地达成目标。

（6）情商——领导者事业的根基。

情商（Emotional Quotient，简称 EQ）是衡量一个人的情绪、情感、意志、耐受挫折等方面品质的指标。对于从事不同职业和专业工作的人来说，情商又有其特定内涵。对领导者而言，情商更侧重于对他人的影响和对人际关系的处理，主要包括导向力和激发力。导向力即领导者通过情绪控制和管理来引导组织成员为共同使命持之以恒奋

斗的能力，是对他人或团队目标的指引、带领和引导；激发力即领导者通过情绪控制和管理，激发组织和团队成员尽可能地发挥出自身最大的潜能，为组织实现使命贡献力量，并最大限度地提高其创造力，是对团队成员激情的点燃、士气的鼓舞、潜力的挖掘。情商高的人能够通过细微的社会信号，敏感地感受到他人的需求与欲望，是与他人正常交往、实现顺利沟通的基础。从某种意义上讲，情商比智商更重要，随着未来社会的多元化和融合度日益提高，较高的情商将有助于一个人获得成功。一个领导者如果性格孤僻、不易合作，急躁、脆弱，不能从容面对挫折，那么即使他智商再高，也很难取得成就。作为领导者，应时时刻刻注意情绪管理，培养自身的情商。一方面，提高自己的情绪控制能力、抗挫折能力、与人分享与合作的能力；另一方面，引领和鼓励他人坚守信念、坚定目标、坚持不懈地为实现组织使命而奋斗，焕发出一种难以用物质指标衡量的精神力量。

第二节

"黄金分割"在领导力评测中的运用

对领导者某一项能力的评价,通常可分为强、较强、较弱、弱等多个等级,但每一个等级之间究竟如何区分,却一直是困扰人们的一个难题,因为强与不强很难量化。运用黄金分割法可以较好地解决这一问题。下面以领导力中的自制力为例,介绍黄金分割法在领导力评测中的应用。自制力分为四个区域。利用黄金分割法分解自制力如图 7-2 所示。

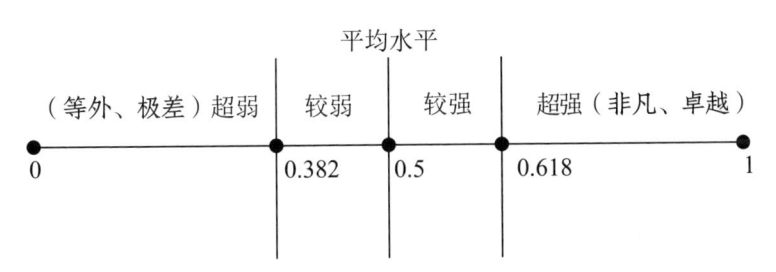

```
                        平均水平
(等外、极差)超弱 | 较弱 | 较强 | 超强(非凡、卓越)
0              0.382  0.5   0.618            1
```

图 7-2 利用黄金分割法分解自制力

上图中将 0 ~ 1 范围分为 4 个区域。设自制力公允的平均水平为 0.5,则 0.382 和 0.618 就是两个黄金分割点,低于 0.382 属于超弱,超过 0.618 属于超强,0.382 ~ 0.618 之间属于居中的范围,其中靠近 0.382 一侧为较弱,靠近 0.618 一侧为较强。有了 0.382 和 0.618 这两个

参考点，评价就相对容易了。如对某领导者的自制力进行测评，设参加测评的人数为 100 名，则可以用两种方法对自制力进行定位。

一是打钩法。让每位参加测评者在"超弱、较弱、较强、超强"四个档次中，选择他认为最接近的一个档次打钩，最后计算得票结果，得票最高的一档为对该力的基本评价，如超强 25 票、较强 59 票、较弱 11 票、超弱 5 票，则对该力的总体评价为较强。

二是打分法。让每个参评者对被评者进行打分。第一步，与普通人的平均水平相比，确定在平均线之上还是之下；第二步，与心目中的优秀者和无能者相比，确定在哪一档次；第三步，根据自己对被评者的信任程度确定分值。将所有人打的分数加起来，除以参评人数，所得分值就是该被测评对象的定位点，如得分为 0.58，则说明该被评者的自制力为较强。

领导者分商数的值可以用公式 $Q=(L_1+L_2)/2$ 计算获得。

其中，Q 为分商数，L_1 和 L_2 分别为两个力的相对值。如从上面的例子可以得出以下结果。

德商 =(自制力相对值 + 亲和力相对值)/2=(0.48+0.6)/2=0.54

自制力为 0.48，亲和力为 0.6，德商为 0.54，说明该被评者的律己能力较差，尽管对人比较关心，人缘还不错，但德商仅略高于平均水平，这样的人在使用上要注意，对自律要求较高的职位要慎用。

其他分商数可以运用同样的方法获得。

采取这个方法测评领导力，便于对被评者的各项素质进行全面分析，容易获得比较客观、真实的评价结果，并可用图表进行描述，领导力评测结果总览如图 7-3 所示。

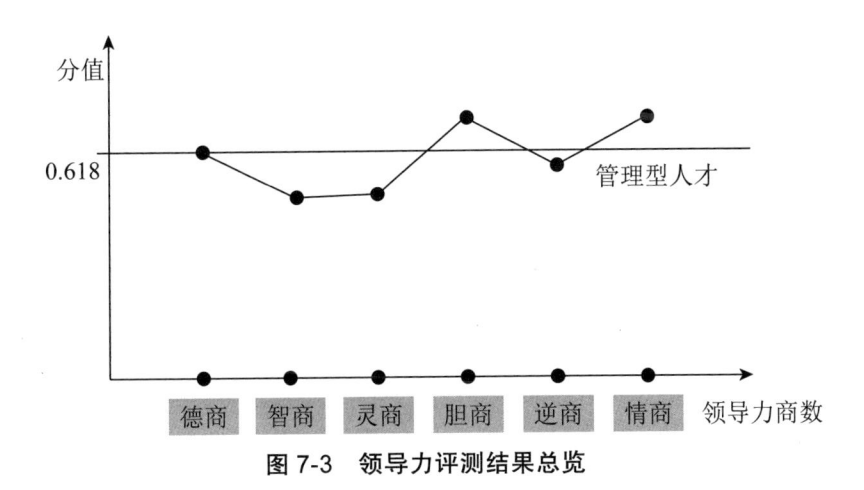

图 7-3　领导力评测结果总览

第三节

领导力提升

"学习的目的全在于应用",学习领导力的目的在于提升领导力。如前所述,领导力是由品、思、行三大基石组成的,领导者需要具备与众不同的12种能力,需要掌握以变制变的奇正之道。领导力又可以用6个商数来描述,即德商、智商、灵商、胆商、逆商、情商。提升领导力就是要从修炼六商入手,即觉醒领导意识。

一、修身,提高德商

一个领导者要获得他人的尊重和敬仰,要让别人感到可信,可以依赖,可以托付,并从内心敬佩,必须要在道德水平上高于普通人。俗话说"德高才会望重",任何一个人都会感到跟着一个有道德的人是有希望的,而跟着一个没有道德的人是危险的。"如果你不信任提供信息的人,就不会相信他所提供的信息。"领导者也一样,别人不信任你这个人,他就不会心甘情愿接受你的领导。领导者要从修身开始,严于律己,宽以待人,公道正派,和善正直,自尊、自爱、自省、自律、自强、自励,做一个遵法守德、情操高尚的人。

古代圣贤告诉我们,一个人通过长时间的修身,可以治理好家庭,管理好国家,从而使天下更加太平。领导者只有以身作则,注意规范自身的言行，团队内部才会井然有序，日常运行才会有条不紊。反之，如果领导者德行很低，言语行为与社会认同的准则与规范相背离，组织内部的制度与规范就会被践踏，组织运行就会杂乱无章，组织、团队、个人的利益就得不到有效的保护。所以，作为组织和团队的领头羊，领导者更应勤于修身，让道德之光在团队内部闪亮，让道德文化在团队内部延续。

修身，指修养身心，提高自身的思想道德修养水平。高德商的领导者可以更有效地利用道德的内在约束力来使组织和团队协调，从而使团队有效运行。孔子曰："为政以德，譬如北辰，居其所而众星共之。"（《论语·为政》）这里所讲的"德"，主要是君子的好德之德，也就是领导者通过修身提高德商。"为政以德"，就是以道德感召员工，这样员工就会自觉地围绕在领导者周围，组织内部就具有强大的凝聚力，这是领导者的领导力获得提升的集中表现。

（1）唤醒慎独意识。

慎独意识是一种高度自觉的自我约束和自我管理意识，它指的是在独处时也能保持谨慎、自律，不做违背良心和原则的行为。对于领导者而言，慎独意识尤为重要，因为它不仅关乎个人的品德修养，更影响着领导者的公信力和团队的凝聚力。

慎独意识是一种内在的力量，它要求人们在无人监督的情况下，也能够坚守道德底线。这种意识体现了人类对于自我完善的不懈追求，是心灵的自由与宁静的象征。在独处或缺乏监督时，人们容易放松警惕，但慎独意识却要求人们保持高度的警觉，始终对自己的行为负责。

慎独意识能够帮助领导者在无人监督时依然保持高尚的品德，这是个人修养的重要体现。领导者的言行举止对团队成员具有重要的示范作用，能够传递出正直、诚信的价值观，为团队树立正面的榜

样，从而增强团队的凝聚力和向心力。慎独意识还有助于领导者在决策时保持清醒、客观，避免受到个人偏见或外部干扰，从而提高决策质量。

领导者应学会自我反省，为自己提供一个安静、私密的空间，有足够的时间和空间进行自我反思和审视，定期回顾自己的行为和思维方式，发现不足时要有勇气去改正。平时要保持内心平静，可通过冥想、瑜伽等方法帮助自身保持内心平静，增强自我控制力；通过读书和学习来拓宽视野、提高思考能力和判断力；通过培训和实践学会识别并克服自己的思维偏见，以更加客观、全面的方式看待问题。

（2）唤醒宗旨意识。

宗旨意识是指领导者始终牢记组织的使命和宗旨，将组织的利益放在首位，关注团队成员的成长和发展，积极为团队成员排忧解难。宗旨意识就是坚守初心，始终牢记自己为什么出发。忘记初心是经常发生的事情，如一个人打开手机，本来是要给朋友回一个信息的，结果被某广告给吸引了，通过广告又去搜索某种商品，最后忘了为什么打开手机。

亲和力是领导者与团队成员之间建立良好关系的重要基础。一个具有宗旨意识的领导者，始终把组织成员的利益放在第一位，设身处地为他们着想，想方设法为他们排忧解难，能够赢得团队成员的认同和支持，增强团队的凝聚力和向心力。

培养和增强宗旨意识需要领导者深入了解组织的使命和宗旨，并将其内化于心、外化于行；同时，要关注团队成员的需求和困难，积极为他们提供帮助和支持；此外，还需要加强与团队成员的沟通和交流，建立良好的人际关系。

二、修心，提高智商

智从心生，一个人如果心不在焉，身在曹营心在汉，这山望着那山高，是很难把工作做好的，更别说发挥自己的聪明才智了。修心就是让自己的心安静下来，远离喧闹、远离浮躁、远离功利，把心思用在学习和思考上，心到才能意到，功到自然成。任何发明创造、任何伟大的成就，都源于专心、尽心、倾心，智商是由心血堆成的。孙子说："上兵伐谋，其次伐交，其次伐兵，其下攻城。攻城之法，为不得已。"做任何工作都要动脑子，以智取胜，力拼是下策。"不战而屈人之兵"是打仗的最高境界。

修心指的是内心的平静及自我的思考，是摒弃一切喧嚣烦恼的干扰所进行的深层的思维活动。修心不是单纯的休息，也不是单纯的放松身心。修心不同于消极避世，是个体主动对事物发展客观规律的思索。修心也不同于闭门造车，它强调这种思维活动必须建立在认识和改造客观世界的活动的基础之上。准确理解修心，需要把握三方面含义。首先，修心强调心灵的宁静。诸葛亮说："静以修身，俭以养德。非淡泊无以明志，非宁静无以致远。夫学须静也，才须学也，非学无以广才，非志无以成学。"只有心静不躁，才能忽视外界环境的影响和个体内心杂念的干扰。其次，修心是为了提高个体对客观世界本真的认识，以达到对客观世界运行规律的把握。最后，修心必须通过个体心无旁骛的思考，产生对客观世界认识的升华。

修心的目的是更好地提高自身对客观事物运行规律的认识与把握。高智商的领导者，往往能够在学习新知识、接受新事物、创造新方法等方面高于常人，这对于领导者做出正确的、有利于组织和团队发展的战略决策是极为重要的。

（3）唤醒使命意识。

使命意识是指个体或组织对自身所承担的使命、责任和目标的深刻认识和高度认同。对于领导者而言，使命意识不仅仅是对外在任务或命令的接受和执行，更是一种内在的驱动力和责任感，它驱使领导者不断追求更高的目标，为实现组织的愿景和使命而不懈努力。

使命意识使领导者深刻认识到自身所肩负的责任和使命，为其提供了清晰的方向和目标，使他们在复杂多变的环境中能够保持定力，不偏离组织的初衷和核心价值观，从而激发更强的责任感和使命感，激励他们更加努力地学习和工作，为组织的发展贡献自己的力量。

新时代是信息爆炸的时代，知识更新迅速，增强学习动力是一个领导者使命感的驱动，以适应不断变化的环境和组织发展的需要。学习对于领导者来说，不仅是为了个人成长，更是为了更好地履行使命和责任。

（4）唤醒创新意识。

创新意识是指个体或组织在面对新情况、新问题时，能够突破传统思维束缚，勇于尝试新方法、新思路，以创造出新颖、独特、有价值的成果的意识。对于领导者而言，创新意识是推动组织变革、提升竞争力的关键因素之一。

在快速变化的市场环境中，创新意识能够敏锐地捕捉市场变化，及时调整组织战略和业务模式，以应对挑战并抓住机遇。创新意识能够激发团队成员的创造力和想象力，鼓励他们勇于尝试、敢于创新。这种氛围有助于提升团队的凝聚力和战斗力，推动组织不断向前发展。领导者具备创新意识，能够带领团队不断开发出新产品、新技术或新服务，从而提升组织的竞争力和市场占有率。面对未来的不确定性和挑战，领导者需要具备前瞻性的思维和创新能力，以应对可能出现的各种情况。

领导者要保持对新鲜事物的好奇心和求知欲，不断学习和探索未知领域，这有助于拓宽视野、开阔思路，为创新提供源源不断的灵感。创新往往伴随着风险和不确定性。领导者要建立容错机制，鼓励团队成员勇于尝试、敢于犯错，通过培养创新思维来推动团队或组织的不断发展和进步，并在竞争中保持领先地位。同时，及时总结经验教训，不断优化创新过程和方法。组建具有创新能力的团队，并营造积极向上的创新文化氛围，有助于激发团队成员的创造力和想象力，促进创新思维的碰撞和融合。领导者要密切关注行业动态和趋势变化，及时捕捉市场机遇和挑战。这有助于把握未来发展方向，为组织制定更具前瞻性的战略规划和业务布局。

三、修道，提高灵商

道乃宇宙万事万物运行的规律。尊重自然、遵循自然、一切按自然规律办事，能获得灵感，成就人业；逆自然规律运行，违背客观现实行动的，可能会失败。修道就是培育按客观规律办事的意识，学习自然法则，掌握自然规律，并从中获得灵感的升华。

道是一个体系。从本质意义上讲，"道"的含义，归根结底是世界万物，包括自然界和人类社会运行的本然规律和法则。古人常讲"天道"，从字面含义上讲，是天的运动变化规律。世界必有其规则，是为天道。所谓天道，即万物的规则、运行的规律，是事物之间内在的、必然的、本质的联系，决定着事物发展的必然趋向。道是客观的，不以人的意志为转移，具有普遍性的特征。世间一切可言不变与永恒的东西都在这规律之中。规律既不能被创造，也不能被消灭。不管人们承认与否，规律总是以其铁的必然性发挥着作用。

修道就是提高自身认识并掌握万事万物运行发展规律的能力，从中获得灵感，并在实践中充分按照客观规律发挥主观能动性，提高办

事的成效。所以，修道可以提高灵商。

领导者需要对已经发生的事物进行敏锐洞察，对未来的前景做出周密的规划，这是一种具有开创意义的思维活动，需要很强的灵感和在对客观规律认识与把握基础上的顿悟，修道就是提升领导者对客观事物发展规律认识的过程，是灵感的源泉。

（5）唤醒危机意识。

危机意识是指个体或组织在面对潜在或现实的危机时，能够敏锐地察觉、识别并评估其性质、规模、影响及可能的发展趋势，从而采取相应措施进行预防和应对的一种意识和能力。对于领导者而言，危机意识不仅仅是对危险的警觉，更是对机遇的敏锐洞察，即在看见危险的同时，也能捕捉到隐藏于其中的机会。

具备危机意识的领导者能够预见到可能发生的危机，从而采取应对措施，避免或减少损失，提前捕捉到难得的机遇。这种前瞻性的思维有助于组织在复杂多变的环境中保持稳健发展，在危机面前迅速做出决策。具备危机意识的领导者能够更准确地评估形势，做出明智的决策，最大限度地保护组织的利益。具备危机意识的领导者能够稳定军心，激发团队成员的斗志和信心，共同应对挑战。

领导者要时刻关注内外部环境的变化，包括政策、市场、技术等方面的动态。通过收集和分析相关信息，预测可能发生的危机，并制定相应的预防措施。领导者要具备敏锐的洞察力，能够透过现象看本质，及时发现潜在的问题和危机，通过不断学习和实践，提升自己的洞察力和判断力。

（6）唤醒战略意识。

战略意识是指领导者在复杂多变的环境中，能够高瞻远瞩、统揽全局，对组织的长远发展进行规划和布局的一种意识和能力。它要求领导者具备全局观念、前瞻性思维、系统思考，能够准确把握组织发展的方向和目标，制定科学合理的战略规划和实施方案。

战略意识是领导者引领组织发展的关键。只有具备战略意识的领导者，才能为组织制定明确的发展目标和方向，确保组织在复杂多变的环境中保持稳健发展。领导者通过制定科学合理的战略规划，能够优化资源配置，提高组织效率，从而在竞争中占据有利地位。

领导者要不断学习战略管理的相关知识和理论，了解战略制定的基本方法和工具，密切关注行业发展趋势和竞争格局的变化，了解市场需求和消费者行为的变化趋势，为制定科学合理的战略规划提供依据。

四、修襟，提高胆商

一个领导者最重要的事情莫过于做决策了。遇到重大问题，尤其是关系到组织生死存亡的大事，如走什么样的道路，需要领导者拍板拿主意。毛泽东曾提倡"五不怕"的精神，即"不怕杀头、不怕坐牢、不怕开除党籍、不怕撤职、不怕离婚"。任何决策都是有风险的，决策正确，事业就蓬勃发达；决策错误，事业就要遭受损失。领导者只有胸怀全局，顾全大局，站得高、看得远，把党和国家的利益放在首位，把个人利益和安危置之度外，才会有胆略和魄力做出正确的决策。领导者要锻炼自己的胸襟，有远大的理想和抱负，以天下为己任，培养自己的社会责任感，敢作敢为，勇于担当，关键时刻站得出来，勇于承担责任。

修襟就是修炼自己的胸怀，树立远大的理想和抱负，更有气度和气质，在重大问题决策时显示自己的胆略和魄力。

胆商是领导者胆识魄力的量化评价指标，是领导者胆量、胆识、胆略的总体度量，体现的是领导者一种敢于冒险的精神、一种勇于担当的气量。而这种精神和气量并不是每位领导者天生就具有的，需要

领导者通过后天的培养和锻炼，不断增强自己的责任感、使命感，不断强化自己的理想、抱负，不断内化自己的核心价值取向，使自己有责任、有义务、有勇气去担当。领导者的这种气质与魄力是在不断的磨砺与锤炼中逐渐形成并稳固的，这种培养气质与魄力的过程就是领导者的修褴过程。

俗话说"将军额上能跑马，宰相肚里能撑船"，说的是优秀领导者胸襟宽、度量大。胸怀是一种品质，一种境界，一种智慧。领导者只有具备博大的胸襟，才能民主地决策，兼听他人意见，做出正确的抉择；才能知彼知己，善解人意，赢得他人的支持；才能广开言路、广纳人才，尽人之力、尽人之能、尽人之智，促进组织发展。所以，领导者培养气度，修炼胸襟，其最终目的是使领导者在做决策时有胆略，发号召时有胆识，不因唯唯诺诺而丧失良机，也不因畏首畏尾而离失人心。

（7）唤醒担当意识。

担当意识是指个体或组织在面对责任、挑战和困难时，能够勇于承担、积极应对、不推诿、不逃避的一种心理态度和行为倾向。对于领导者而言，担当意识不仅体现在对职责的认真履行上，更体现在对组织长远发展、团队凝聚力和成员福祉的主动负责上。它要求领导者在面对复杂多变的环境和不确定性时，能够果断决策、勇于担当，为组织的发展指明方向并带领团队共同前进。

担当意识促使领导者在面对问题时能够果断决策，不犹豫、不拖延。这种决断力有助于组织及时应对挑战，把握机遇。

领导者应树立正确的价值观和人生观，认识到担当是自身职责所在，是实现个人价值和社会价值的重要途径。领导者在面对责任、挑战和困难时，应勇于承担并积极应对。即使面临失败和挫折，也要勇于承认并努力改进。领导者应不断学习和实践，提升自己的决策能力和判断力，为组织的长远发展贡献智慧和力量。

（8）唤醒责任意识。

责任意识是一种自觉意识，表现为个体或组织对自己所承担职责的清晰认知和积极履行。它不仅仅是对工作任务的简单接受和执行，更是一种对结果负责、对他人负责、对组织负责的高度自觉。对于领导者而言，责任意识是贯彻落实决策、推动组织发展的核心动力。它要求领导者在任何时候都能保持对职责的敬畏之心，勇于承担责任，不推诿、不逃避，确保决策得到有效执行。

一个具有责任意识的领导者能够赢得团队成员的信任和尊重。他们以身作则，勇于承担责任，为团队成员树立了良好的榜样。这种氛围有助于提升团队的凝聚力和战斗力，使团队成员更加团结一致地面对挑战。一个具有责任意识的领导者会不断审视组织的运作情况，及时发现并解决问题，确保组织在竞争中保持领先地位。责任意识是组织文化的重要组成部分。一个注重培养责任意识的组织能够形成积极向上的文化氛围，使每个成员都能够自觉地履行职责、承担责任。这种文化氛围有助于提升组织的整体素质和形象。

组织应该明确每个成员的职责分工，确保每个人都清楚自己应该承担哪些责任，有助于避免职责不清、推诿扯皮的现象发生。组织可以通过各种形式加强责任意识的宣传教育，如举办讲座、开展培训、制作宣传材料等，提升员工对落实决策的认识和重视。

领导者应该认真对待每一个决策和任务，动员、说服、教育组织成员勇于承担责任并积极推动执行；建立完善的考核机制，将责任意识纳入考核范围，通过考核机制的约束和激励作用，促使员工更加重视责任意识的培养和提升。

五、修志，提高逆商

领导者是一个组织的灵魂。组织要想发展壮大，在竞争中立于不败之地，成为行业的主体，一定会遇到各种各样意想不到的问题、困难和矛盾。领导者往往是在不断地遭遇和克服无穷无尽的逆境中度过的。所以，许多人的成功和进步，并不是因为他们经历的逆境少，恰恰相反，实际上许多成功者正是在逆境、困难的磨炼中成长起来的。成功者懂得，逆境是生活的一部分，逃避逆境等于逃避生活。面对逆境，有的人努力奋争，百折不挠；有的人浅尝辄止，一番争取之后，偃旗息鼓；有的人一陷入困境就心怀恐惧，绕着问题走。不同的态度导致了不同的结局。逆商是一个人（尤其是领导者）事业高度的决定性因素。

如何才能提高人的抗挫折能力呢？修炼意志是最重要的路径。一个人具备了坚定的意志，就会在任何艰难困苦面前不屈不挠，坚持不懈。而坚定的意志来源于坚定的人生信念和乐观的人生态度。美国的《成功》杂志每年都会报道当年最伟大的东山再起者和创业者，他们的传奇经历中有一个相同的部分，那就是在遇到强大的困难和逆境时始终保持乐观的态度，从不轻言放弃。同样，有人在对上千个保险公司为数众多的代理人进行长达5年的研究中发现，对待逆境的态度，在许多方面决定了一个保险代理人是否能够成功。乐观的销售人员卖出的保险单要比悲观的销售人员多88%——尽管他们的才华差不多。没有什么比半途而废的放弃和丧失希望对未来威胁更大的了，放弃和丧失希望不仅不能解决现实存在的问题，而且还会在未来陷入更大的困境之中。

修志就是锻炼自己的意志力。意志力就是坚持力，是韧性的具体表现。坚持是解决一切困难的钥匙，它可以使人们在面临大灾祸、大困苦时把万分之一的希望变成现实。世界上最容易的事是坚持，最难的事也是坚持。一个人如果没有坚持力，就会在困难面前退缩，在挫折中消沉。莎士比亚说得好："千万人的失败，都失败在做事不彻底，往往做到离成功还差一步，便终止不做了。"

（9）唤醒统筹意识。

统筹意识是指一种全局性、系统性的思维方式，能够超越局部利益和眼前利益，从整体、长远和系统的角度出发进行考虑和决策。它强调在洞察事物、工作谋划、整体部署、衔接沟通、整合协调等方面的总体思考和谋略，有助于领导者在复杂多变的环境中把握全局、协调各方、整合资源、优化流程，从而实现更为高效和可持续的发展。

具备统筹意识的领导者能够在决策时全面考虑各种因素和利益相关者的需求，避免片面或短视的决策；能够更好地理解和把握组织内外的资源状况，合理调配和优化人力、物力、财力等各种资源；在处理组织内部和外部的复杂关系时，运用统筹思维，能够平衡各方利益，化解矛盾冲突，促进各方的合作与共赢；在应对复杂变化的环境时，统筹意识使领导者能够洞察环境变化，及时调整战略和策略，灵活应对各种挑战和风险，确保组织的稳定发展。

（10）唤醒权变意识。

权变意识是指领导者在面对突发情况、复杂问题或变化多端的环境时，能够迅速反应、灵活应对并有效调整策略的一种能力。在快速变化的市场环境中，组织常常面临各种突发情况和挑战，能够迅速做出反应并调整策略就能确保组织在动荡中保持稳定，避免陷入危机。

权变意识鼓励领导者打破传统思维定式，尝试新的管理方法。这种灵活性和创新精神有助于激发团队成员的创造力和积极性，推动团队不断创新和进步。具备权变意识的领导者往往能够展现出更加开放、包容和进取的领导风格。这种领导风格有助于提升领导者的个人魅力，增强团队成员对领导者的信任和尊重。

权变意识强的领导者面对变化的情况时能够迅速分析形势、评估风险并做出决策，充分利用自己的有利条件，对可用资源进行再分配，对不可用资源进行协调整合，将不可能变为可能，将问题解决在当下，避免在犹豫和拖延中形成被动，错失良机。这种高效的应变能力和决策调整能力有助于组织在竞争中占据有利地位。

六、修性，提高情商

领导者的工作是一项与人打交道、挖掘人潜能的工作，主要工作对象是人。领导者的主要标志就是有追随者，领导做出的决策需要有人去落实，布置的工作需要有人去完成，发号施令需要有人听，因此处理好人际关系是领导者的重要职能。修性就是锤炼自己的性格，了解自己的脾性，以便把控好自己的情绪；修性就是研究人性的特点，了解他人的脾性，以便与各种人打交道。领导者要学会与上级、同级和下级友好相处，能经常站在别人的角度思考问题，善于激发人的激情和热情，成为大家喜欢和拥戴的领导者。

修性就是修炼自己的性情，掌握洞悉人性、把握与人相处的艺术，是情商的根源。领导者要提高情商，就必须经历修性的过程，只有对人性有准确、科学的把握之后，才能更好地挖掘人的潜能。

（11）唤醒头雁意识。

头雁意识是指领导者在团队或组织中，像领头雁一样具备引领方向、示范带动、勇于担当的意识和精神。头雁在雁群飞行中起到决定性的作用，能够带领团队克服困难、飞向目标。同样，领导者在团队中也应发挥类似的作用，通过自身的行为和决策来引导团队向正确的方向前进。

头雁意识要求领导者以身作则、率先垂范，通过自己的行为和态度来影响和带动团队成员。这种示范带动作用能够激发团队成员的积极性和创造力，形成积极向上的工作氛围。头雁意识使领导者在面对困难和挑战时能够勇于承担责任、积极寻求解决方案。这种担当精神能够增强团队成员的信任和依赖感，更加紧密地团结在一起。

领导者应注重自身的品德修养和能力提升，以高尚的道德品质和卓越的工作能力来赢得团队成员的尊重和信任；通过不断学习和实践来提升自己的影响力；在决策和行动中要考虑到团队的整体利益和发展方向，确保决策的正确性和有效性；同时，也要勇于承认错误并及时纠正问题，提升自己的决策能力。

（12）唤醒人本意识。

人本意识是指在管理和领导过程中，以尊重人、理解人、关心人为前提，将人的各层次需求和全面发展作为追求目标的一种意识。这种意识强调领导者应关注团队成员的需求、成长和福祉，将人的因素视为组织成功的核心驱动力。它要求领导者不仅要关注团队成员的物质需求，更要关注他们的精神需求，通过合理的激励机制和有效的沟通方式，激发团队成员的潜能和创造力，使他们更加投入地工作，为组织的发展贡献自己的力量。

具备人本意识的领导者更能赢得团队成员的尊重和信任，从而增强自己的领导力和影响力，使团队更加紧密地围绕在自己周围。领导者应定期进行自我反思，审视自己在管理和领导过程中是否真正做到了尊重人、理解人、关心人，通过反思不断发现和改进自己的不足之处。领导者应深入学习人本管理理论，了解人本意识在管理和领导中的重要性以及具体实践方法，通过理论学习提升自己的理论素养和实践能力。领导者应建立良好的沟通机制，与团队成员保持密切联系和沟通，了解他们的想法和意见，及时解决他们的问题和困难。同时，也能更好地传达自己的管理理念和期望，促进团队成员之间的理解和协作。

―――――・**终极挑战辩题，你支持哪一种观点？**・―――――

55．**正方**：领导者应善于正面激励，正面激励比负面反馈更有效。

反方：领导者应注重负面反馈，负面反馈更能促进团队成长。

56．**正方**：领导者应强调个人主观能动性发挥，鼓励个人勇于自我表现。

反方：领导者应强调团队合作精神，反对个人英雄主义。

本章小结

无论是从领导力的 6 个商数看,还是从领导者的 12 项素养看,0.618 是领导力的一个重要参考值,把握好度,在 12 个方面都比普通人强一点点,你就是一个与众不同、出类拔萃的奇才。

附录

"黄金分割"启示录

一、"黄金分割"人生启示录

综观历史，中国人有两种安身立命的哲学。

一种是"0、1"哲学，或者叫"极端哲学"。李清照有诗："生当作人杰，死亦为鬼雄。"曹操说："或流芳百世，或遗臭万年。"司马迁说："或重于泰山，或轻于鸿毛。"这些都是典型的"0、1"哲学，或成功、或失败，都是历史更迭的动因。这样的哲学虽成就了很多英雄人物，但更多的却是失败的悲哀与绝望。"风萧萧兮易水寒，壮士一去兮不复还"是对失败的咏叹，"砍掉脑袋碗大的疤，二十年后又是一条好汉"是江湖草莽对失败的呐喊，"看破红尘，四大皆空"是对失败的认可，而"时运不济，天负我也"则是英雄末路时的哀怨。

这样的人生拼得很苦，活得很累，失败的太多，成功的太少。于是，李白说："古来圣贤皆寂寞。"苏轼说："高处不胜寒。"老百姓说："枪打出头鸟。"曹雪芹的一首《好了歌》告诫世人"好便是了"，都是在寻求"极端"之外的别径。

与"0、1"哲学齐头并进的是"0.5哲学"，或者叫"半半哲学"。这里的"半半"是一种"中庸"，或者接近"平庸"，典型的是清代李密庵所作的《半半歌》，唱出了平庸之真谛："看破浮云过半，半之受用无边……酒饮半酣正好，花开半时偏妍。帆张半扇免翻颠，马放半鞭稳便。"德国的尼采似乎也信奉中庸，他的诗这样说："别在平野上停留，也别爬得太高。从半高处观看，世界显得最美好。"

附 录 "黄金分割"启示录

信奉"半半哲学"的人，企图站在"0.5"这个点上完全中立，与世无争，难得糊涂，知足常乐，清静无欲，这其实是另一种形式的极端，不免让人感到几分消极，几分颓废，几分不思进取。

对于大多数领导者而言，积极而平实的人生态度，或许更能体现人生价值，那就是"0.618哲学"。人生中用"0.618"的精力和时间来奋斗，其他的用来享受，用来消化，用来积聚潜能。它比乐天知命、顺其自然又多了一点儿向上、多了一点儿进取，于是便超越了甘愿平庸。"0.618"就是让你比平庸的"0.5"多一点儿进取精神，但又不是过于"激进"。"木秀于林，风必摧之"，走得太快了，"欲速则不达"。你勤勉，但不太累；你出众，但不离群；你有目的，却不奢望；你有成就，却不癫狂。积极进取、实而不躁的心态能助你成就不平凡的事业。

生活中，还可以通过"黄金分割"寻找更多的人生真谛。"聪明"的人嘲笑幸福是一个梦，"傻瓜"到梦中去找幸福，他们都发现不了现实的幸福。一个人要获得实在的幸福，就必须既不太"聪明"，也不太"傻"。这种介于"聪明"和"傻"之间的状态，才是生活的智慧。敏感与迟钝殊途同归。敏感对人生看得太透，迟钝对人生看得太浅，要活得有意思，就应该在敏感与迟钝之间。那么，这个度怎样把握呢？0.618给出了一个参考值。

中国古代圣贤虽然没有明确指出0.618这个神奇的数字，但还是给后世留下不少至理名言，如"善画者留白，善乐者希声，善言者忘语，善书者缺笔，大贤者若痴，大智者若愚"，隐喻着"黄金分割"的哲理精髓。国画和书法讲究"意到笔不到"，笔到则太露，意到则回味无穷。和盘托出是一展无遗，而只托出一大半儿（0.618），就给人留下想象和发挥的余地。国画大师齐白石说："作画妙在似与不似之间，太似则媚俗，太不似则欺世。"画得太似则成为死画，缺乏

精气神；太不似则是瞎画，纯粹糊弄人。妙处在于把握"似与不似之间"的分寸，这个分寸就是0.618。处理人与人之间的关系也是一样，大事要讲原则，小事要糊涂些，事事认真，样样计较，不和谐的音符就会多起来。

日常生活中也不妨讲点"0.618的黄金艺术"。夫妻间恩爱和睦，却彼此保留一点自在的空间。饭只吃到六分饱，酒要喝到六成醉，话要说到六成休。"逢人只说三分话"会让人感到虚伪，说得太满则让自己尴尬，开放六分则会给你带来真诚的朋友。待人贵诚，然过密则疏；交游宜广，须远离是非。故友有求，当援手相助，但切莫大包大揽；萍水相逢，可推心置腹，但牢记"防人之心不可无"……所有这些体现在生活中的"黄金分割"，对领导者不无借鉴作用。

二、"黄金分割"生活启示录

启示1

把握0.382至0.618之间的艺术。

（1）不可不圆，不可太圆。

日中则移，月满则亏。不圆则方，方则棱角分明，冷面无情，伤人亦伤己。不圆与人难以相处，处事难以成功。太圆，处处时时算计人、防算计，使人不敢轻易接近，无异于自设栅栏，自砌高墙，拒人于千里之外。应外圆内方，方圆有度。这里的圆就是0.618，太圆就是1。

（2）不可不察，不可太察。

水至清则无鱼，人至察则无徒。不察，恐怕交上坏人；不察，可能做错事情；不察，难免上当受骗被人利用。太察、太过精明会没有朋友，太过苛求会找不到志同道合的伙伴，太挑剔永远无法快乐满足。这里察就是0.618，太察就是1。

（3）不可不防，不可太防。

害人之心不可有，防人之心不可无。身处复杂多变的环境，同各种各样的人打交道，防备之心不可不无，否则，每时每刻都有可能受到威胁和伤害。太防，在拒绝别人进入自己心灵世界的同时，也把自己硬生生地挡在外面，成为一名空虚孤独的行者。这里的防就是0.618，太防就是1。

（4）不可不傲，不可太傲。

人不可有傲气，但不可无傲骨。做人要有骨气，有个性，不能逆来顺受，不能低三下四，不能生活在别人的影子里，不能被别人牵着鼻子走。当然，也不能太傲，要随和、大度、宽容，于浩然正气中透出温情敦厚、质朴无华。这里的傲，是傲骨，是0.618，太傲则是傲气，是1。

（5）不可不从，不可太从。

在规章制度面前，必须不折不扣遵循。但是，没有主见地一味跟风，不加分辨地随意苟同，没有原则地随波逐流，势必丧失做人的起码准则，沦为"太从"的奴隶。这里的从是0.618，太从是1。

启示2

把握好0.618，不要太过，过犹不及。

梦，要有但不能做得太深，深了，难以清醒。这里有梦是0.618，太深是1。

话，要说但不能说得太满，满了，难以圆通。这里的说是0.618，太满是1。

调，要定但不能定得太高，高了，难以和声。这里定调是0.618，太高是1。

事，要做但不能做得太绝，绝了，难以进退。这里做事是0.618，

太绝是 1。

情，要有但不能陷得太深，深了，难以自拔。这里有情是 0.618，太深是 1。

利，要讲但不能看得太重，重了，难以明志。这里讲利是 0.618，太重利是 1。

启示 3

一个普通的人可以不太优秀，只要在 0.382 至 0.618 之间就行。但不要低于 0.382，即做人要有底线。

①可以忍受贫穷，不能背叛人格；

②可以追求财富，不能挥霍无度；

③可以发表歧见，不能拨弄是非；

④可以不做善人，不能为非作歹；

⑤可以不做君子，不能去做小人；

⑥可以容忍邋遢，不能容忍颓废；

⑦可以没有学位，不能没有品位；

⑧可以风流倜傥，不能纵欲无度；

⑨可以不说感谢，不能不懂感恩。

⑩可以不交友，但不能孤僻；

⑪可以不乐观，但不能厌世；

⑫可以不博学，但不能无知；

⑬可以不进取，但不能倒退；

⑭可以不慷慨，但不能损人；

⑮可以不追求，但不能嫉妒；

⑯可以不高尚，但不能无耻；

⑰可以不伟大，但不能卑鄙；
⑱可以不聪明，但不能糊涂。

启示 4

《半点禅》可以自得其乐。

自古人生最忌满，半贫半富半自安！半命半天半机遇，半取半舍半行善！半聋半哑半糊涂，半智半愚半圣贤！半人半我半自在，半醒半醉半神仙！半亲半爱半苦乐，半俗半禅半随缘！人生一半在于我，另外一半听自然！

启示 5

真理过头成谬误。

勇敢过了头，就成了鲁莽；诚信过了头，就成了迂腐；机敏过了头，就成了圆滑；施舍过了头，就成了乞丐；贪婪过了头，就成了腐败；执着过了头，就成了固执；善良过了头，就成了软弱；专横过了头，就成了霸道；做事过了头，就走上绝路。

优点是很实在，缺点是太实在。优点是很灵活，缺点是太灵活。优点是很正统，缺点是太正统。优点是有感情，缺点是太感情用事。优点是有理想，缺点是太理想主义。

你可以自得，但不应自傲；你可以自守，但不应自卑；你可以自爱，但不应自恋；你可以自伤，但不应自弃。

启示 6

做人三分糊涂，七分清醒；三分天注定，七分靠打拼；三分为人，七分为己。

启示 7

深刻理会 0.618 的要义。

有理想追求而不自命不凡，勇于创新而不标新立异，追求卓越而不居功自傲，有独立见解而不固执己见，平凡而不平庸，自信而不自负，坦陈不同意见而不轻易否定他人，固守原则而不失灵活，贯彻领导意图而不一味盲从，团结群众而不随波逐流，敢冒风险而不鲁莽行事，勇于承担责任而不放纵过错，坚持学习而不盲目照搬，工作全身心投入而不失生活情趣，展现自身魅力而不掩盖他人光辉。